# よもやま邪馬台国

邪馬台国からはじめる
教養としての古代史入門

豊田滋通
Toyota Shigemichi

梓書院

# 王権のシンボル「国宝・重文の鏡」

**福岡県糸島市・**
**平原1号墓出土の**
**内行花文八葉鏡**
**11号鏡（国宝）**
径46.5cm＝国（文化庁）保管、
伊都国歴史博物館提供

**島根県雲南市・**
**神原神社古墳出土の**
**景初三年銘三角縁神獣鏡**
**（重要文化財）**
径23cm＝国（文化庁）保管、
島根県立古代出雲歴史博物館提供

**大分県日田市・**
**伝ダンワラ古墳出土の**
**金銀錯嵌珠龍文鉄鏡**
**（重要文化財）**
径21.3cm＝九州国立博物館提供、
東京国立博物館所蔵・落合晴彦氏撮影

# 蘇ったクニの中枢「大型掘立柱建物」

**▍吉野ケ里遺跡の主祭殿**
佐賀県神埼市・吉野ケ里町

現代に蘇る古代の祭祀空間

**▍池上曽根遺跡の「いずみの高殿」**
大阪府和泉市・泉大津市

唐古・鍵遺跡の楼閣風建物
奈良県田原本町

## 楼観は「魏志倭人伝」にも記された重要遺構

原の辻遺跡の物見櫓
長崎県壱岐市

# 青への執着「墳丘墓の秘宝」

**丹後の王墓「大風呂南墳墓」**
京都府与謝野町教育委員会提供

**大風呂南墳墓出土のガラス釧《くしろ》**
与謝野町教育委員会提供

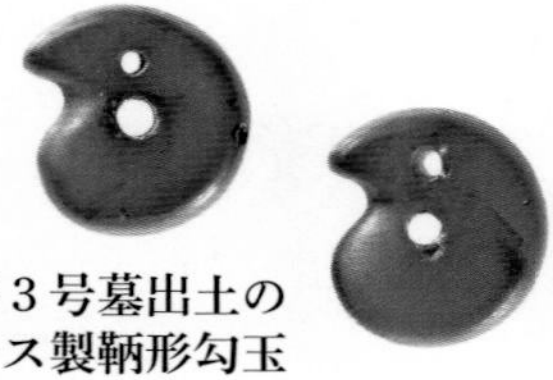

**西谷３号墓出土の**
**ガラス製鞆形勾玉**
島根大学考古学研究室所蔵、
出雲弥生の森博物館提供

**中原遺跡（佐賀県唐津市）出土の**
**ヒスイ製鞆形勾玉**
佐賀県文化財保護室提供

**伊都国の王墓「平原１号墓」**
福岡県糸島市

**平原１号墓出土の**
**ガラス製勾玉**
国（文化庁）保管、
伊都国歴史博物館提供

よもやま邪馬台国＊目次

# 書籍版刊行に当たって

この本の内容は、二〇二〇年六月から二二年九月まで、東京新聞と中日新聞に連載した「よもやま邪馬台国」（全115回）に加筆し、写真・図版等を追加して再構成したものです。

この新聞連載は、「邪馬台国の所在地をめぐる論争や興味深い話題を、わかりやすく解説してほしい」という新聞社からのオファーを受けてスタートしました。

読者のみなさんがご承知のように、邪馬台国については畿内（近畿）説と九州説を中心に数十箇所以上もの比定地があり、百家争鳴の観があります。しかし、どの候補地も「決定打」となる物証を欠き、そのことがまた論争をエスカレートさせて古代史ファンを熱くするという側面があります。

この連載は、新聞というメディアの性格上、特定の説に偏るのは避け、何につけても「諸説あり」の邪馬台国ワールドを、ありのままに楽しんでいただくことを念頭に取材・執筆しました。このため、本文中には、さまざまな説を唱える学者や在野の研究者らが登場します。また、邪馬台国をめぐる「よもやま話」というタイトルの通り、取り扱う時代の幅も少し広げ、どこまでが史実か判別し難い伝承や地元に残る伝説なども取り上げています。

一方、新聞連載では紙面スペースや、「毎週一回掲載」という制約もあって構成にはかなり神経を使いました。次の回まで一週間も空いてしまうと、「前回の続き」のような話の展開では読者のみなさんにとってわかりづらい内容になってしまいます。このため十回～十五回程度を一つの大きなテーマ（シリーズ）としつつ、各回はできるだけ「毎回完結」のエピソードとして独立させる手法を取りました。この「シリーズ」の区分が、この本の「章」に当たります。

さらに、さまざまな遺跡・遺物の解説では、考古学などの学術用語を使う場面が多々ありますが、新聞では行数の制約もあり、説明不足になりかねません。連載ではできるだけわかりやすく表現したつもりですが、やや「舌足らず」の面があったのではないかと反省もしています。このため今回の書籍版では、できるだけ目で見てわかるように写真を増やしたほか、新たに「解説」欄を設けて理解の助けになるよう配慮しました。

二〇二三年五月

著者敬白

# プロローグ

## 教科書を読み直す

◆卑弥呼は古墳時代の人？

本稿の見出しを見て、「卑弥呼《ひみこ》は、弥生時代の人じゃなかったの？」と不審に思った方も多いだろう。特に昭和生まれの世代には、「卑弥呼は弥生人」というイメージが刷り込まれているのではないだろうか。

そこで、久しぶりに教科書を引っ張り出して読み直してみることにした。筆者の手元には、一九六六（昭和四十一）年発行の「中学社会・歴史的分野」の教科書（日本書籍）がある。

「古代国家の始まり」の章は、三世紀の日本について「邪馬台国《やまたいこく》は卑弥呼という女王が治め、約三〇の国々を従えていた」と書く。さらに続けて「このころ、大和《やまと》（＝奈良県）にあった国が強大になり、四―五世紀にほぼ日本を統一した」とする。

はて、「このころ」とは一体いつごろなのか？　「大和にあった国」とはどんな国か―。次々に、疑問が沸いてくる。八七（昭和六十二）年発行の中学教科書（清水書院）も見てみよう。「三世紀の日本では邪馬台《やまたい》（やまと）国の女王卑弥呼《ひみこ》（ひめこ）が、争っていた三〇ほどの小国をまとめ魏《ぎ》（筆者注・中国の三国時代の国）と行き来した」。邪馬台と卑弥呼には、ご丁寧に読み仮名が二種類ふってある。ページをめくると「前方後円墳《ぜんぽうこうえんふん》」の章。「四世紀から七世紀にかけて小山のように土を盛り上げた墓がつくられた。これを古墳という」。

なるほど、古墳時代は「四世紀から」らしい。すると三世紀の卑弥呼は、やはり「弥生時代の人」だったのか――。

◇◇◇

ところが、現在使われている中学校の現行教科書（令和二年検定版）を調べてみると、事情がかなり違う。主要七社の教科書が記述する古墳時代の始まりは、「三世紀中ごろ」2、「三世紀後半」4、「三世紀末」1で、「三世紀後半」が最も多い。

「このバラつきはなぜ」「教科書がこれでいいの？」とツッコミたくもなるが、いずれにせよ古墳時代は、いつの間にか三世紀に繰り上がってしまったらしい。ということは、「卑弥呼は弥生時代の人」という、かつての「常識」もあやしくなってくる。

◇◇◇

教科書でこんな異変が起こったのは、平成以降の発掘調査で土器や鏡などの編年研究が進み、最新の科学的分析法も導入されて研究者たちの年代観が変化してきたためだ。

大阪府の池上曽根《いけがみそね》遺跡（和泉市・泉大津市）で見つかった大型掘立柱《ほったてばしら》建物の柱は、九六（平成八）年、木材の年輪パターンを分析して実年代を推定する年輪年代法で「紀元前五二年の伐採」と判定された。遺物に付着した炭化物の放射性炭素残存率で年代を判定する炭素14年代測定法でも、ほぼ同じ結果が出た。この遺構は、出土土器の判定で「弥生時代中期後半」とされてきたが、これは「紀元五〇年ごろ」というのが当時の通説。科学分析の結果は、「弥生中期」の実年代を一気に百年近くも遡らせることになった。

現行の中学歴史教科書（令和二年検定版）

「卑弥呼の墓」説もある奈良県桜井市の箸墓《はしはか》古墳は、皇族の墓とされる宮内庁管理の陵墓《りょうぼ》のため発掘調査ができない。だが二〇〇九（平成二十一）年、周辺から出土した土器を炭素14年代測定法で調べたところ「二四〇—二六〇年」の判定が出て、「卑弥呼の死と同時期」と騒がれた。魏志倭人伝を読み解けば、卑弥呼の死は二四七、八年ごろと推定されるからだ。当然、「邪馬台国九州説」の論者からは猛烈な反論があった。

箸墓古墳は、完成形になった国内最古の前方後円墳とされる。このため箸墓の築造を「古墳時代の始まり」とする研究者もいる。箸墓を含む纒向《まきむく》遺跡一帯でヤマト王権が誕生し、支配の広がりとともに定型化した前方後円墳が日本列島各地に拡大。その後、ヤマト王権の大王《おおきみ》（＝のちの天皇）の墓は、奈良平野の北部から大阪平野に移り、世界遺産に指定された百舌鳥《もず》・古市《ふるいち》古墳群の巨大古墳を生んだ―というのが、教科書が教えるストーリーである。

「卑弥呼は弥生時代か、古墳時代か」という問題は、邪馬台国の所在地論争だけでなく、ヤマト王権成立の謎にもつながって行く。

◆書き変わる「弥生社会」

二〇二〇（令和二）年春、佐賀市の佐賀県立美術館で「吉野ケ里遺跡　軌跡と未来」と題する史跡指定三〇周年記念展が開かれた。そのポスターには、こんなコピーがあった。

「消える運命にあった遺跡が三〇年後にみせた景色」

佐賀県神埼市と吉野ケ里町にまたがる吉野ケ里遺跡が、一時は消滅の土壇場にあったことは今も語り草である。この遺跡は戦前から知られていたが、工業団地造成計画に伴って大規模な緊急調査が始まったのは昭和六十年代だった。

そして一九八九（平成元）年二月下旬、遺跡の運命を変える衝撃の日が訪れた。

全国紙が朝刊で「邪馬台国時代のクニ」「物見やぐら・土塁、倭人伝と対応」などの大見出しとともに、約三〇㌶にも及ぶ広大な遺跡のカラー写真を一面に掲載。社会面も魏志倭人伝や「卑弥呼」などとの関わりを強調する記事で全国の読者の目をひきつけた。この報道をきっかけに、各メディアは特ダネ合戦に突入し、「邪馬台国が見えてきた！」などと吉野ケ里フィーバーを煽《あお》った。

遺跡報道が過熱すると、記者たちは「国内初」「教科書を書き変える発見」など、見出しになるネタ探しに血眼になる。まして卑弥呼や邪馬台国論争が絡む注目度の高い遺跡では、誤報スレスレの「危ないネタ」が飛び交うことさえある。

他方、過熱報道で世間の注目が集まれば、遺跡保存に弾みがつくという想定外の効果もある。吉野ケ里遺跡の場合は、学術的重要度に加え、報道量のすさまじさによる全国的関心の高まりが、行政を動かした側面も否定できない。

◇　◇　◇

そして吉野ケ里遺跡は、文字通り「教科書を書き変える」ことにもなった。

昭和のころ、歴史教科書に載っていた弥生遺跡の写真は、静岡市の登呂《とろ》遺跡など大陸から渡来した稲作の始まりを示す集落がほとんどだった。かつては「稲作の開始＝弥生時代の始まり」というのが通説だったが、九州北部で縄文時代晩期（弥生時代早期ともいう）の水田遺構が相次いで見つかり、弥生時代の定義そのものが揺らいだ。

現行の中学教科書では、弥生時代が始まった時期についても書き方が変わってきた。国立歴史民俗博物館の研究者らによる炭素14年代測定法による研究成果をもとに、「紀元前十世紀と

国営吉野ケ里歴史公園に復元された巨大環壕集落
（佐賀県提供）

する説もある」という注釈を付けた教科書が増えてきている。

さらに、平成に入ってからの教科書は、どれも競って吉野ケ里遺跡の写真を掲載するようになった。外敵を防ぐための環壕《かんごう》や頭部のない戦士を葬った甕棺《かめかん》、銅剣の先端が刺さった人骨などの写真を掲載し、魏志倭人伝が伝える「倭国乱《わこくのらん》」にも言及。「のどかなムラ社会」から「戦うクニグニ」へ―。教科書が語る弥生時代の社会像は、大きく変化して行った。そして、吉野ケ里遺跡で見つかった巨大環壕集落や首長を葬った墳丘墓《ふんきゅうぼ》、物見櫓《やぐら》や倉庫群と市《いち》、宮殿や祭殿とみられる大型掘立柱《ほったてばしら》建物跡などは、弥生時代のクニの拠点集落の姿を鮮やかに蘇らせた。

その後、国の特別史跡に指定された吉野ケ里遺跡は二〇〇一（平成十三）年、全国二番目の国営歴史公園として開園。毎年約七十万人の来園者でにぎわい、ほとんどの教科書に弥生時代の姿に復元された大環壕集落や巨大祭殿などの写真が掲載されるようになった。

## ◆新たな「本命」の登場

平成の吉野ケ里フィーバーで、邪馬台国論争では「九州説」が勢いを増し、一時は「勝負あった」かに見えた時期さえあった。ところが、そこへ「待った」をかけて登場したのが奈良県桜井市の纒向《まきむく》遺跡。現行教科書では、ヤマト王権誕生との関連で纒向遺跡を取り上げる出版社もある。

この遺跡の発掘調査は昭和四十年代から始まったが、一躍注目されるようになったのは平成の後半から。東西を軸に方位を定めて計画的に建てられた大型掘立柱建物群や「運河」と推定される矢板を打った大溝、祭祀に使われた木製仮面などが次々に見つかり、ヤマト王権発祥の「最古の王都」などと騒がれてきた。今では邪馬台国畿内（近畿）説の「大本命」とされ、発掘報道のたびに新聞紙面には「卑弥呼の時代と同時期」「魏志倭人伝と符合」など、センセーショナルな見出しが飛び交う。

平成から令和へ、九州から近畿へ――。時代と舞台は移り代わったが、まさに「歴史は繰り返す」のである。

（注）環壕集落には、環壕と環濠の二種類の表記があるが、環濠は水を湛えた濠のこと。吉野ケ里は水濠ではなかったとの想定で「環壕」が使われる。

# 第1章　巫女王の墓

## (1) 二つの「倭」

魏志《ぎし》倭人伝は、二〜三世紀の日本列島にあった「倭《わ》国」の社会と倭人の暮らし、邪馬台国に都を置いた倭の女王・卑弥呼《ひみこ》などについて、陳寿《ちんじゅ》（＝三国時代のあとの西晋の役人）が記録した中国の史書。正しくは「三国志」魏書烏丸鮮卑東夷伝倭人条《ぎしょうがんせんぴとういでんわじんのじょう》という。

「倭人伝」には、朝鮮半島にあった帯方郡から邪馬台国に至るルートが記されているが、その方位や里程をもとに進んで行くと、太平洋の海中に到達するという難物。三百年来、諸説が飛び交い、研究者たちを悩ませてきた。ここでは、取りあえず方位・里程論争の迷宮にはまるのは避け、邪馬台国をめぐる四方山《よもやま》の話題に触れつつ、脇道から女王国の実像に迫って行こう。

さて、二〇一三（平成二十五）年に亡くなった考古学者の森浩一さん（元同志社大教授）は、晩年、九州のブロック紙である西日本新聞の文化面に「倭人伝を読みなおす」という連載を執筆した（のちに、ちくま新書として刊行）。その中で、森さんは興味深い問題提起をしている。

「『倭人伝』は、なぜ『倭国伝』ではないのか」

「魏志」東夷伝では、高句麗《こうくり》など国の名前が「○○伝」の主語であるのに、なぜ倭だけは「倭人伝」なのかというわけだ。「ぼくも長い間、そのことを気にしなかった。老齢になってそのことが倭人伝の特色であることに気付いた」と森さんは書く。

邪馬台国「北部九州説」の森さんによれば、卑弥呼が君臨する女王国（いわゆる邪馬台国連合か）は、邪馬台国を含む九州北部二十数カ国の総称。九州中部には、男王が君臨して邪馬台国と戦闘状態の狗奴国《くなこく》があったとする。陳寿は、倭が分裂状態だったため「倭国伝」とは書けず「倭人伝」にした、というのが森さんの推論だ。

だが、一部の学者はもっと大胆な見方も提起している。当時の西日本地域には、卑弥呼を共立した九州邪馬台国連合の「倭」と、近畿勢力の「倭王権」の二つが並存していたのではないかという説。これも、倭が分裂していたために陳寿が「倭国伝」と書けなかったという推論には合致するが、邪馬台国論争の中では少数派。研究者の間で主流をなす畿内（近畿）説VS九州説の攻防は果てしなく続き、両説を支持する古代史ファンをも熱くする。

「魏志倭人伝」銘文の陶板（福岡県糸島市の伊都国歴史博物館構内）

　というわけで邪馬台国探求の旅は、まず日本列島の西へ…。玄界灘に臨む、古代の伊都《いと》国（現在の福岡県糸島《いとしま》市周辺）で見つかった巫女王《ふじょおう》の墓の物語から。

## 王朝の正当性を誇示
## 中国の正史「二十四史」

中国では、歴代の王朝が自らの正当性を誇示するため、皇帝の命による国家事業として前代の王朝の記録を整理・編纂した。この官撰の歴史書を「正史」と呼び、通常は『史記』から『明史』までの二十四史《にじゅうしし》をいう。

これらの史書は、皇帝の年代記である「本紀《ほんぎ》」を中心に、臣下の伝記や諸外国のことを記録した「列伝」、年表や系譜などの「表」、社会事象や制度・文化などの「志」で構成する紀伝体《きでんたい》で書かれている。

このうち、西晋の陳寿《ちんじゅ》（二三三～二九七年）が編纂した『三国志』は、魏書（魏志）三十巻、蜀書（蜀志）十五巻、呉書（呉志）二十巻で構成。南朝宋の裴松之《はいしょうし》（三七二～四五一年）による補注がついたものが伝わっている。

通称『魏志倭人伝』と呼ばれているのは、「魏書（志）烏丸《うがん》鮮卑《せんぴ》東夷伝《とういでん》」の中の「倭人条《わじんのじょう》」。「東夷伝」には、倭人の他に夫余《ふよ》、高句麗《こうくり》、東沃沮《とうよくそ》、挹婁《ゆうろう》、濊《わい》、韓《かん》の各国についての記述がある。

『三国志』の成立は、南朝宋の范曄《はんよう》（三九八～四四五年）が編纂した『後漢書《ごかんじょ》』よりも古く、「邪馬台国の時代」である二～三世紀の倭国の事情を知る貴重な史料である。

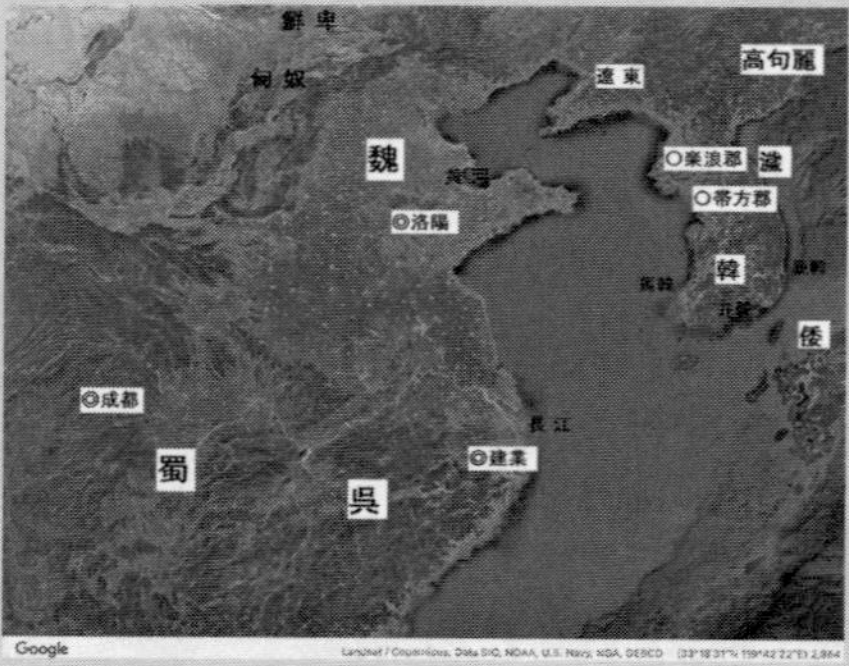

三国時代の東アジア（© Google Earth）

## （2）伊都国へ

福岡県糸島《いとしま》市は福岡市の西にあり、玄界灘に面して脊振《せふり》山系の山裾に広がる。二〇一〇（平成二十二）年に前原《まえばる》市と旧糸島郡二丈《にじょう》、志摩《しま》の二町が合併して誕生。近年は、福岡市近郊の海浜リゾート地として人気が高い。

志登支石墓群（正面奥は「糸島富士」の異名を持つ可也山）

「イトシマ」は、奈良時代に成立した怡土《いと》郡と志摩（嶋）郡を併せた呼称。古代の糸島は、半島部のシマ地域と平野部のイト地域の間に内海が深く入り込み、中央部が陸橋状の地形でつながっていたという。魏志倭人伝に登場する伊都《いと》国と斯馬《しま》国という二つのクニに分かれていたという説もある。糸島半島には可也山《かやさん》（＝三六五メートル）という朝鮮半島南部にあった古代の地名（伽耶《かや》）を想起させる山などもあり、大陸との濃密な交渉の歴史をたどってきた。

戦後の考古学界で糸島を最初に有名にしたのは、昭和二十年代の志登支石墓《しとしせきぼ》群などの発見だ。支石墓は、主に中国遼東半島周辺から朝鮮半島、九州北西部にかけて分布する弥生時代のお墓。朝鮮半島では、巨大な上石《うわいし》を背が高い板石でテーブルのように支え、その下に石棺を埋葬したものが多い。これに対し九州では、低い石で上石を支え、木棺や甕棺《かめかん》などを埋葬する例も多く、紀元前五世紀ごろ、稲作伝来のころに朝鮮半島経由で伝わったとされる。

十カ所以上の支石墓の遺跡がある糸島は、九州屈指の密集地帯。中には、推定重量五トンという国内最大級の上石を誇る井田用会《いたようえ》支石墓もある。朝鮮半島から渡来した柳の葉のように鋭利な柳葉形《りゅうようけい》磨製石鏃《せきぞく》（＝石の矢じり）や碧玉《へきぎょく》製管玉《くだたま》など、副葬品が多いのもこの地域の特徴だ。

一九四九（昭和二十四）年に行われた三雲《みくも》石ケ崎支石墓の発掘は、わが国で初めての本格的な支石墓の調査で、甕棺墓二十三基、土壙《どこう》墓三基なども確認された。

その調査団の中に、のちに伊都国の「王墓」を発見する在野の考古学研究者、若き日の原田大六さんもいた。

### （3）王墓の発見

東京五輪の熱気もさめやらぬ一九六五（昭和四十）年二月。日本列島の西、福岡県糸島郡前原町（現糸島市）で、前代未聞の墓が見つかった。

二月一日夕刻、糸島高校教諭の大神邦博さんが、原田大六さんの自宅に駆け込んで来た。原田さんは、糸島地域の遺跡発掘を手掛けてきた在野の考古学研究者。九州大学で考古学を専攻した大神教諭は糸島高歴史部顧問で、二人は地元の古代史研究に没頭してきた。

「鏡が出土したと言っています。相当大きなものらしい。場所は平原《ひらばる》だそうで…」。二人は、おっとり刀で現場の地主の家に向かった。

土間の電灯の下で、肥料の空袋の上に積まれた数百の鏡の破片を見て、原田さんは目を疑ったという。甕棺《かめかん》の口縁部のように大きい、内行《ないこう》花《か》文鏡《もんきょう》と呼ばれる鏡の破片もあった。試しに測ってみると、直径四十六㌢を超えそうな見たこともない巨大鏡。原田さんは、自著『実在した神話』（学生社）の中で「弥生後期後半の、これこそ王墓の副葬品だと直感した」と、当時の興奮を述懐している。

翌日早朝、現場のミカン畑に急行した。だが、苗木を植えるための溝が六本も通り、畑は無残に掘り返されていた。原田さんは、遺跡が駄目になったと思い「ひざ頭が崩れ落ちるようなショックを受けた」（前掲書）という。

この日、九州大学と福岡県教育庁に遺跡発見を連絡。翌三日、新聞記者たちも駆けつけてきた。四日からは原田さんと大神さんが調査員になって、撹乱《かくらん》された遺物を回収しながら、にわか仕立ての調査が始まった。話を聞きつけて連日、応援組が参入。中学高校の教諭や生徒、小学生までが土の中から鏡片や玉類などを洗い出す作業に加わり、町を挙げての大発掘調査が展

発掘された当時の平原遺跡全景（1965 年）

開された。

大神さんは、現場の毎日の動きを『平原塚畑遺跡調査日誌』としてノートに記録した。塚畑《つかばたけ》という地名は、この地に古くから墳丘のような塚があったことを物語っている。

二月十七日＝墓壙《ぼこう》底に棺を安置するための段状設備と考えた粘土層は、粘土槨《かく》と確認。いよいよ古墳的性格の濃厚な墳墓である。

三月十日＝（墳墓を囲んでいる）周溝は、およそ全形を確認。円形でも方形でもない不定形…。

五月十七日の調査終了まで続いたこの日誌は、原田さんの死後、記念出版された報告書（一九九一年、葦書房刊）に収録されている。大神さんは、調査の途中で「塚畑遺跡」を二重線で消し、タイトルをこう書き変えていた。

『平原弥生古墳調査日誌』

## 国宝になった豪華な副葬品群

### 福岡県糸島市・平原《ひらばる》遺跡

所在地は、福岡県糸島市の曽根丘陵北端。伊都国の「王都」とされる三雲《みくも》・井原《いわら》遺跡からは、西側へ一キロ以上離れている。一九六五（昭和四十）年と八八（昭和六十三）～九九（平成十一）年にかけての調査で、弥生時代後期～古墳時代前期の墳丘墓や土壙墓などが見つかった。

円形や方形の周溝を持つ墳丘墓が五基あり、5号墓→1号墓→2号墓→3・4号墓（古墳時代）の順に築造されたと考えられている。最も規模が大きく、「王墓」とされる1号墓は、東西の長さ一四メートル・南北一〇・五メートルの長方形の墳丘を持つ。四隅が丸い方形の周溝で囲まれ、南東角は陸橋状につながっている。周溝の中には自然石が流入していたため、葺石《ふきいし》や貼《は》り石があった可能性も指摘された。墓壙には多量の水銀朱がまかれ、三メートル近い長大な割竹形木棺が納められていた。

地元糸島市教育委員会発行の発掘調査報告書によると、築造時期は弥生時代終末期。総数四十面の鏡を中心とする豪華な副葬品群は、二〇〇六（平成十八）年、国宝に指定された。

## (4) マンホールのふた

一九六五（昭和四十）年二月二十五日。国学院大三年生で考古学を専攻していた柳田康雄さんは、福岡県甘木市《あまぎ》（現朝倉市）の実家から寒風の中をバイクで糸島《いとしま》に向かっていた。帰省中、糸島郡前原《まえばる》町（現糸島市）で弥生時代の鏡が大量に副葬された墓が見つかったことを新聞で知り、矢も盾もたまらず、調査に加えてもらおうと数十キロ離れた糸島へ走ったのだ。

柳田さんは、現地で発掘の指揮をとっていた原田大六さん（地元の考古学研究者）の快諾で調査に参加でき、ミカン畑の現場でテント生活が始まった。現場は、耕運機で掘り返された土があちこちに積まれ、応援の糸島高校生たちが篩《ふるい》にかけて遺物を探していた。土には、墓の魔除けなどのためにまかれたとされる真っ赤な水銀朱（硫化水銀）が一面に混じっていた。

三月に入ると、調査の主体は福岡県教育委員会に移管。直径四十六センチを超える超大型鏡の破片は四面分（のちに五面分と確定）が確認され、ガラス勾玉《まがたま》や瑪瑙《めのう》の管玉《くだたま》など、貴重な玉類も次々に見つかった。墓の主体部に棺は残っていなかったが、墓壙《ぼこう》の状態から長さ約二・六メートル、幅が八〇センチほどの長大な割竹形《わりたけがた》木棺（大木を縦割りにして中をくり抜いた棺）と推定された。

出土した大量の鏡片などは町立志登支石墓《しとしせきぼ》収蔵庫に運び込まれ、原田さんが復元作業に没頭していた。鏡の面数はこの時点で「推定四十面以上」（のちに四十面で確定）になり、当時国内最多を誇っていた京都府・椿井《つばい》大塚山古墳の「三十六面以上」を抜いていた。

原田さんは収蔵庫に人を寄せ付けず、調査参加者にも「記録類禁止」を厳命するなど、かたくなに秘密主義を貫いた。そんな原田さんが、奥さんの説得で初めて復元中の鏡を見せてくれた日のことを、柳田さんは鮮明に覚えている。

割竹形木棺の墓壙前で撮った写真（左から二人目が柳田氏、右端が原田氏、柳田康雄氏提供）

「超大型内行《ないこう》花《か》文鏡《もんきょう》は、まさにとてつもない大きさで、恐れ多いことながらマンホールの蓋《ふた》という感じで、これが弥生時代の鏡であっていいのかという疑問を抱いた」（柳田康雄著『伊都国を掘る』大和書房）。

発掘直後の緊急調査は、五月中旬まで続いて終了。その後、史跡指定（一九八二年）や遺物の重要文化財指定（九〇年）に伴う確認調査などが続き、二〇〇〇年に発掘調査報告書『平原《ひらばる》遺跡』が刊行された。

当時、福岡県教委の文化財保護課長になっていた柳田さんは、この報告書を中心となって執筆。現在は国学院大客員教授として研究の日々を送りながら、今も王墓を見守るように平原遺跡のすぐ隣に住んでいる。

## (5) ケンカ大六

平原《ひらばる》遺跡の発見から四年後の一九六九(昭和四十四)年。米国の宇宙船アポロ11号が月面着陸を果たす直前の五月、福岡市の博多井筒屋百貨店で「邪馬台国のナゾにいどむ 伊都国王墓展」が開催された。

旧国鉄博多駅ビルにあった博多井筒屋は、新駅ビル建設に伴って二〇〇七(平成十九)年に閉店。この展覧会を主催した夕刊フクニチ新聞(のちに朝刊紙に移行)も一九九二年、紙齢一万六六四〇一号で廃刊となり、今はない。

フクニチは戦後間もなく、西日本新聞社から独立した夕刊紙。連合国軍総司令部(GHQ)の統制下で用紙確保が難しく、夕刊発行の便法として誕生した新聞だ。福岡市出身の漫画家、長谷川町子さんの国民的漫画「サザエさん」を世に出した新聞でもある。

同紙のOB有志が、廃刊まで四十六年間の歩みを記録した『光芒! フクニチ新聞』(葦書房)には、「伊都国王墓展」開催に至る裏話も収められている。

一九六五年、ミカン畑造成中に発見された平原遺跡は、在野の研究者・原田大六さんらの奔走と調査で壊滅を免れ、当時としては国内最大の内行花文鏡《ないこうかもんきょう》五面を含む銅鏡四十面など、豪華な副葬品で全国の注目を集めた。しかし、バラバラの破片になった鏡の復元作業に没頭する原田さんは、「報告書の作成前で、出土品整理中」を理由に、見学者や研究者を収蔵庫からシャットアウト。徹底した秘密主義を貫いた。のちに、邪馬台国論争などで手当り次第に論戦を挑み、対立する学者たちを罵倒して「ケンカ大六」の異名を取ったことは、古代史ファンならよくご存知だろう。

このため原田さんのかたくなな姿勢をほぐそうと、夕刊フクニチ糸島通信部の記者が日参。「中間報告という形で出土品を一般公開してはどうですか。報告書作成の資金の足しにもなる」と口説き落とし、ようやく展覧会が実現したという。

開催が決まると、伊都国王墓展は新聞社を挙げての一大イベントになった。「邪馬台国のナゾにいどむ」のキャッチフレーズも奏功して全国的な関心も高く、オリエント考古学者の三笠宮崇仁殿下ご夫妻も来場。会場で販売された図録は大人気で数が足りなくなり、増刷したほどだ。

伊都国歴史博物館の中庭にある原田大六氏の銅像（左手に古代王権の象徴である璧を持って立つ）

六月中旬まで十二日間の会期中、入場者総数は約二万七千人。みな、直径四六・五センチの巨大な鏡の迫力に圧倒されていた。その人混みの中に、当時、高校二年生で考古学部員だった筆者もいた。

## 伊都国研究に捧げた生涯

### 在野の考古学者・原田大六

生涯を伊都国研究に捧げた原田大六氏は、一九一七（大正六）年一月一日、福岡県の旧糸島郡前原《まえばる》町（現・糸島市）で建築塗装材料店の八人きょうだいの第六子として誕生。生年にちなんで、大六と名付けられたという。

旧制糸島中学（現・県立糸島高校）時代から歴史に強い関心を示し、のちの糸島高校郷土博物館設立の礎を築いた。中国から復員後の昭和二十二年、九州考古学界の草分けである中山平次郎博士（九州大学医学部教授）を訪ねて師事。以後、在野の研究者として今津長浜貝塚、釜塚古墳、三雲石ケ崎遺跡、志登支石墓群、沖ノ島祭祀遺跡など数多くの発掘調査や遺跡保存に取り組んだ。

中でも、一九六五（昭和四十）年に見つかった平原《ひらばる》遺跡では、初動調査を主導。遺跡を壊滅的な破壊から守り、直径四六・五チセンの弥生時代の鏡では国内最大の内行花文鏡五面など、貴重な遺物の復元にも取り組んだ。

一九七八（昭和五十三）年、恩師の中山博士と同じく西日本文化賞（西日本新聞社）を受賞。一九八五（昭和六十）年に六十八歳で死去した。

主な著書に『日本古墳文化〜奴国王の環境』（一九五四年・東京大学出版会）、『磐井の叛乱〜抹殺された英雄』（一九六三年・河出書房新社）、『実在した神話〜発掘された「平原弥生古墳」』（一九六六年・学生社）、『邪馬台国論争』（一九六九年・三一書房）などがある。一九九三年に、イトノ夫人と有志によって『平原弥生古墳　大日孁貴《おおひるめのむち》の墓』（全二巻・葦書房）が記念出版された。

## (6) 破砕された鏡

二〇〇〇(平成十二)年に福岡県前原(現糸島)市教育委員会が作成した調査報告書『国史跡曽根遺跡群　平原《ひらばる》遺跡』は、一七年に新訂版が刊行された。

一九六五年の発見後、数多くの調査と遺物の分析・研究などを経て、報告書では平原1号墓(王墓)から出土した鏡の総数は四十面とされている。大小千片以上もの多種多様な鏡片をつなげ、復元していく作業の困難さは、ジグソーパズルなどの比ではない。このため当初三十八面と推定された鏡の面数は、その後の作業で四十二面、三十九面と揺れ動き、ようやく四十面で確定した。直径四六・五$_{チ}^{セン}$の超大型「内行花文八葉鏡《ないこうかもんはちようきょう》」も当初は四面とされていたが、どうしても他の四面とは接合しない鏡片があり、現在は五面とされている。

一つの墓から出土した「総数四十面」という鏡の記録は、二〇〇九年に奈良県の桜井茶臼山《ちゃうすやま》古墳で八十一面分の銅鏡片が発見されるまで、弥生―古墳時代を通じて国内最多の「トップの座」を保持していた。

平原1号墓の出土鏡は大きく分けると三種類で、方格規矩四神鏡《ほうかくきくししんきょう》が三十二面と大半を占める。また、同じ型で作られた「兄弟鏡」も多く、合計で七組ある。十八面の鏡背に薄緑などの着色が見られるのも大きな特徴だが、着色法は分かっていない。

あらためて1号墓発見当時の写真を見てみると、周溝で囲まれた方形の土壙《どこう》の中央にかまぼ

破砕された鏡の出土状況（柳田康雄氏提供）

こ形にえぐれた割竹形木棺《わりたけがた》の痕跡があり、土壙の四隅と棺の足元側など五カ所に砕けた鏡片が散乱している。その一部（超大型鏡二面を含む四面）は、ほぼ完全形に復元することができ、棺の頭部付近に副葬されたのではないかとみられている。

これらの鏡は土の重さなどで自然に割れたのではなく、粉々に割ったあとに埋葬されていた。また復元作業では、接合できない欠けたパーツが多数あり、一部はどこかへ持ち出された可能性も指摘されている。

鏡を割る風習は、佐賀県内の弥生遺跡などで多く見られるが、平原遺跡のように大量の鏡を徹底して割った例はないという。では、なぜ鏡は破砕されたのか――。それは古代人の精神世界にかかわるものだけに、今も解けない謎。ただ、権威の象徴の鏡を割って埋めることで被葬者の霊魂を閉じ込め、復活を封じたのではないかという仮説がある。

ということは、この墓の被葬者は、強い権力を持つ王であるとともに、周囲から畏怖されるような特殊な霊的能力の持ち主でもあったのか。

## 超巨大鏡を含む40面

### 平原1号墓の出土鏡

平原1号墓から出土した鏡は、総数四十面。鏡の形式では、方格《ほうかく》規矩《きく》四神鏡《ししんきょう》が最も多く、三十二面。次いで内行《ないこう》花文鏡《かもんきょう》七面、虺龍文鏡《きりゅうもんきょう》一面という構成である。

このうち方格規矩四神鏡は、鏡背の中央に正方形の区画（方格）があり、その周囲に英字のT・L・Vに似た図形（規矩文）や東西南北の方位を表す四神＝青龍《せいりゅう》、白虎《びゃっこ》、朱雀《すざく》、玄武《げんぶ》＝の図などが配置されているため、この名前がついた。

七面の内行花文鏡のうち、五面（10～14号鏡）は直径四六・五チセンの「内行花文八葉鏡」で、銅鏡の本家・中国にも存在しない超巨大鏡。この五面は、同じ型から作られた「同型鏡」とみられている。

四十面の鏡のうち、同型鏡は、全部で七組・計十九面。方格規矩四神鏡三十一面には、「尚方作竟（鏡）」「陶氏作竟」など工房や製作者を示す銘文（一部は欠損）があり、中型の内行花文鏡二面には子孫繁栄を願う「大（長）宜子孫」の銘文があった。四十面のうち、十八面に着色した痕跡があるのも特色。これらの鏡の大半は小片に破砕され、棺外の五カ所に置かれていた。

## （7）ピアスをした女王

遺跡の発掘調査では、出土した当時は用途が分からず、形の特徴だけで「〇〇形土製品」などと呼ばれてきたものが結構ある。一方、発掘から長い年月を経て、推定されたものとは別の用途の遺物と分かったケースもある。かつて砥石《といし》に分類されていた弥生時代の石製品の一部が、近年の比較研究で板石硯《いたいしすずり》と鑑定され、全国各地で「再発見」されているのもその典型的な例だ。

四十面の鏡などが出土した平原1号墓（福岡県糸島市）の墓壙《ぼこう》からは、鏡のほかに全長約八〇・六センチとかなり長身の鉄製素環頭大刀《そかんとうたち》、深い青色のガラスの勾玉《まがたま》や管玉《くだたま》、紺のガラス小玉を複数連結した国内初出土の連玉《れんだま》などの玉類が見つかっている。その中で、墓の被葬者の性格を決定づける有力な手がかりとなったのが、ガラス製の耳璫《じとう》である。

現存するのは長さ七・六ミリで径五ミリ、長さ五ミリで径八ミリの二個。表面は褐色で中に空洞があり、中央がややくびれた形をしている。棺内の頭部付近で見つかり、発掘当初「琥珀《こはく》の管玉」とされたが、その後の研究や組成分析でガラス耳璫と分かった。

伊都国歴史博物館に展示されているものを見ると、小さな茶色のかけらにしか見えず、「再発見」が遅れたのもうなずける。伊都国研究者の柳田康雄国学院大客員教授から、骨董《こっとう》店で手に入れたという後漢時代の二点を見せてもらった。濃い紺色と薄い青色で、きれいな鼓形をしている完形品だ。

ガラス耳璫は、中国・後漢の墳墓や朝鮮半島などで見つかっているが、日本国内では平原遺跡が初出土。中国では貴婦人が耳に穴を開けて着ける耳飾りで、現代のピアスのようなものだという。

平原1号墓は、木棺の頭部付近に素環頭大刀が置かれていたとみられるが、棺の周辺で武器といえる副葬品はこの刀だけ。大半が鏡と装身具で、発掘当初から被葬者は女性ではないかといわれてきた。そこへ耳璫が「ダメ押し」をした形。遺跡発見当時、福岡県教育委員会の係長として発掘に携わった渡辺正気さんは、原田大六さんの著書『実在した神話』（一九九八年新装版、学生社）に寄せた解説文の中で、こう太鼓判を押している。

「本書の説くとおりこれは伊都国の王墓であり、素環頭大刀を除いて武器類がなく、玉が多く、とりわけ耳璫の出土は女王の墓としてよい」

弥生時代が終わりに近づいたころ、舶来の耳璫や青く輝く玉類を身に着け、四十面もの鏡とともに眠った女王とは、一体どんな人物だったのか――。伊都国で最大のミステリーである。

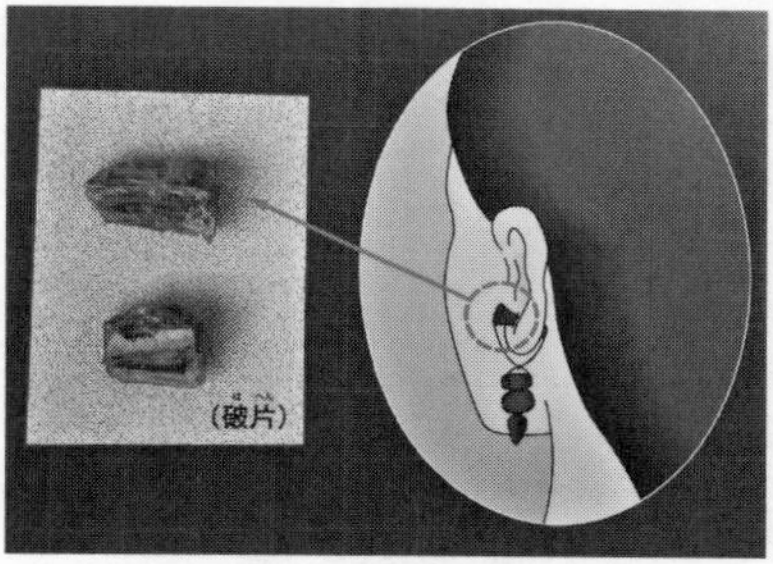

耳璫の使い方を説明するパネル
（伊都国歴史博物館提供）

## 「草原の道」から来た連玉

### 平原1号墓出土の玉類

平原1号墓の墓壙からは、ガラス製耳璫《じとう》のほか、多種類の豪華な玉類が出土している。深みのある青みがかった緑色の大型ガラス（鉛バリウムガラス）製勾玉三個は、頭部に四条の刻線がある「丁字頭勾玉《ちょうじがしら》」と呼ばれる種類。良質の瑪瑙《めのう》製管玉十二個は、鮮やかな赤橙色。ガラス管玉約三十個は、半透明の青緑色のもののほか、風化して白色や茶色になったものもあった。ガラス玉では、紺色の小玉が約五百個ある。

注目されたのは、棺内頭部付近で出土した、径四～五ミリの小玉を複数連結した形の「連玉《れんだま》」とよばれる玉である。四連を最高に、三連、二連のものなどが大量に出土した。四連のものには連結痕があり、六連以上のものもあったと推定されている。この連玉は、奈良文化財研究所の分析で、性質の異なるガラスを内側と外側に二層に重ねた「重層ガラス」であることがわかり、コバルトで着色されたソーダ石灰ガラスであることが判明したという。

「重層ガラス連珠《れんじゅ》」とも呼ばれるこの玉は、国内に類例がなく、どこからもたらされたのかが謎だった。しかし、奈良文化財研究所のその後の調査研究で、この玉がローマ帝国の領域である地中海沿岸を起源とし、モンゴルやカザフスタンなど中央アジアからモンゴル高原を通る「草原の道」を経由してもたらされた可能性が出てきたという

（二〇一九年九月二十一日付・朝日新聞西部版夕刊）。

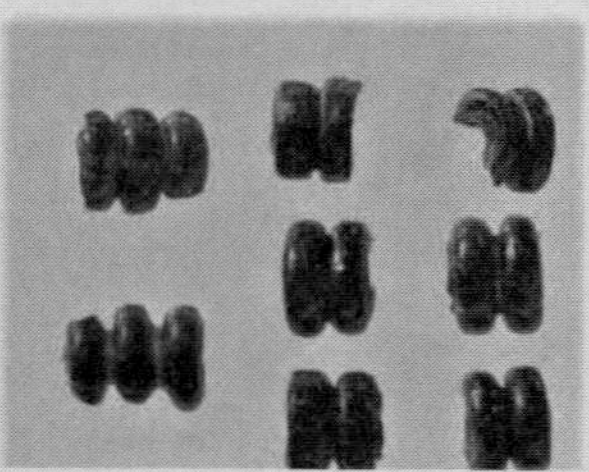
西域からもたらされた連玉＝国（文化庁）保管、伊都国歴史博物館提供

## (8) 日の巫女《みこ》

福岡県糸島市の平原《ひらばる》遺跡で見つかった四十面の銅鏡などを副葬した「王墓」は、平原1号墓と呼ばれている。隅が丸い方形の周溝の中に墓の主体部があり、大型の割竹形《わりたけがた》木棺が埋葬されていたとみられる。その後の調査研究によって墳丘があったことが推定され、東西の長さ一四メートル・南北一〇・五メートルの方形の墳丘墓として現地に復元された。

1号墓の周囲には、弥生時代後期から古墳時代前期にかけての墳丘墓や円墳など番号付きの墓が5号墓まであり、他にも土壙墓《どこうぼ》などが見つかっている。糸島市教育委員会の報告書によると、1号墓の推定年代は「弥生時代後期後半から終末期」。しかし、諸説があり、今なお著書に「推定年代？」と疑問符を付ける研究者もいる。注目されるのは、発掘調査で女性であることが明らかになってきた被葬者の性格だ。

1号墓の墓壙周辺には、柱穴《ちゅうけつ》群が確認された。墳丘西側で二対、北側で一対のペアになった穴があり、直径十センチ程度の柱が立っていたようだ。これらは「鳥居状遺構」と名付けられた。二本の柱に、しめ縄状のものを渡した原始的な鳥居を想定したものだ。さらに墓壙東端から、当初は井戸ではないかと考えられた太い柱穴跡が見つかった。推定された柱は直径七十―八十センチ、高さ十三メートル前後で、重さ七―八トン。長野県諏訪大社の「御柱《おんばしら》」の掘り方と似ており、これから類推したという。

柱穴から推定した平原１号墓の配置。日向峠に向かう東西軸線の奥が大柱。手前の西方向に二対、左側の北方向に一対の鳥居状遺構がある（伊都国歴史博物館提供）

1号墓の木棺は、足の方を東に向けてほぼ東西の軸線上にある。これと交差する方向に二対の鳥居状遺構の柱穴があり、棺の向きと並行してもう一対の「鳥居」がある。棺の東の先には「大柱」の穴があり、そのはるか向こうには太陽が昇る日向《ひなた》峠がある。

つまり1号墓は、太陽の運行を念頭に、計画的に配置された祭祀的性格が強い墳墓と考えられているのだ。実は、近年の発掘で「邪馬台国の王都か」と騒がれている纒向《まきむく》遺跡（奈良県桜井市）の大型掘立柱《ほったてばしら》建物三棟も、東西の軸線上に計画的に配置されている。纒向学研究センターの寺沢薫所長は「律令時代になると中国の影響で南北重視になるが、それ以前は東西重視の思想で、平原1号墓も同じ」と指摘する。

では、太陽崇拝の思想で築造された墓に、破砕された四十面もの鏡とともに埋葬されたのは、どんな人物だったのか——。

研究者の中には、その被葬者を「巫女王《ふじょおう》」と呼ぶ人たちがいる。

## （9）伝説の大鏡

福岡県糸島市の平原《ひらばる》遺跡は一九八二（昭和五十七）年、周辺の古墳などとともに「曽根遺跡群」として国史跡に指定された。このうち銅鏡四十面などが出土した平原1号墓の出土品は、二〇〇六（平成十八）年に国宝に指定されている。

これらの鏡は、形態と銘文、鋳造技術、同型鏡や着色の有無、研磨と傷痕、材質や成分など、多角的に分析された。この結果をもとに、舶載鏡《はくさいきょう》（＝中国製）か仿製鏡《ぼうせいきょう》（＝国内製）か、製造された時期はいつごろかなどをめぐって、今も研究者の議論が続いている。

鏡のうち、直径四六・五㌢の五面（うち二面はほぼ完形）は、鏡背の中心に八葉形の鈕《ちゅう》（＝つまみ）座があり、八つの連弧文が花弁のように配された内行花文八葉鏡《ないこうかもんはちようきょう》。その巨大さは、鏡の本場中国にも例がない。

平原遺跡発見当初から発掘に携わり、鏡を復元した原田大六さんは著書『実在した神話』（学生社）で、この大鏡を「八咫鏡《やたのかがみ》」に比定した。草薙剣《くさなぎのつるぎ》、八尺瓊勾玉《やさかにのまがたま》とともに「三種の神器」の一つで、伊勢神宮の御神体とされる。「咫《た》」は婦人の手のひらの長さをもとにした中国周代の尺度。それによると八咫は約百四十七㌢で、平原大鏡の円周約百四十六㌢にほぼ合致するという。

そして日本書紀「景行紀」には、こんな記述がある。

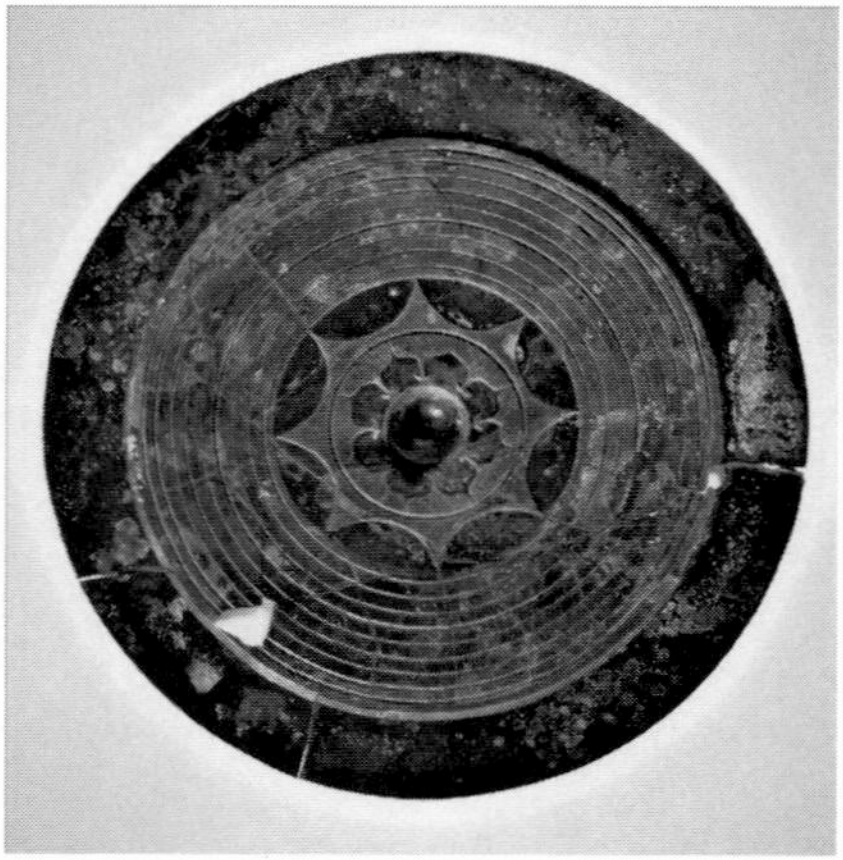

ほぼ完全形に復元された国宝「内行花文八葉鏡（11号鏡）」＝国（文化庁）保管、伊都国歴史博物館提供

　景行天皇が熊襲《くまそ》征討のため九州に向かう際、周防国《すおうのくに》（＝現在の山口県東部）で、周防灘沿岸の豊前国《ぶぜんのくに》（＝現在の福岡県北東部と大分県北西部）の首長・神夏磯姫《かむなつそひめ》が、天皇に帰順した物語。神夏磯姫は、舟に八握剣《やつかのつるぎ》や八尺瓊の玉、八咫鏡を枝に掲げた賢木《さかき》と素幡《しらはた》を立てて勅使を迎えたという。もちろん史実かどうかは不明だが、八咫鏡と九州のつながりを語るエピソードではある。

　原田さんは、平安時代の『延喜式《えんぎしき》（＝律令の施行細則）』に伊勢神宮の八咫鏡の樋代《ひしろ》（＝ご神体を入れる容器）の内径が一尺六寸三分（約四十九センチ）という記述があり、平原の鏡がすっぽり収まることなどを挙げて自説を構築した。八咫鏡の文様について「八頭花崎八葉形」とする古文書があることも、傍証として挙げている。

　さらに原田さんは、太陽の運行と関わりが深いこの遺跡の特徴から、巨大鏡は冬至の日に太陽の力が盛り返すように祈る「日迎え」祭祀《さいし》の道具だったのではないかと推理した。

　そして、その想像の翼を、平原1号墓に眠る類まれなる被葬者像にも広げて行った。

## ⑽ アマテラス？

福岡県糸島市で、古代の伊都国《いとこく》研究に半生を捧げた在野の考古学研究者、原田大六さんは、一九八五（昭和六十）年五月に亡くなった。その功績をたたえ、伊都国歴史博物館の中庭には王権の象徴である璧《へき》を手にした原田さんの銅像が立っている。

九一（平成三）年には、原田さんが研究に没頭した平原《ひらばる》遺跡の報告書が、夫人と有志の尽力で刊行された。上下巻、セット価格八万円という超大型本のタイトルは『平原弥生古墳　大日《おおひ》孁貴《るめのむち》の墓』（葦書房）。考古学界では、平原遺跡の王墓（平原1号墓）は弥生時代の墳丘墓とするのが一般的。「弥生古墳」という呼称には、弥生から古墳時代への移行期に位置する、この墓への原田さんのこだわりが込められている。

一方、「大日孁貴」とは「太陽の妻」の意で、神話の世界の天照大御神《あまてらすおおみかみ》のことだ。原田さんは生前、この遺跡について農作業の暦に関係する太陽運行や天体観測にかかわる遺構と主張。墓壙には大量の装身具が副葬されていたため、太陽祭祀《さいし》を司る女王を葬った墓と考えた。さらに四十面もの鏡を破砕して霊を封じ込めたとみられる埋葬法などをもとに、被葬者は強い霊力や呪力を持った「太陽の霊と一体になる女」と想定した。

そして原田さんの推理は、直径四六・五チセンの巨大鏡を三種の神器の一つである「八咫鏡《やたのかがみ》」に見立て、神話と伝承の世界に深く分け入って行く。

1965年の発掘当時の姿に再現された平原１号墓の墓壙（伊都国歴史博物館の展示）

「神話の高天原《たかまがはら》の物語のほとんどは、じつは北部九州の弥生時代の最後の史実によっている』「平原弥生古墳の被葬者は、実名を玉依姫《たまよりひめ》（＝神武天皇の母）といい、神格化名を『大日孁貴』とか『天照大御神』と称した人物だったのである」（原田さんの著書『実在した神話』から）

もちろん、この大胆な推論には異論も多い。しかし、太陽祭祀にかかわりがある「巫女王《ふじょおう》」という被葬者の性格については、かなり共通した見方も広がっているようだ。

発見当初からこの遺跡を発掘・研究してきた柳田康雄国学院大客員教授は、二つの王墓を持ち伊都国の「王都」とされる三雲《みくも》・井原《いわら》遺跡のエリアから、平原遺跡だけがポツンと離れて築かれた点に注目。「伊都国では、おそらく百年に一度ぐらい強い霊力を持つ特殊な人物が出たのだろう。平原遺跡は、王都の男王墓とは違い、巫女王を葬った特別な墓だったのではないか」と推測している。

## （11）卑弥呼の墓か

平原《ひらばる》遺跡（福岡県糸島市）は現在、平原歴史公園として整備されている。銅鏡四十面などが出土した平原王墓（1号墓）は、東西約一四メートル、南北一〇・五メートルの方形の墳丘墓として復元された。周囲をめぐる周溝は、南東角だけ「陸橋」状になっている。

邪馬台国九州説は、研究者の数だけ比定地があるといわれるほど諸説紛々。その中で、平原王墓を卑弥呼の墓の候補地とする研究者もいる。長年、佐賀県の吉野ケ里《よしのがり》遺跡（神埼市・吉野ケ里町）を調査し「ミスター吉野ケ里」の異名を持つ高島忠平《ちゅうへい》さん（佐賀女子短大名誉教授）もその一人だ。

高島さんは、装身具が多い平原王墓の副葬品や大量の鏡を破砕して霊魂を封じ込めたとみられる埋葬法などから、被葬者は「強い呪力を持つ巫女王《ふじょおう》」と推定した。さらに卑弥呼が二十数カ国の中から「共立」された女王で、中国の魏《ぎ》が遼東地方を支配していた公孫氏《こうそんし》を滅ぼした直後に使節を派遣した国際感覚に注目。「当時の日本列島で、東アジア情勢に最も敏感で国際的情報が集中したのは北部九州。中でも伊都国は交易や外交の拠点だった。共立された女王は、呪術や巫《ふ》術に長《た》け、国際的知識をもとにクニグニを納得させられる神託能力が求められた」と指摘する。

さらに、共立された王は出身地に帰って葬られる風習もあり、「必ずしも邪馬台国に墓があ

平原歴史公園に復元された「王墓」の墳丘（手前が周溝の「陸橋」部分）

るとは限らない」との見解。これらを総合すると、「平原王墓が卑弥呼の墓であってもおかしくない」というのが高島さんの考えだ。

ところが、である。魏志倭人伝には、卑弥呼の死後「径百余歩」の墓をつくったと書かれている。「径」は円墳のような円形の墳丘墓を想起させる。方形墳丘の平原王墓とは形も規模も合わず、これも決定打とは言い難いようだ。

一方、伊都国研究の草分けとされた原田大六さん（故人）は、卑弥呼の墓は近畿地方にあると推定した。糸島で生まれ育った原田さんは、九州の研究者でありながら「邪馬台国畿内（近畿）説」の論者だった。原田さんは「北部九州の弥生時代の住民が結束して畿内大和を攻撃し、そこに樹立したのが女王の統治する邪馬台国であった」という推論を展開した。いわゆる「東征説」。畿内説にも色んなバリエーションがあり、その一つである。

というわけで、次なる邪馬台国探求の旅は九州から大和路へ―。次章では、大六さんが「卑弥呼の墓」と結論づけた、あの巨大前方後円墳を見に行く。

## 「遼東」拠点に勢力拡大
## 朝鮮半島の公孫《こうそん》氏《し》の興亡

公孫氏は、後漢末から三国時代にかけ、中国東北部の遼東地域（現在の遼寧省）を拠点に勢力を拡大した豪族。襄平県出身で玄菟郡の役人だった公孫度は、遼東太守となり、山東半島一帯にも勢いを増して行った。

二〇四（建安九）年に公孫度が死去し、その子の公孫康が後を継いで楽浪《らくろう》郡の南を分割して帯方《たいほう》郡を設置。漢人を集結させて韓や濊《わい》を攻撃し、韓や倭も帯方郡に所属するようになったという（『魏書韓伝』）。公孫康の後継者には弟の恭が就いたが、二二八年、康の子の淵が叛いて叔父から位を簒奪した。既に後漢は崩壊して、魏・呉・蜀の三国時代に突入。公孫淵は、魏に臣従を装いつつ、魏と対立していた南方の呉との関係を強め、独立の機会を窺っていた。呉が、公孫淵に独立した君主として称号を与えたのに対し、魏はあくまで一地方政権として扱い、これに不満を募らせた淵は二三七年、「燕王」を名乗って独自の元号も立てた。

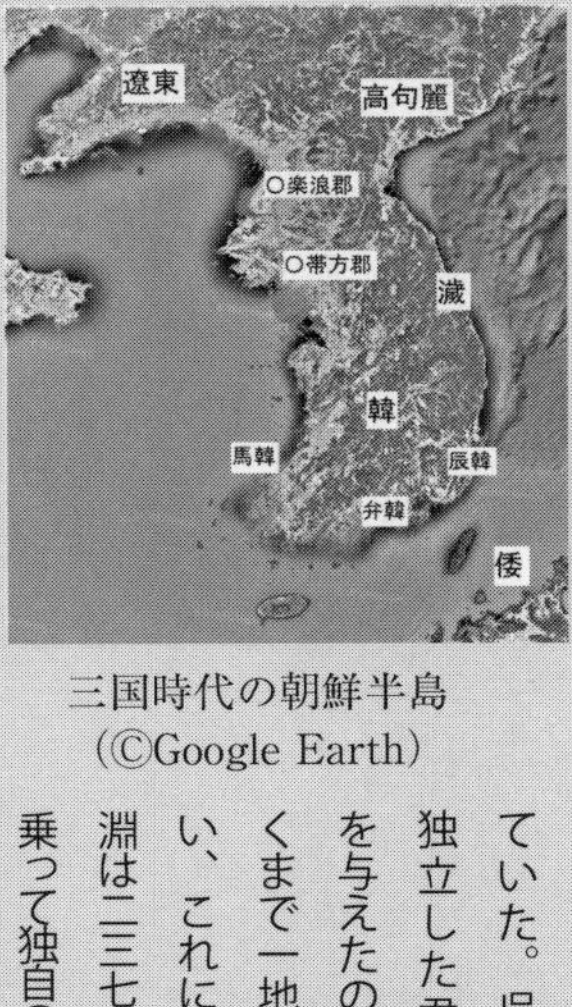

三国時代の朝鮮半島
（©Google Earth）

その後、魏との間で一時的に関係修復の動きもあったが、魏の公孫淵に対する疑念は去らず、二三八年（魏の景初二年）正月、司馬懿《い》を遼東に出兵させて同年八月、滅亡に追い込んだ。

現存する魏志倭人伝の最古の版本（中国南宋期）には、卑弥呼が初めて魏に使者を派遣したのは「景初二年六月」とある。しかし、この時期は公孫淵討伐の最中で使者は魏に向かうことが困難だったため、通説では「景初三年」の誤記とされてきた。しかし、あくまで版本記載の「景初二年」説を主張する研究者もある。

# 第2章 「卑弥呼の墓」に行く

## (12) 箸墓に行く

大阪から近鉄線の電車を乗り継いで約五十分。桜井駅に降り立ったら、目の前に「箸墓《はしはか》」があった。

全国でも珍しい「駅前古墳」だが、実は箸墓古墳をモデルにした前方後円墳《ぜんぽうこうえんふん》のモニュメント。全長約十七メートル、高さ二・五メートル。ミニサイズながら階段状の段築も再現され、墳裾《ふんきょ》には葺石《ふきいし》を張った本格派。築造当時の箸墓は、こんな姿をしていたのかも知れない。

駅前広場には「卑弥呼《ひみこ》」という名前の団子屋さん。「ヤマト王権発祥の地」の観光看板と、「仏教伝来の地」「万葉集発燿《よう》の地」「相撲発祥の地」などの解説板が立つ。かつては木材集散地として大いに栄えたという桜井市だが、現在はもっぱら「古代史の里」として観光に力を入れているらしい。

駅前から奈良交通のバスで、「三輪《みわ》明神参道口」下車。目の前に三輪明神の巨大な石灯籠と高さ三十二メートルの大神《おおみわ》神社の大鳥居がそそり立つ。近くの桜井市埋蔵文化財センターに立ち寄って纒向遺跡の基礎知識を仕入れ、展示されている出土品を見ておくのがお薦めコース。そこから国道１６９号を歩いて箸中《はしなか》バス停あたりまで来ると、小山のような箸墓の墳丘が見えてくる。

北側の箸中大池は、夏場は水をたたえている。後方にそびえる三輪山が水面に映り、優美な曲線の箸墓とともに織りなす景色は、まさに「映《ば》え」のスポットだ。

「卑弥呼の墓」の有力候補で、箸中山古墳とも呼ばれる箸墓は、全長約二百八十メートル。円丘状の後円部と三味線のバチ形をした前方部が組み合わさった前方後円墳の完成形とされ、この墓を古墳時代の「起点」とする学者もいる。

箸中大池に姿を映す箸墓古墳
（左奥は三輪山）

箸墓の写真の多くは、北の大池側から撮ったものばかりなので、南側がどうなっているのか一周してみることにした。

南側の前方部から後円部にかけては周囲をぐるりとアスファルト道路が巡り、車も通る。宮内庁管理の陵墓のため、墳裾には「立入禁止」の柵がめぐらされているが、柵の手前ぎりぎりから墳丘の中をのぞくことは可能。墳裾に敷き詰められている葺石を間近に見ることができる。

後円部周辺には、道路をはさんで住宅が密集している。田んぼや畑が広がる北側とは、まるで違った風景だ。後円部を見上げると、うっそうと深い木立が生い茂り、鳥たちの鳴き声が響く。

古代史の「原点」と現代の生活空間が同居する、不思議な世界に迷い込んだかのようだ。

## ⒀ 三輪山の神の妻

古くから「卑弥呼の墓」候補とされてきた箸墓古墳《はしはか》（奈良県桜井市）は、歴代天皇や皇族の墓である陵墓《りょうぼ》に治定《じじょう》されている。前方部前面の遥拝所《ようはい》には鳥居が立ち、「孝霊天皇皇女　倭迹迹日百襲姫命《やまとととひももそひめのみこと》　大市墓《おおいちのはか》」と墨書した制札《せいさつ》がある。この墓の名は、古代に三輪山《みわ》麓一帯が大市郷と呼ばれていたのが由来。現在の地名をもとに考古学では「箸中山古墳《はしなかやま》」とも呼ばれ、箸墓は三つの名前を持っている。

倭迹迹日百襲姫は巫女《みこ》の霊力を持つ女性。日本書紀・崇神紀《すじん》には、神がかりして三輪山の大物主神《おおものぬしのかみ》の託宣を天皇に伝える話などが記されている。さらに日本書紀は、大物主神と百襲姫の不思議な婚姻譚《たん》を語る。

大物主はいつも夜しか現れず、顔をみたことがなかった姫は「もう少しここにいてください。朝になって、あなたの麗しい姿を見たいのです」と懇願した。大物主は「あすの朝、私はあなたの櫛笥《くしげ》（＝くし箱）に入っていよう。私の姿を見て驚いてはいけない」と答えた。翌朝、姫が櫛笥をのぞくと小さな蛇がいた。姫が驚いて叫んだのを見て大物主は人の姿に戻り、「私に恥をかかせたな」と怒って山に帰ってしまった。天を仰いで後悔した姫は、急にドスンと座った拍子に箸で陰部を突いて死んでしまったという。

これには自殺説もあるらしいが、一体どうすればこんなハプニングが起こるのか？　不可解な話である。しかも日本で箸が使われるのは七世紀ごろというのが通説。二―三世紀の倭国の事情を伝えた魏志倭人伝は、倭人は「手食す（手づかみで食べる）」と書いている。神話の世界の話とはいえ、いささか気になる。

倭迹迹日百襲姫「大市墓」の遥拝所

日本書紀は、姫が大市に葬られ、人々はその墓を「箸墓《はしのみはか》」と呼んだと書く。さらに、この墓は「昼は人が作り、夜は神が作る」とし、大坂山（二上山の北側の山）の石を人々が手渡しで運んだと伝える。

全長約二百八十メートルの箸墓は、平地に土を盛って墳丘が築造されており、盛り土の総量は推定約三十～三十七万立方メートル。十トンダンプカーで五～六万台分ともいう。完成までに十年以上かかったと推定する研究者もいて「卑弥呼以《もっ》て死す　大いに冢《ちょう》（＝塚）を作る」という魏志倭人伝の「即埋葬」的な記述とは、そぐわない感じもする。

倭人伝は、卑弥呼の死後、国内が再び内乱状態に突入したとしており、その間に十年もかけてのんびり墓を作ったというのも解せない話だ。

## (14)「古墳幕開け」事件

箸墓《はしはか》古墳＝卑弥呼の墓説は古くからあるが、かつては「致命的」とされる弱点があった。昭和のころまで、箸墓の築造年代は古墳時代が始まった四世紀初めというのが通説で、卑弥呼が死んだとされる三世紀中ごろとの間には大きなズレがあったからだ。

しかしその後、周濠などの発掘調査で三世紀代の築造説が定着。そして衝撃の一石を投じたのが、国立歴史民俗博物館（千葉県佐倉市）の研究者たちによる放射性炭素14（C14）年代測定法を用いた分析結果だった。

「歴博グループ」と呼ばれる研究者たちが考古学界に巻き起こした波紋は、弥生時代の始まりが紀元前十世紀まで遡るとした新聞発表（二〇〇三年）でご記憶の向きも多いだろう。北部九州出土の土器に付着した炭化物をこの測定法で調べた結果、稲作が伝来した弥生時代の始まりが従来の学説より五百年も早まるとした説。炭化物の中にあって一定速度でチッ素に壊変していくC14の半減期をもとに、遺物の年代を推定する理化学的分析法だ。

この発表は、学界で賛否の大論争を巻き起こした。考古学では土器や鏡など遺物の編年をもとに年代研究を積み重ねてきただけに、従来の「常識」が根底から覆されかねないからだ。この分析法は、改良を重ねてさらに精度を上げたとされるが、研究者の中にはなお慎重論も根強い。そこへ襲ったのが「箸墓の衝撃」だった。

〇九年五月、歴博グループはＣ14年代測定法を独自データによる補正で改良を加え、箸墓古墳の築造が「西暦二四〇〜二六〇年ごろ」とする研究成果を公表した。文献研究では卑弥呼の死は二四七、八年ごろとされており、新聞には「卑弥呼の死　同時期」の大見出しが躍った。

　この研究は箸墓周辺から出土した土器を分析したものだが、反対派は「土器に付着した炭化物のＣ14年代は古く出過ぎる」などと反発して論争が沸騰。卑弥呼や邪馬台国関連の展示に力を入れている大阪府立弥生文化博物館の秋山浩三学芸顧問（前副館長）は、この騒動を弥生時代の幕開け論争に続く「歴博・古墳幕開け事件」と呼んだ。箸墓は定形化した前方後円墳の「元祖」とされ、古墳時代開始の指標とする研究者もいるからだ。

空から見た箸墓古墳（桜井市教育委員会提供）

　さらに現在の考古学界では、庄内式、布留《ふる》式など弥生時代終末から古墳時代初頭にかけての土器や鏡の編年研究の成果をもとに、古墳時代の幕開けを「三世紀中ごろ」とする説が主流になりつつある。

　その波紋は、箸墓に眠る人物とは一体誰かという被葬者論争にも及んでいる。

古くから箸墓《はしはか》古墳（奈良県桜井市）が卑弥呼の墓の有力候補とされてきた理由の一つは、その巨大さである。

## (15) 陵墓の「壁」

魏志倭人伝は、卑弥呼の墓の大きさを「径百余歩」と記している。この百余歩の長さには諸説あるが、「歩《ぶ》」（現代の日本でいえば歩行の二歩分）は、中国・魏代の六尺（約一・四五メートル）というのが一般的な説。これに従えば、百余歩は百五十メートル前後になり、直径約百五十六メートルの箸墓の後円部にほぼ見合う。「箸墓＝卑弥呼の墓」説の論者によれば、「卑弥呼が死んだ三世紀半ば、箸墓に匹敵する墓は他にはない」というわけだ。

ところが、である。魏志倭人伝には「径」とあり、円形の墳丘墓か円墳のような墓をイメージさせる。前方後円墳の定型化モデルとされる箸墓とは墳形が違い、これが弱点ともされてきた。

ところが、この弱点を克服する「円墳先行説」というのもある。箸墓は、後円部が先に作られ、前方部はかなりの年数を経てあとから築造されたという説（前方部付加説ともいう）。いささか「取って付けた」印象はあるかもしれないが、権威ある考古学者から学術的根拠の説明がなされており、根強い支持もある。ただし、学界では少数派。陵墓に治定《じじょう》された箸墓は立ち入りや調査が厳しく制限されており、「卑弥呼の墓」説も決め手を欠いている。

ただ、そんな箸墓も、管理する宮内庁の手で部分的な調査が行われたことがある。一九八一年の水道工事に伴う調査、八八年の墳丘調査、九八年の台風7号被害や二〇〇五年の見張所改築に伴う調査など。また箸墓の周囲では、奈良県立橿原《かしはら》考古学研究所や桜井市教委による境界確認調査などが行われ、一二年にはヘリコプターによる三次元レーザー計測も行われた。

これら一連の調査では、吉備《きび》地方（現在の岡山県周辺）発祥の祭祀《さいし》用土器とされる特殊器台《きだい》の破片などが出土している。さらに、墳丘は後円部五段、前方部三段で前方部側面にも段築があり、二重の周濠がある可能性も浮上。後円部の五段目は石積みの円壇のような特殊な形状であることも分かった。そして長年の陵墓公開運動が実を結び、一三年には初めて学界代表十六人による墳丘最下段だけの立ち入り観察も認められている。

しかし、肝心の内部構造は、発掘調査ができなければ永久に「やぶの中」。そこで登場したのが「ミューオン」である。X線より透過力が強く、宇宙から降り注ぐ素粒子ミューオンを使い、箸墓内部を「透視」する橿原考古研と名古屋大学の研究プロジェクト。エジプトのピラミッド調査でも成果を上げた最新技術に、各界の期待がかかる。

立入禁止の柵が巡らされた箸墓古墳の後円部

## ⒃ 箸墓の「ご先祖」

「卑弥呼の墓」説がある箸墓《はしはか》古墳は、纒向《まきむく》遺跡（奈良県桜井市）を構成する纒向古墳群の中にある。代表的な十基のうち七基は前方後円墳《ぜんぽうこうえんふん》だが、南飛塚古墳（方墳または前方後円墳）や箸中ビハクビ古墳（円墳または前方後円墳）のように墳形が確定できないものや、唯一の前方《ぜんぽう》後方墳《こうほうふん》であるメクリ1号墳もある。

JR桜井駅から万葉まほろば線（桜井線）に乗って、巻向《まきむく》駅で下車。西に約五百メートル歩くと纒向小学校がある。この周囲に纒向石塚古墳（全長約九十四メートル）、勝山古墳（同百十五メートル）、矢塚古墳（同九十六メートル）、東田《ひがいだ》大塚古墳（同百二十メートル）など、大型の前方後円墳四基が集中している。

このうち纒向石塚古墳（国指定史跡）は、一九六〇年代の発掘調査で国内最古の古墳ではないかと騒がれた。現在は、三世紀前半の築造とする説と「築造は三世紀中ごろで埋葬は三世紀後半」という二つの説があるという。幅約二十メートルの周濠があり、多数の土器のほか、鋤《すき》や鍬《くわ》、建築部材、鶏形木製品、吉備地方との関係がうかがわれる弧文円板などが出土して話題を呼んだ。

纒向石塚には埴輪《はにわ》や葺石《ふきいし》はなく、「全長・後円部直径・前方部」の長さの比率が、ほぼ3対2対1。後円部に比べて前方部がかなり小さいのが特徴だ。纒向学研究センターの寺沢薫所長は「纒向型前方後円墳」と呼び、箸墓に先行する出現期の前方後円墳と位置づけている。纒向石塚や矢塚など初期の「纒向型」が、勝山や東田大塚のように前方部が伸びた形に移行。その後、前方部が高く三味線のバチ形に広がる箸墓で定形化が完成し、ヤマト王権の傘下に入った全国各地の豪族に広がって行ったというのが寺沢さんの学説である。

つまり「纒向型」は、完成形の前方後円墳になった箸墓の「ご先祖」というわけだ。

纒向小学校に隣接する纒向石塚古墳は、立ち入り自由で墳丘に上がることもできる。第二次大戦中は高射砲陣地になり、墳丘上部が削られたため、一見すると平たい丘という感じ。前方部の形はよく分からず、低く小さな円墳という印象も受ける。

纒向石塚古墳

古墳の脇には桜井市教育委員会の説明板が立っているが、標題は「纒向石塚古墳（墳丘墓）」。

説明文にいわく、「３世紀前半～中ごろの築造と考えられ、のちの大型古墳に見られるような葺石や埴輪は存在しません。このため古墳時代初頭の『古墳』とする考え方がある一方で、弥生時代終末期の『墳丘墓』とする意見があり…」。

纒向石塚は古墳なのか、弥生墳丘墓なのか―。実に「ビミョー」な解説である。

## 前方後円墳成立の源流

### 纒向型前方後円墳

古墳時代を象徴する前方後円墳という墳形がどのように成立し、広まったかについてはさまざまな研究がある。その中で、纒向学研究センター（奈良県桜井市）の寺沢薫所長は、前方後円墳の祖型が纒向《まきむく》遺跡で誕生し、日本列島各地に拡散していったとする独自の説を提唱する。

寺沢氏によると、纒向遺跡には（1）巨大な後円丘に高く発達した前方部を付加した箸墓《はしはか》古墳（2）後円部径が全長の三分の二で、低平で短い前方部を持つ石塚・矢塚・ホケノ山の三基の前方後円墳（3）前方部が石塚・矢塚・ホケノ山よりやや長くなった勝《かつ》山《やま》・東田大塚《ひがいだおおつか》古墳――という三タイプの前方後円墳がある。

これらの古墳について寺沢氏が考える築造年代は、古い順に❶（土器形式で）庄内2～3式期の石塚・矢塚・ホケノ山古墳❷庄内3式～布留《ふる》0式古相の勝山古墳❸布留0式古相の箸墓・東田大塚古墳。

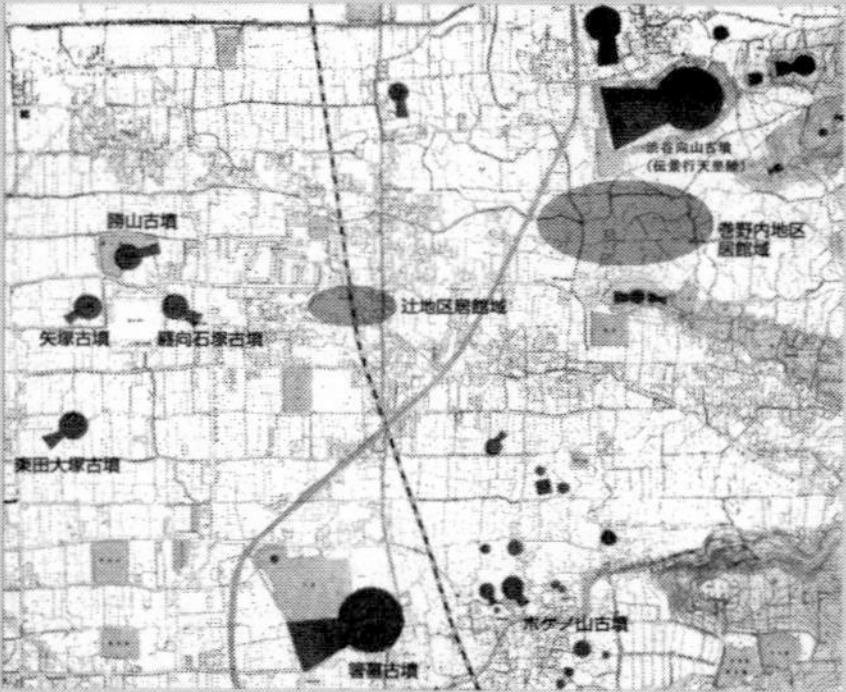

纒向遺跡の古墳群（出典・奈良県桜井市発行『纒向出現』2013）

寺沢氏は、三世紀後半では列島最大規模の箸墓古墳を、前方後円墳の完成形として「定形型」前方後円墳と定義。勝山と東田大塚古墳は、前方部は発達しつつあるが依然として低平で定形化しつつある「定形化」前方後円墳とし、さらに「定形化」の前段階にある石塚・矢塚・ホケノ山の三古墳を「纒向型前方後円墳」と呼んだ。

「纒向型」は前方部の長さが全長の三分の一で、「このタイプが『定形化』や『定形型』前方後円墳に先駆けて纒向遺跡で誕生し、列島各地に拡散していった」（寺沢薫著『弥生国家論―国家はこうして生まれた』敬文社刊）という。

## (17) 箸墓のお隣さん

全長約二百八十メートルの箸墓古墳（奈良県桜井市）がある纒向《まきむく》古墳群の北には、同二百四十二メートルの行灯山《あんどんやま》古墳（伝崇神《すじん》天皇陵）や同三百メートルの渋谷向山《しぶたにむかいやま》古墳（伝景行《けいこう》天皇陵）などを含む柳本《やなぎもと》古墳群がある。さらにその北側には、同二百三十メートルの西殿塚古墳を含む萱生《かよう》古墳群があり、巨大古墳の密集地帯だ。

その纒向古墳群の中で、重要な位置にあるのが箸墓の「お隣さん」ともいえるホケノ山古墳である。全長約八十メートル、後円部は三段築成で直径約五十五メートル、前方部の長さ約二十五メートルの前方後円墳。纒向石塚古墳とともに国史跡に指定されており、後円部径に比べて前方部の長さが約二分の一しかない「纒向型」の前方後円墳である。

箸墓古墳南側の後円部に沿って歩くと、ＪＲ万葉まほろば線（桜井線）の踏切がある。踏切を越えると箸中《はしなか》の集落。国津《くにつ》神社の先で纒向川の清流に出会う。鳥の声が響くのどかな里で、川ではユウガオの種を洗う農家の人の姿があった。案内板の矢印に沿って歩くとホケノ山古墳に出た。こんもりとした墳丘の裾には葺石《ふきいし》が露出している。

　ホケノ山古墳は一九九九年から翌年にかけて本格的な発掘調査が行われ、内部構造などの全貌が明らかになった。箸墓は宮内庁管理の陵墓のため発掘はおろか立ち入りさえできず、ホケノ山古墳の調査結果は箸墓の実体解明にもつながるとして期待を集めた。

　調査結果によると、埋葬施設は後円部中央にあり、石を積み上げて作った石槨《かく》の中にコウヤマキ（高野槇）の舟形《ふながた》木棺を納めた木槨がある二重構造。国内で初めて見つかった埋葬施設で、「石囲い木槨」と名付けられた。木槨には大量の水銀朱がまかれ、築造当時は天井を支える六本の柱が立っていたという。この構造には、吉備や瀬戸内地方の影響を指摘する説もある。

　副葬品は、ほぼ完全形の画文帯神獣鏡《がもんたいしんじゅうきょう》一面のほか、破砕してばらまかれた銅鏡片二十三点、多数の鉄鏃《ぞく》（＝矢じり）や銅鏃、素環頭大刀《そかんとうたち》、各種鉄製品など。鏡の推定製作年代や出土した土器の形式などから、築造は「三世紀中ごろ」と判定された。これまた「卑弥呼の死」の推定時期にピッタリ。

ホケノ山古墳の「石囲い木槨」の出土状況（奈良県立橿原考古学研究所提供）

　ところが、である。魏志倭人伝は倭人の埋葬法について、「棺ありて槨なく、封土して塚を作る」と書いている。

## ⒅　倭国乱れ、卑弥呼立つ

中国の漢王朝は、前漢（紀元前二〇二～紀元後八年）のあと十五年で滅んだ新《しん》を経て、後漢（二五～二二〇年）になった。後漢時代に書かれた漢書地理志《かんじょちりし》には「楽浪《らくろう》海中に倭人《わじん》有り、分かれて百余国を為《な》す」という有名な文章があり、これが古今東西の歴史書に登場した「日本（倭）」に関する最初の記録。楽浪とは前漢代に朝鮮半島北部に置かれた楽浪郡のことで、現在の平壌付近とする説がある。

さらに五世紀に書かれた後漢書倭伝によると、後漢・安帝の永初元年（一〇七年）に倭国王帥升《すいしょう》が使者を派遣し、生口《せいこう》（＝奴隷）百六十人を献じて謁見を願い出た。この帥升こそ、史書に残る最も古い「日本人のお名前」である。

それから七、八十年後、倭は動乱の時代を迎えていた。後漢末から魏《ぎ》・呉《ご》・蜀《しょく》の三国時代の興亡を書いた三国志のうち、倭の動静を伝える魏志倭人伝は、それを「倭国乱《わこくのらん》」と伝えている。「倭国乱」の時期について、後漢書には「桓霊《かんれい》（＝桓帝と霊帝）の間」（一四六～一八九年）とあり、他の史書には「漢の霊帝の光和中（一七八～一八四年）」の記載がある。歴代、倭を治めてきたのは男王だったが、互いに攻伐《こうばつ》し内乱が続発。このため倭を構成する三十近いクニグニが共同し、祭祀でまつりごとの安定を図るために特殊な霊力を持つ女王を擁立した。これが卑弥呼で、史書に登場する最初の日本人（倭人）女性である。

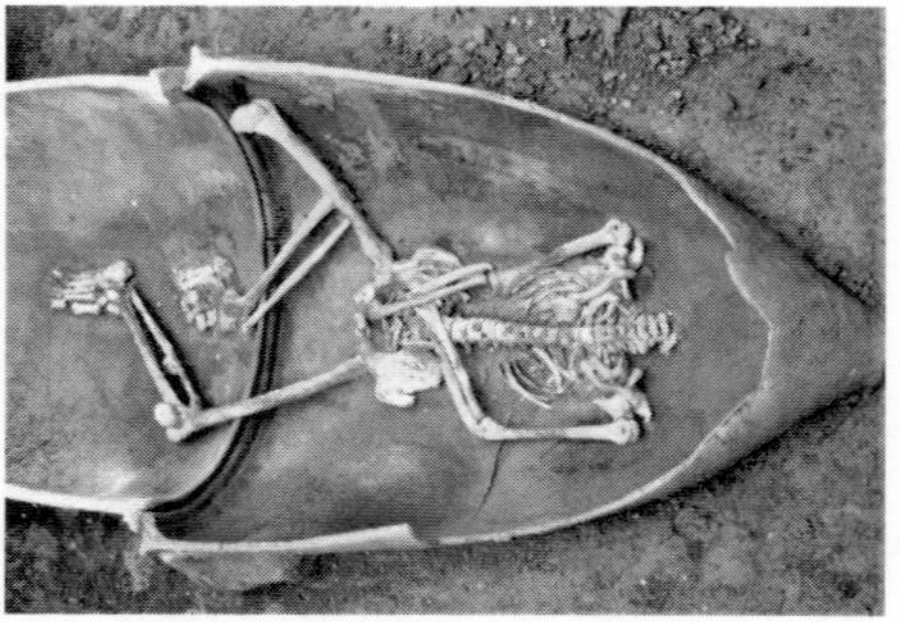

戦乱の時代を物語る吉野ケ里遺跡の「首無し戦士」の墓（佐賀県提供）

魏志倭人伝が記す倭の人名や国名には、卑弥呼の「卑」をはじめ邪馬台国の「邪」や奴国《な》の「奴」、人名や官職名の「卑狗《ひこ》」など蔑視的な文字が使われている。これは、皇帝の領土外に住む者は蛮夷《ばんい》の異民族とする中華思想によるという。一方で、これら辺境の民が皇帝を慕って朝貢してきた場合には、皇帝の徳の高さを示す吉事として厚遇した。

卑弥呼が初めて魏に遣使したとされる景初《けいしょ》三年（二三九年）、皇帝はこれに報いるため親魏倭王《しんぎわおう》の称号や金印、銅鏡百枚などを贈った。その前年、魏は遼東から朝鮮半島を支配していた公孫氏《こうそんし》をようやく滅ぼし、楽浪郡の南で現在のソウル周辺にあったとされる帯方郡《たいほう》を接収したばかり。皇帝も代替わりした直後で、対立する呉との戦略上からも卑弥呼の遣使を歓迎したとみられる。

一方、卑弥呼にも魏の後ろ盾を必要とする事情があった。卑弥呼が統治する国々の境界が尽きる南側にあり、敵対関係が続く狗奴国《くなこく》との戦争だ。男王の名は卑弥弓呼《ひみくこ》。魏志倭人伝が伝える、卑弥呼の「怨敵《おんてき》のお名前」である。

## 最古の倭国王の記録

### 後漢書に残る「帥升等」の朝貢

五世紀に成立した『後漢書《ごかんじょ》』の安帝本紀・永初元年（西暦一〇七年）冬十月条に「倭国遣使奉献」という記事がある。「倭国」という国名が、中国の史書に登場した最初の記録である。

さらに、後漢書東夷列伝の中の倭伝には、これを少し詳しく説明した「倭国王」朝貢の記事がある。

安帝永初元年　倭国王帥升等

献生口百六十人願請見

西暦一〇七年、倭国王の帥升《すいしょう》らが、生口（奴隷）百六十人を献上して皇帝に謁見を願い出たという内容である。ここに登場する「帥升」は、中国の文献に名前が登場する最初の日本人（倭人）である。しかし、この一文がまた、さまざまな謎や疑問を生むことになった。

問題の一つ目は、帥升のあとに付けられた「等」の一文字。一般には複数を示す文字として「帥升ら」と解されているが、「帥升等」で三字の人名とする説もある。

二つ目は、「百六十人」という献上された生口の数である。この時代から百三十年以上もあとの「邪馬台国の時代」、卑弥呼が初めて魏の皇帝に献上した生口は、わずかに男女十人。その後、卑弥呼の後継者・台与《とよ》（＝または壱与）が献上した生口は三十人で、「帥升等」の百六十人は突出している。

「倭国」というまとまった国の使節として初めて後漢王朝に貢献するに当たり、倭国を形成するクニグニの首長たちが生口を集めて使節に加わり、献上したのではないかというのが一般的な解釈。それが「等」の一字にも反映されているという見方だ。しかし、粗末な準構造船で外洋に乗り出し、百六十人もの生口を中国大陸まで運ぶのは国を挙げての大事業。一艘に十人前後が乗ったとしても、大船団を組んでの困難な渡海であったろう。

三つ目の謎は、「倭国」の国名に関するものである。明治・大正期、邪馬台国畿内説の代表的な論客だった京都帝大の内藤虎次郎（湖南）博士は、後漢書に出てくる「倭国王」は正しくは「倭面土国王」であるとの説を唱えた。内藤氏は、後漢に朝貢した国王が、北宋版『通典《つてん》』（＝中国・唐代の制度史書）』では「倭面土国王師升等」と書かれていることに注目。これをもとに、後漢書の原典には「倭面土国」と記されていたと推論し、「ヤマト国」と読むべきだと主張した。これに対し、邪馬台国九州説の論者で、東京帝大の白鳥庫吉博士は「倭の面土国」と読み、「面」は古い字体の「回」の字の誤りとして「回土国＝伊都国」説を展開。同じく九州説の東洋史学者で慶応大の橋本増吉博士は、「倭の面土国」を日本書紀・神功皇后紀にいう「梅豆羅《めづら》（＝松浦《まつら》）国」（魏志倭人伝に出てくる末盧国）であるとした。

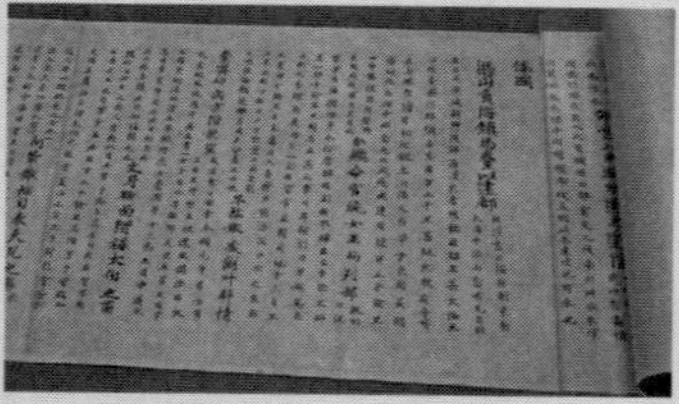
『国宝　翰苑の世界』展（2021年、福岡県大野城市の「大野城心のふるさと館」）で展示された太宰府天満宮所蔵の『翰苑』

一方、本家・中国には伝存せず、福岡県太宰府市の太宰府天満宮のみに平安時代の写本が伝わる国宝『翰苑《かんえん》』（類書＝唐代に既存の書物を分類編集した事典のような本）には、この国王が「倭面上国王師升」として登場しており、話はさらにややこしい。王の名は「帥升」か「師升」か、国名は「倭国」か「倭面土（上）国」なのか—。元東大教授の西嶋定生氏が、著書『倭国の出現—東アジア世界の中の日本』（一九九九年・東京大学出版会）で詳細に分析している。

## (19)「以死」のミステリー

邪馬台国論争では、卑弥呼の死因についても諸説ある。魏志倭人伝の解釈によって、さまざまな死が想定されるためだ。「死」の記述の前段には、次のようなくだりがある。

卑弥呼は、邪馬台国の勢力圏の南にある狗奴国《くなこく》の男王・卑弥弓呼《ひみくこ》と戦争状態にあり、魏の出先である朝鮮半島の帯方《たいほう》郡に使者を送って救援を訴えた。魏は、郡使の張政《ちょうせい》に詔書《しょうしょ》と黄幢《こうどう》（＝黄色い軍旗）を持たせて派遣。張政は黄幢を倭の高官である難升米《なしめ》に授け、檄《げき》文を作って告喩《こくゆ》（＝告げさと）した。そして、問題の「死」のくだりが続く。

「卑弥呼以死大作冢（塚）」

魏志倭人伝は漢文なので句読点もなく、さまざまな「以死」の解釈が生まれる。

卑弥呼、「以《すで》に死し」「以《もっ》て死し」「死するを以《もっ》て」…。これらが代表的読み方で、卑弥呼は「死んだので（すでに死んでいて）」「大きな塚を作った（盛大に塚を作った）」などが一般的解釈。病死や老衰などの自然死説が主流である。

ところが、これに異を唱え「卑弥呼は非業の死を遂げた」と主張する人たちもいる。

先年亡くなった考古学者の森浩一さんによれば、それを最初に指摘したのは在野の研究者、阿部秀雄さんだという。阿部さんは著書『卑弥呼と倭王』（一九七一年・講談社）で、この部分を「卑弥呼は以《もっ》て死す」と読み、前段の郡使による「告喩」が原因とする因果関係を強調。

「郡使が難升米に『檄をつくって告喩した』ことによって卑弥呼が死亡した」「卑弥呼は魏朝から死をたまわった」と主張した。つまり、卑弥呼は狗奴国との戦争に失敗した責任を問われ、死に追い込まれたというわけだ。

作家の松本清張さんも「（卑弥呼は）老齢でもあったろうから呪力も衰えていたであろう。かくて卑弥呼は重大な敗戦の責任により諸部族長たちに殺された」（『清張古代游記』一九九三年・ＮＨＫ出版）との推理を展開した。

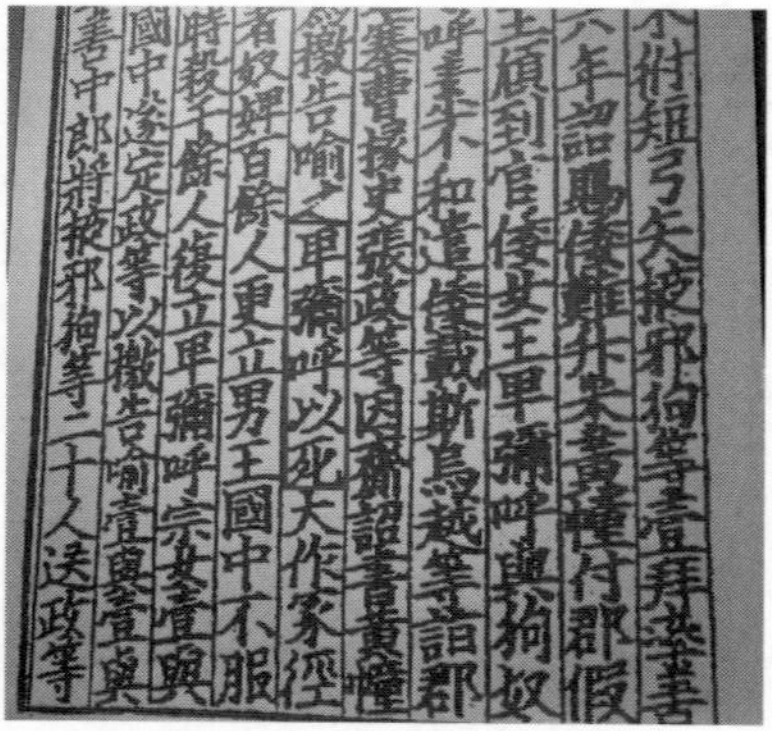
付短弓矢掖邪狗等壹拜率善
六年詔賜倭難升米黄幢付郡假
王頎到官倭女王卑彌呼與狗奴
呼素不和遣倭載斯烏越等詣郡
塞曹掾史張政等因齎詔書黄幢
檄告喩之卑彌呼以死大作冢徑
者奴婢百餘人更立男王國中不服
時殺千餘人復立卑彌呼宗女壹與
國中遂定政等以檄告喩壹與壹與
善中郎將掖邪狗等二十人送政等

卑弥呼の死を伝える倭人伝の記述

さらに、中国の史書に出てくる「以死」の用例を徹底的に集めて分析し、「非業の死」説を補強した研究者もいる（新泉社刊『三角縁神獣鏡・邪馬台国・倭国』所収、岡本健一氏の論文「卑弥呼の冢と鏡—倭人伝の記事『以て死す』の証言」）。

一方、この説のバリエーションには「日食起因説」というのもある。古代天文学の研究者によれば、卑弥呼が死んだとされる二四七、八年ごろに西日本地域で皆既日食があり、卑弥呼はこれを予知できなかった責任を問われて死に追いやられたというユニークな説。どことなく天岩戸《あまのいわと》神話の変型のようにも見えるが、ミステリーファンとしてはこれも捨てがたい。

## (20) 台与の登場

魏志倭人伝など中国史書の研究によると、倭《わ》の女王・卑弥呼が死んだのは二四七、八年ごろという見方が一般的。このあと再び男王が立ったが、内乱が再発し千人以上が死んだ。このため、倭のクニグニは卑弥呼の宗女《そうじょ》（＝一族の娘）で十三歳の台与《とよ》を擁立し、ようやく抗争が収まったという。台与も強い霊力を持った巫女王だったのだろう。

台与は、邪馬台国関連の本には「壱与《いよ》」という名で登場することも多い。現存する中で最も古い魏志倭人伝の版本（十二世紀・南宋期の紹興本）の字体は「壹（壱）與（与）」だが、魏の後代の史書には「臺（台）與」とある。そもそも邪馬台国の「台」も、版本のままの「壹」とするか「臺」の誤記とするか、昔から論争が続いている。

この「台与」が、魏志倭人伝に登場するのは最後の数行。王になった台与は二十人の使節を随行させて張政ら帯方郡から来た使節を送還し、男女の生口《せいこう》（＝奴隷）三十人などを魏の皇帝に献上した。このとき台与の使節団を率いた倭の大夫《たいふ》（＝高官）が「掖邪狗」。この人名の読み方も、研究者によって「えきやく」「やざく」「ややく」「やくやく」などさまざまで、実にややこしい。

その後、魏のあとの西晋の泰始二年（二六六年）にも倭の女王が遣使した記録があり、これも台与の使者とみられている。このあと約百五十年間、中国の史書から倭の記録は途絶え、「空白の四世紀」に入って行く。

「卑弥呼の墓」の有力候補とされる箸墓《はしはか》古墳（奈良県桜井市）の築造年代は、地元桜井市教育委員会の資料では「三世紀中ごろから後半」。三世紀「中ごろ」なら卑弥呼の墓かもしれないが、「後半」なら卑弥呼のあとの男王か台与の可能性も出てくる。

箸墓周辺で発掘調査を続けてきた同市教委の橋本輝彦文化財課長は「周濠などから出土した土器を見ると、箸墓は卑弥呼の時代より新しいのではないか」との印象を語る。桜井市が設立した纒向学《まきむくがく》研究センターの寺沢薫所長も「私の年代観では、箸墓の被葬者は卑弥呼のあとの男王か、台与あたりではないか」という見立てだ。

平成以降、「古墳時代幕開け」の時期に関する学説は、どんどん早まる傾向にある。邪馬台国畿内説を掲げる研究者の間でも、この年代観の違いによって箸墓の被葬者像は揺れている。

箸墓古墳と三輪山（左奥）

というわけで「卑弥呼の墓」巡礼は、奈良・大和をあとに九州路へ――。邪馬台国九州説の老舗、福岡県の筑後《ちくご》・山《やま》門《と》に向かう。

## ⑵1 山門のカササギ

福岡市のＪＲ博多《はかた》駅から鹿児島線で南へ約一時間。瀬高《せたか》駅に降り立てば、そこは邪馬台国九州説の「聖地」、福岡県の筑後《ちくご》・山門《やまと》地方である。

江戸時代に「邪馬台国畿内説」から転じた儒学者の新井白石をはじめ、多くの九州説論者がヤマトという地名の類似などをもとに旧山門郡（現みやま市）を邪馬台国の比定地としてきた。中でも明治時代、畿内説を唱える京大の内藤虎次郎（湖南）と大論争をかわした白鳥庫吉《くらきち》ら、東大系の学者が多い。

瀬高駅から東へ向かうと、いにしえの山門郷。直径百数十㍍《メートル》のほぼ円形の微高地に堤《つつみ》という集落がある。ここは東側が東塚原、西側が西塚原と呼ばれている。農家の庭先に横穴式石室や箱式石棺の石材が点在し、甕棺墓も見つかった堤古墳群。大正時代に白鳥庫吉らが調査に訪れたという「卑弥呼の墓」候補地でもある。

麦畑が広がる田園地帯で、電柱にカササギ（カチガラス）が巣を作って鳴いていた。魏志倭人伝は、倭の地には「牛、馬、虎、豹《ひょう》、羊、鵲《かささぎ》がいない」と書いているが、現代の山門にはちゃんといる。

カササギは頭から背が黒、胸側は純白で、一年中ほぼ一定の地域にすむ留鳥。日本書紀（推古紀）によれば、六世紀末に朝鮮半島の新羅《しらぎ》からもたらされたという。筑後地方には、豊臣秀吉の朝鮮出兵で柳河《やながわ》藩が朝鮮半島から持ち込んだといわれ、カササギ生息地として国の天然記念物にも指定されている。

北に数百メートル進むと、ビニールハウスに囲まれた道路脇に、巨大な鏡餅のような塚が出現した。これも、古くから卑弥呼の墓ではないかといわれてきた権現塚《ごんげんづか》古墳である。

電柱の上に巣を作ったカササギ（福岡県みやま市瀬高町）

権現塚古墳は、微高地を利用して築かれた二段築成の円墳。墳丘の直径は約四十五メートル、高さ六メートルで、幅十一メートルの周濠が巡る。円墳としては福岡県内でも屈指の規模だが、未発掘。このため内部構造は不明だが、築造は古墳時代中期の五世紀ごろとされ、これが事実なら邪馬台国の時代よりもかなり新しい。

ただ、この古墳の周辺には縄文時代晩期（約三千年前）から弥生～古墳時代にかけての住居跡や甕棺《かめかん》墓、箱式石棺墓、祭祀遺構などの遺跡が密集。千年以上にわたって、この地に古代の集落が形成されてきたことがわかる。

そして権現塚には、日本書紀の編纂《へんさん》者が卑弥呼に見立てたとされる神功《じんぐう》皇后ゆかりの伝承もある。

## ㉒ 土蜘蛛の墓

日本書紀は、神功《じんぐう》皇后摂政《せっしょう》紀で魏志倭人伝を引用し、景初三年（西暦二三九年）に倭の女王が魏に朝献し、その後も使節の往来があったと書いている。神功皇后には神託を伝える巫女《みこ》の霊力があり、日本書紀の編纂者は神功皇后を卑弥呼に見立てたといわれてきた。

蜘蛛塚

北部九州には、この神功皇后にまつわる伝承や神社、古跡がやたらと多い。開化天皇の玄孫《やしゃご》で、気長足姫《おきながたらしひめ》という名の傑出した女性は、仲哀天皇の后《きさき》として九州の熊襲《くまそ》征伐に同行。天皇の死後には朝鮮半島へ遠征した。このあと筑紫《つくし》で皇子（のちの応神天皇）を産んだとされ、実在を疑問視する声があるものの、その「足跡」は各地に残っている。

前回登場した権現塚古墳（福岡県みやま市瀬高町＝旧山門郡瀬高町）は、地元で「卑弥呼の墓」ともいわれてきた円墳。一方で、神功皇后が山門県《やまとのあがた》で土蜘蛛《つちぐも》（＝朝廷に歯向かう土着の豪族）と戦った際、戦死者を葬った墓との伝承もある。この土蜘蛛の首領が田油津媛《たぶらつひめ》。その兄の夏羽《なつは》も皇后を迎え討とうとしたが、田油津媛が誅殺《ちゅうさつ》されたため逃走したという。

　権現塚古墳から東へ三百メートルほど歩いた集落に、田油津媛を葬ったとされる墓がある。老松《おいまつ》神社の古びた楼門をくぐると、境内にある蜘蛛塚《くもづか》がそれである。小さな墳丘は削られて墳形も定かではなく、塚の上には地蔵堂が建つ。その昔、雨が降ると蜘蛛塚から血が流れ出たという伝承があり、石室から漏れ出た朱（水銀朱）ではなかったかともいう。

ビニルハウスに囲まれた権現塚古墳

　地蔵堂の脇に立つ説明板には「みやま市指定史跡　蜘蛛塚（大塚）」とある。この古墳は古来「女王塚」と呼ばれてきたが、ヤマトの皇后に弓引いたとの伝承があるため、後世の人々が憚《はばか》って「大塚」と改めたという。
　卑弥呼と伝説の皇后と、土蜘蛛の女王…。いわくありありの三女傑が絡む、山門の物語である。

## ㉓「女王山」の城

前回登場した蜘蛛《くも》塚（福岡県みやま市瀬高町）には、神功《じんぐう》皇后が退治した土蜘蛛《つちぐも》（＝朝廷に反抗する土豪）の墓という伝承があった。首領の名は田油津媛《たぶらつひめ》で、この墓が古来「女王塚」と呼ばれたことも紹介した。

女山の展望台

その蜘蛛塚から東へ――。九州自動車道の高架をくぐると、国指定史跡・女山《ぞやま》神籠石《こうごいし》への登り口に出る。神籠石は、方形の切り石を並べて山腹に列石を巡らせた遺構。谷間には石塁や水門などもある。北部九州には各地に同様の遺構があり、古くから山城跡や「神域を示す結界」ではないかと言われてきた。築造された時代も定かではないが、現在では七世紀ごろの朝鮮式山城説が有力になっている。

実はこの女山も、地元ではかつて「女王山」と呼ばれていたという。土蜘蛛の女酋《じょしゅう》が眠る「女王塚」と、それを見下ろすように全長三キロの列石で山腹を囲む「女王山」の城。実に、いわくありげな取り合わせである。

女山史跡森林公園の登り口から急傾斜の道をたどると、鬱蒼《うっそう》とした通称「神宿る竹林」へ。人も通らぬ静まり返った山道をしばらく登ると、分岐点に通行止めの看板があった。「イノシシ出没、注意！」。予期せぬ事態に、少しビビる。

頂上近くの登山道脇で山内古墳群を見る。標高一五八メートルの高台にある六世紀後半の二基の円墳。横穴式石室の天井石が落ちて石室が露出している。被葬者は、見晴らしの良い古墳に眠りながら領地を見守ってきたのだろう。

古代の櫓《やぐら》を模した展望台からは、遠く有明海や島原半島までが一望できる。卑弥呼の時代（二〜三世紀）と女山神籠石の時代には相当な開きがあるが、広大な筑紫平野を眺めていると「七万余戸」（魏志倭人伝）の邪馬台国の幻影が見えるような気さえしてくる。

展望台を降りると、車が通る林道に出た。テクテク歩いていると脇道に「シャクナゲ寺」の看板。卑弥呼観音像もあるという。卑弥呼は、いつの間にか観音様にもなっていたらしい。

女山から見た筑紫平野

## 白村江大敗後の防衛線

### 朝鮮式山城と神籠石

日本列島の西側、近畿から瀬戸内～九州にかけて、古代の山城が点在している。一般に、日本書紀などの史書に記録が残るものを「朝鮮式山城」、記録がないものを「神籠石《こうごいし》」「神籠石系山城」などと呼んでいる。

朝鮮式山城では、朝鮮半島と対峙する国境の島・対馬《つしま》の金田城《かねだじょう》、大宰府の防衛線である水城《みずき》とともに構築された大野城《おおのじょう》、有明海側の備えである基肄城《きいじょう》などが代表的。これらの築城は、天智二（六六三）年、百済復興のために出兵した日本・百済連合軍が、白村江《はくそんこう》の戦いで唐・新羅軍に大敗したことがきっかけだった。唐・新羅による侵攻の危機に直面した朝廷は、翌天智三年、北部九州に防人《さきもり》や烽火《とぶひ》（＝のろし台）を配置。水城の構築に続き、大野城、基肄城、長門城（長門国に築かれたが所在地不明）、金田城をはじめ、瀬戸内の屋嶋《やしま》城や大阪湾岸の高安《たかやす》城などを矢継ぎ早に築造した。

女山神籠石の列石

一方、神籠石系は、明治時代に筑後一の宮の高良《こうら》大社がある高良山《こうらさん》（＝福岡県久留米市）の列石遺構が、神域・霊域の結界を意味する「神籠石」として学会誌に紹介されたことが名前の由来という。女山《ぞやま》神籠石（みやま市）や御所ケ谷《ごしょがたに》神籠石（行橋市）、鹿毛馬《かげのうま》神籠石（飯塚市）など、福岡県を中心に瀬戸内地域にも分布しており、これらも山城説が有力になっている。

## (24) 私の好きな卑弥呼

一九七九（昭和五十四）年に創刊された雑誌『季刊邪馬台国』（梓書院）の初代編集責任者は、長崎県諫早市出身の芥川賞作家、野呂邦暢さん（一九八〇年死去）である。野呂さんは創刊号序文で「本誌は専門家と在野の研究家との間に横たわる深い溝の橋渡しをする」と宣言した。

その野呂さんが、古代史研究に対するのめり込み方のすごさに「地霊に取り憑《つ》かれた男」と評した人物がいた。邪馬台国九州説のメッカ、福岡県山門《やまと》郡瀬高町（現みやま市）出身の村山健治さん（八八年死去）である。

旧山門郡東山《とうざん》村の名家に生まれ、銀行員だった村山さんは、自転車で営業に回りながら古代の遺物を探し回っていた。一九五〇（昭和二十五）年、九州考古学界の重鎮、鏡山猛九州大教授が瀬高町で発掘調査をした際、直接教えを受けたことで研究熱に火が着いた。

仲間を募って邪馬台《やまと》郷土史会を結成。遺跡や遺物を探し歩き、発掘調査があると聞くと現場に駆けつけ、鍬《くわ》やスコップを握った。昭和三十年代初めには、「筑後山門こそ邪馬台国」という確信が揺るぎないものになっていたという。

だが、あまりの熱心さが高じて盗掘者と間違えられたこともあった。村山さんは当時の切なる思いを、「私が土器などを収集したのは、それを保存しその道の専門家のお役に立てたい、郷土の往古の姿、真実の姿を知りたいと念じていたからである」（村山健治著『誰にも書けなかっ

権現塚古墳

た邪馬台国』一九七八年・佼成出版社刊）と述懐している。
　しかし、あまりに没頭しすぎて家計は火の車。退職して先祖伝来の田んぼも売り尽くし、離婚話さえ持ち上がった。「ボロ買い（廃品回収業）でもして暮らします」という妻に、村山さんは「ボロ買いならオレがしてもよか」と答え、本当に始めた。この仕事なら、町を歩きながら調査ができると考えたという。だが、世の中が邪馬台国ブームに沸くのは、まだはるか先の昭和四十年代。リヤカーを引いてボロ買いに回る孤高の研究者に、世間の目は冷ややかだった。
　そして、ようやくたどり着いたのは「山門郡だけという狭義なものではなく、八女郡南部から熊本県の菊池郡あたりまでが三世紀の邪馬台国で、その王城の地が山門郡瀬高町の大塚」という結論。地元の権現塚古墳か堤古墳群こそ卑弥呼の墓と考えた。
　一九八〇年、福岡市のＲＫＢ毎日放送がこの異色の郷土史家に注目し、テレビドラマを制作した。出演は牟田悌三、林美智子さんら。ＴＢＳ系東芝日曜劇場で全国放送されたドラマの題名は、「私の好きな卑弥呼（邪馬台よかたい）」だった。

## (25) 殉葬者百余人

魏志倭人伝の記述の中には、「卑弥呼の墓」探しの大きなハードルとなっている箇所がある。「徇（殉）葬者奴婢百餘（余）人」というくだりである。

王の死に従って死ぬ（あるいは強制的に殺される）殉葬《じゅんそう》の風習は、古墳時代にもあったといわれている。それは、大化の改新の一環として六四六（大化二）年に発布された「大化の薄葬令」の中に、人馬の殉葬を禁じる内容が含まれているからだ。

ところが、である。「卑弥呼の墓」ではないかとされる列島各地の墳墓で、大量の殉葬者を葬ったとみられる遺構は、ちょっと見当たらない。

そんな中で古くから注目されてきたのが、前回登場した女山《ぞやま》神籠石《こうごいし》（＝福岡県みやま市瀬高町）の北約二十キロ、久留米《くるめ》市御井《みい》町の高良山《こうらさん》（＝標高三一二メートル）のふもとにある祇園山《ぎおんやま》古墳である。

この古墳は、九州自動車道建設に伴う発掘調査で全貌が明らかになった。九州では珍しい方墳で、東西約二十四メートル、南北二十三メートル、高さ五メートル。方形の墳丘の裾と盛り土をした上段部分には葺石《ふきいし》がある。主体となる埋葬施設は墳頂部の箱式石棺で、現在も露出したまま。盗掘されて副葬品はなかったが、石棺には朱（水銀朱）が塗られていた。築造は古墳時代前期で、久留米市周辺では最も古い段階の首長墓とされる。

祇園山古墳

問題は、墳丘の外周から甕棺《かめかん》墓、土壙《どこう》墓、箱式石棺墓など形式の異なる墓が六十二基も見つかったこと。このうち1号甕棺墓からは銅鏡片や勾玉《まがたま》、管玉《くだたま》なども出土した。古墳のそばに立つ久留米市の説明板には、おびただしい数の墓が図示されている。

そこで注目されるのが、魏志倭人伝の卑弥呼の墓に関する記述。祇園山古墳は、「百余人」には及ばぬものの、多数の殉葬墓を伴う卑弥呼の墓ではないかというわけだ。さらに、この古墳の脇道から登ったところにあるのが国史跡「高良山神《こうらさんこう》籠石《ごいし》」。女山に続き、またも神籠石の登場である。

## (26) 高良山と磐井

福岡県久留米市の高良《こうら》山（標高三一二メートル）は、耳納山地の西端に位置する。北西からは脊振《せふり》山地が迫り、山と山に挟まれた平野部に久留米《くるめ》市や佐賀県鳥栖《とす》市が広がる。筑後川に沿って南に向かえば筑紫平野。その一角に、邪馬台国九州説の「老舗」、筑後山門《やまと》（＝現・みやま市付近）

高良大社から見た久留米市街

がある。

高良山には筑後国《ちくごのくに》一の宮の高良大社が鎮座し、国史跡・高良山神籠石《こうごいし》の列石が山腹を一・五キロにわたって囲む。この神籠石は明治時代に学会で報告され、学術用語の起源にもなった。同様の遺構は西日本各地に二十カ所以上。古代の文献に記述があるものを朝鮮式山城、記述がなく年代不明のものを神籠石と呼ぶのが一般的で、神籠石は北部九州に集中している。

高良大社から南西に目をやると旧三潴《みづま》郡。日本書紀に登場する水沼君《みぬまのきみ》の支配地で、一族の墓とされる御《おん》塚古墳と権現塚古墳（久留米市大善寺町）がある。御塚は三重の周濠を持つ帆立貝式前方後円墳。権現塚は二重周濠の円墳。五世紀後半から六世紀前半の築造で、御塚の方が古い。

ここから南東へ九キロ行けば、磐井《いわい》の乱（五二七年）で有名な筑紫君《つくしのきみ》一族の墓とされる八女《やめ》古墳群。朝鮮半島の新羅《しらぎ》と交流し、ヤマト王権に反旗を翻したとされる磐井は、決戦場となった御井郡《みいのこおり》（＝現在の久留米市）で討たれたという。その墓とされるのが国史跡の岩戸山《いわとやま》古墳（八

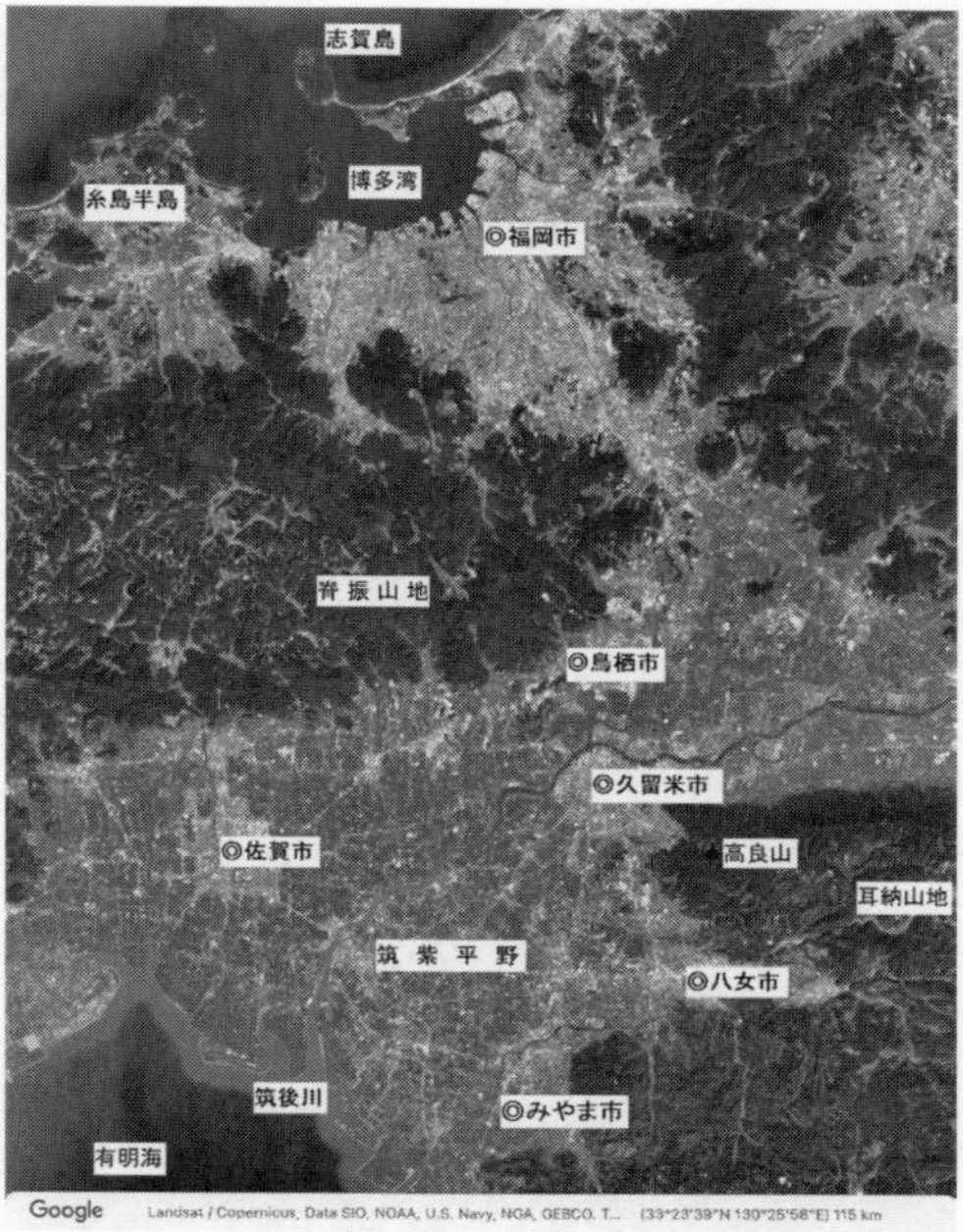

高良山と筑紫平野（©Google Earth）

女市吉田）。全長約百七十《メートル》で北部九州最大の前方後円墳には、「別区」と呼ばれる区域に武人や馬などの石像が立つ。この地方には石人石馬《せきじんせきば》を立てた古墳や石室に壁画を描いた装飾古墳が点在し、独自の文化圏を形成したという。

ヤマト王権にとっては逆賊の磐井だが、地元では「郷土の英雄」。山門の土蜘蛛《つちぐも》（＝土豪）の首領の墓も、地元では「女王塚」と呼ばれていた。そんな反骨と独立の精神が、この地方には古くからあるらしい。

## 叛旗の逆徒は郷土の英雄
### 筑紫君磐井と石人石馬

現在の福岡県八女《やめ》地方には、かつて九州を代表する大豪族・筑紫君《つくしのきみ》がいた。五世紀前半ごろ、その初代筑紫君が築いたといわれるのが、石人山古墳《せきじんさん》である。石室に置かれた阿蘇凝灰岩の家形石棺と墳丘に立つ武装石人像は、国の重要文化財。筑紫君の一族は、結束の証《あかし》として石人や石馬《せきば》などの像を古墳に立てたという。その分布は、有明海沿岸から熊本県の八代海沿岸域を中心に広がっている。

石人山古墳の被葬者から、二代ぐらいあとの筑紫君が磐井《いわい》。有明海を通じた朝鮮半島や大陸との交流で絶頂期を迎えた磐井は、百済との関係を強化するヤマト王権に対抗し、新羅《しらぎ》との間で独自の交流を深めたという。

当時、ヤマト王権は、百済救援のため九州の豪族に過大な軍事的負担を強いた。これに耐えかね、火《ひ》の国（現在の熊本県）や豊《とよ》の国（福岡県東部や大分県北部）など九州の豪族たちが磐井を盟主としてヤマト軍と戦ったのが「磐井の乱」（五二七年）である。

岩戸山古墳（写真奥）の「別区」にある石人石馬（複製）

日本書紀は、継体天皇が大将軍・物部麁鹿火《もののべのあらかい》を派遣し、筑紫の御井郡《みいのこおり》（＝現在の久留米市御井付近）で決戦に臨み、磐井を斬ったと伝える。磐井は、生前に築造した岩戸山古墳（北部九州最大の全長約一七〇㍍の前方後円墳、八女市吉田）に葬られた。

ところが筑後国風土記《ちくごのくにふどき》逸文は、磐井が豊前国上膳県《ぶぜんのくにかみつみけのあがた》（＝現在の福岡県豊前市）の山中に逃がれ、見失ったヤマト軍は怒りのあまり石人石馬の手や頭を打ち落としたと伝える。風土記の記述からは、ヤマトの圧政に叛旗を翻した「郷土の英雄」への熱い思いが伝わってくる。

## (27)「墓参り」ツアー

福岡県久留米市の高良山《こうらさん》から北東へ約十五キロ。朝倉市は、旧甘木《あまぎ》市と朝倉郡の一部が合併したまちである。旧甘木市には、弥生時代中期～終末の平塚川添《ひらつかかわぞえ》遺跡（国史跡）がある。低湿地に形成された九州屈指の多重環濠集落。この一帯を邪馬台国とする説もあり、市は「卑弥呼の里あさくら」として売出し中だ。

御陵山

一方、旧朝倉郡杷木《はき》町には、国史跡の杷木神籠石《こうごいし》がある。福岡平野から日田・大分方面に向かう街道を見下ろす「古代山城」。みやま市の女山《ぞやま》―高良山―杷木と、卑弥呼の墓の候補地には、なぜか神籠石がつきまとう。

二〇一九年秋、朝倉市で「邪馬台国を巡る」バスツアーがあり、参加してみた。案内役は朝倉歴史研究会塾長の井上悦文さん（大分県日田市在住）。平塚川添遺跡公園を起点に、斉明《さいめい》天皇ゆかりの麻氏良山《まてらさん》や恵蘇《えそ》八幡宮、御陵山《ごりょうさん》などを巡って「卑弥呼の墓」に行く行程だ。

日本書紀によれば、女帝の斉明天皇は六六一年、百済《くだら》救援のため中大兄皇子《なかのおおえのおうじ》とともに朝倉に入り、麻氏良山の木で橘広庭宮《たちばなのひろにわのみや》を造営した。しかし、天皇は朝鮮遠征を前に急逝。遺体を仮安置したのが恵蘇八幡宮裏の御陵山という。市の説明板によれば、恵蘇八幡宮1・2号墳という二基の円墳らしい。

長田大塚古墳

そして、いよいよ「卑弥呼の墓」へ。井上さんが案内したのは朝倉市山田の長田《おさだ》大塚古墳。周縁部を入れると直径約百三十〜百四十㍍で、魏志倭人伝の「径百余歩」にほぼ合致するという。だが、民有地のため未調査で構造や年代は不明。ほとんど無名だけに、ひょっとすれば「大穴」か…。

というわけで、奈良大和から筑紫路へとたどってきた「卑弥呼の墓」巡礼の旅は、ここで一服。次章では「卑弥呼」に会いに行くとしよう。まずは、大阪へ――。

# 第3章 「卑弥呼」に会いに行く

## (28) 卑弥呼と出会う

倭の女王・卑弥呼の名は、ヒミコと読むのが一般的だが、ヒメコとする研究者もいる。そもそも「卑弥呼」という呼び名自体が、個人の実名か、「日の巫女《みこ》」のような職名なのかもわかっていない。そんな謎だらけの女王に会える博物館が大阪にある。

大阪府和泉市の府立弥生文化博物館（通称・弥生博）は、弥生時代の文化に特化した全国唯一の博物館。池上曽根史跡公園（和泉市・泉大津市）の隣接地にある。池上曽根遺跡は、国の史跡に指定された中心部だけで約十一万五千平方《メートル》という近畿地方最大級の多重環濠集落だ。

弥生博は、二〇一五年に大規模なリニューアルが行われたが、その基本コンセプトは「卑弥呼と出会う博物館」。池上曽根遺跡の出土品展示も目玉だが、メーンとなる第一展示室を「卑弥呼と出会う」コーナーにしたところに並々ならぬ意気込みがうかがえる。そのシンボルが、等身大の卑弥呼像。展示室の中央に、両手で鏡を掲げて立っている。

魏志倭人伝は卑弥呼の容貌には触れていないが、その姿はこれまで多くの絵画や漫画、映

顔の輪郭や衣装の細部まで歴史的考証が行われた卑弥呼像（大阪府立弥生文化博物館所蔵）

画などで描かれてきた。例えば、手塚治虫さんが「火の鳥・黎明編《れいめい》」（朝日ソノラマ）で描いた卑弥呼は、迫りくる死を恐れ、火の鳥の生き血で永遠の生命を得ようとする老女。一方、石ノ森章太郎さんが「マンガ日本の歴史」（中公文庫）で描いたのは、「倭国乱《わこくのらん》」の渦中で女王に祭り上げられた若き日の卑弥呼と、その死までの物語だ。

一方、弥生博の卑弥呼像は、周辺のクニグニから「共立」された直後の十三～十八歳を想定したというが、一見すると成熟したおとなの女性の印象。遺跡から出土した面長顔の渡来系弥生人の人骨を参考に、人気女優の顔をベースにして造形されたという。

その衣装は、魏の皇帝から賜った「親魏倭王」の称号にふさわしく、中国製の豪華な絹織物という想定。服飾史の専門家や衣装デザイナーが考案した。目が覚めるような青と白の表着《おもてぎ》は、中国・馬王堆《まおうたい》漢墓の副葬品などを参考に製作した「曲裾長袍《きょくきょちょうほう》」。右肩には中国の神仙思想で月を象徴するヒキガエル、左肩には太陽を表す三本足のカラスの刺繍《ししゅう》がある。表着の内側は、倭人伝統の貫《かん》頭衣《とうい》。下半身には、裳《も》（＝スカート状の服）を着けている。衣装の研究では、貫頭衣や裳、鉢巻を古代の染料である貝紫《かいむらさき》や茜《あかね》を使って染める再現製作も行われた。

## 弥生「都市」論争の発火点
## 和泉の 池上曽根遺跡

池上曽根遺跡は、大阪府南部の和泉市池上町と泉大津市曽根町にまたがる弥生時代前期～中期の複合遺跡（弥生時代中期が中心）。

遺跡の発見は明治時代だが、昭和四十年代に第二阪和国道（国道26号）建設に伴う発掘調査が行われて概要が明らかになり、その後の史跡公園化に伴う調査で全貌が姿を現した。

それによると、弥生時代前期後半、内側の面積が約三・三ヘクタールの不整形の環濠が掘られたのが集落の始まり。中期になると環濠は円形に近くなり、最盛期の中期後半では面積が八ヘクタール以上になった。水路があった集落の北側では洪水調整のためとされる多重環濠帯が形成され、環濠の外側には外濠《がいごう》の一部とみられる遺構が確認されている。この外濠の南東側では二十基以上の方形周溝墓《ほうけいしゅうこうぼ》が見つかった。

クスノキの丸太をくり抜いた大型の井戸枠（大阪府立弥生文化博物館所蔵）

出土遺構で最も注目されたのは、掘立柱《ほったてばしら》建物が集中する区域の北側（環濠の中央付近）で見つかった大型建物（巻頭グラビア）と大型井戸である。大型建物はほぼ東西を主軸とし、長辺約一九・三メートル、短辺約七メートル、床面積約一三五平方メートル（約八十三畳分）という巨大な高床式で、妻側にそれぞれ独立棟持《むねもち》柱を持つ特異な構造。二十六基の柱穴《ちゅうけつ》のうち十八基には、最大径が約六〇センチ以上もあるヒノキとケヤキの柱材が腐らずに残っていた。一方、井戸は集落内で約三十基が確認されていたが、大型建物のそばで見つかった井戸枠は直径二メートル以上のクスノキをくり抜いた国内最大級。これらの巨大遺構発見を契機に、研究者の間で「弥生神殿」や「弥生都市」論争が巻き起こった。

## (29) 女王の館

「卑弥呼と出会う博物館」をコンセプトにした大阪府立弥生文化博物館（和泉市、通称・弥生博）では、女王が都を置く「邪馬台国」の姿を目の当たりにすることができる。魏志倭人伝の記述や考古学的知見などをもとに再現された「卑弥呼の館」のジオラマが展示されているからだ。

魏志倭人伝は、卑弥呼の居所について「宮室《きゅうしつ》（＝宮殿）や楼観《ろうかん》（＝物見櫓《やぐら》）、城柵《じょうさく》を設け、兵士を配して厳重に守らせている」と書いている。

このジオラマが展示されたのは、一九九一年の弥生博の開館当初から。その二年前、佐賀県の吉野ケ里遺跡（神埼市・吉野ケ里町）で、魏志倭人伝の記述そっくりの宮殿や物見櫓、城柵などを備えた大環壕《かんごう》集落が見つかった。ジオラマが描く宮都の様子は、かなりの部分で吉野ケ里遺跡の発掘成果を参考にしているという。

ジオラマの世界に入ってみよう。集落全体は、三重の柵と環壕でぐるりと囲まれている。一番外側の柵に守られた「外郭《がいかく》」の正門を入ると、左手に物見櫓と鍛冶工房。二番目の柵から入って「中郭」に向かうと、魏の使者の宿泊施設や接見の間、政治を執り行う館、上級兵士の住まい、高床倉庫群などがあり、ここにも巨大な物見櫓が二棟立っている。

兵士が取り巻く三番目の柵を抜けると、いよいよ卑弥呼が暮らす高台の「内郭」だ。左に宝物庫、正面に高殿と神殿、そして奥に卑弥呼の居館がある。さらに神殿の脇には、卑弥呼の「男弟の住まい」という注目すべき建物がある。

魏志倭人伝によると、卑弥呼が王となったあと彼女を見た者はほとんどいない。周囲に千人の奴婢《ぬひ》を侍らせ、ただ一人の男子が飲食を給仕し、女王の言辞を皆に伝えるために宮室を出入りした。卑弥呼は既にかなりの高齢だが夫はおらず、弟が政治を助けて国を治めたという。

卑弥呼の館を再現したジオラマ（大阪府立弥生文化博物館所蔵）

ジオラマに再現された「男弟の住まい」とは、この政治を補佐した弟の居館である。ここには霊力をもって祭事を司《つかさど》る姉（女王）と、実際の政治・軍事権を握る弟（男王）という祭政二重政権の姿が映し出されている。これを、血縁者の男女が祭事と政治を分担して統治する古代の「ヒメ・ヒコ制」と解説する研究者もいる。

ところで、このジオラマの背景写真には、ある有名な山の風景が使われている。その山とは、大物主神《おおものぬしのかみ》が住むという大和の霊山、三輪山《みわやま》。ということは、このジオラマが描く邪馬台国ワールドは、あの有名な遺跡らしい。

## (30) 巴形銅器

博多が生んだ彫刻界の巨匠・山崎朝雲の弟子で、同じ博多出身の冨永朝堂（一八九七～一九八七年）は、卑弥呼を彫刻作品にした先駆者とされている。朝堂氏の卑弥呼像はブロンズなどいくつかあるが、代表的な木彫の卑弥呼は右手を直角に上げて鏡に見入るポーズ。地元テレビ局がこの卑弥呼像を彫る朝堂氏のドキュメンタリー番組を制作し、話題を呼んだ作品だという。

行橋市歴史資料館前の卑弥呼像

同じく鏡を手にした卑弥呼像が、福岡県行橋市歴史資料館の玄関前に立っている。こちらは市主催の第二回国際公募彫刻展（二〇一八年）の大賞受賞作品で、製作者は鹿児島県立高校の美術教諭。実は、行橋市周辺の京都《みやこ》平野一帯は豊前国《ぶぜんのくに》の中心で、邪馬台国の比定地ともされており、卑弥呼と無縁ではない。隣の京都郡苅田《かんだ》町には、「卑弥呼の鏡」ともいわれる三角縁神獣鏡《さんかくぶちしんじゅうきょう》七面が出土した九州最古級の石塚山古墳（推定全長約百三十メートルの前方後円墳）がある。そして行橋市の山間部には、御所ケ谷神籠石《ごしょがたにこうごいし》という、これまたいわくありげな名前の列石遺構もある。

ところで卑弥呼像といえば、銅鏡が定番のアイテムだが、ちょっと変わったものを持つ卑弥呼もいる。佐賀県のＪＲ神埼《かんざき》駅前に立つ卑弥呼の銅像は、右手に巴形銅器《ともえがたどうき》を持っている。この像は〇一年四月、国営吉野ケ里歴史公園がオープンして新駅舎ができた際、北口広場に建立された。駅の北東約六百メートルには、今から三十余年前「邪馬台国が見えてきた」と一大ブームを巻き起こした大規模環壕集落の吉野ケ里遺跡（神埼市・吉野ケ里町）がある。ここで一九八八年に発見されたのが、国内初出土の巴形銅器の鋳型（国指定重要文化財）。巴形銅器は、南方産の水字《すいじ》貝をかたどった呪術の道具や盾に付ける魔除《まよ》けといわれる。

ＪＲ神埼駅前の卑弥呼像

地元の人たちによると、この卑弥呼像は左手で北東を指差し、こう言っているのだという。
「見なさい、あれが私のクニよ！」

## (31) 特大の博多人形

ここに掲載した卑弥呼像の写真を見て、いささか違和感を覚えた方は、かなりの古代史通だろう。

製作者は、福岡市中央区に住む博多人形師の川崎幸子さん。十代の終わりから父親に師事して人形師になり、この道半世紀以上の大ベテラン。内閣総理大臣賞など受賞歴も数多い。伝統工芸士の川崎さんがライフワークとして手掛けてきたのが、「額田王《ぬかたのおおきみ》」など万葉集や古代史を題材にした作品だ。

七支刀を掲げる博多人形の卑弥呼像（ＪＲ博多駅）

その川崎さんのもとへ、博多人形商工業協同組合から、二〇一一年三月のＪＲ博多駅新装開業に合わせて卑弥呼像製作の依頼が舞い込んだ。駅の新しいシンボルとして、構内に飾る特大の人形を作ってほしいという注文だ。

半年がかりで製作に取り組み、使った粘土の総重量は三百六十キロ。像の高さは一・八メートルもあり、博多人形としては破格の巨大さ。もちろん川崎さんもこれほどの大作は初めてで、弟の手助けで人形をパーツに分けて作り、長崎県波佐見町の窯元まで運んで焼いてもらうなど試行錯誤の連続だったという。

そして何より苦心したのは、卑弥呼にどんな衣装を着せ、何を持たせるか。写真の卑弥呼像は、赤地に金の円文の衣と肩からかけた連続三角文のタスキのようなものを着けているが、これを見てピンと来た人はかなりの古墳通。石室一面の装飾絵画で有名な福岡県桂川町の王塚古墳（特別史跡）の壁画を参考にしたものだ。頭に着けた宝冠は、朝鮮半島の新羅《しらぎ》風。右手には卑弥呼像の定番である鏡を持っている。

問題は、左手で高く掲げた不思議な形の刀。古代史ファンなら誰でも知っている石上神宮《いそのかみ》（奈良県天理市）の社宝「七支刀《しちしとう》」（国宝）だ。日本書紀にも百済から献上された「七枝刀《ななつさやのたち》」の記述があり、刀身に象嵌《ぞうがん》された銘文の解読で四世紀後半の製作とされている。ということは、三世紀半ばに亡くなった卑弥呼とは時代が合わず、ミスマッチ？

「完成当初から『時代が合わん』という指摘はあったとです。でも、この人形は私流の卑弥呼。どうしても、お気に入りの七支刀を持たせたかったけん」。川崎さんは、時代のズレなど気にする様子もない。

ちなみに、ＪＲ博多駅は古代の奴国《なこく》の位置にあり、卑弥呼が都を置く邪馬台国まではまだまだ遠いが、これも目をつぶろう。

「駅のどこにあるのか、わかりにくい」と不評のこの像。中央改札口を入ってすぐ左側のガラスケースに鎮座しているので、「博多に来んしゃったら、是非ご拝観を」と卑弥呼さん。

## (32)「ご当地」卑弥呼

博多どんたくに参加した朝倉市の「女王卑弥呼」（2019年5月）

昭和五十～六十年代にかけて、「ご当地・邪馬台国」ブームが起こった。折しも「地方の時代」が叫ばれ、東京一極集中に対抗して地方自治体がユニークな独自施策を打ち出し始めたころ。「一村一品《いっそんいっぴん》運動」の平松守彦大分県知事や、「日本一づくり運動」の細川護熙《もりひろ》熊本県知事らが旗振り役だった。

この地方復権の動きと古代史ブームに触発され、列島各地に「おらがまちこそ邪馬台国」と名乗りを上げる市町村や地域づくり団体が続出。「ミス卑弥呼」も各地で誕生した。例えば大分県宇佐《うさ》市の市民団体は「新邪馬台国」建国を宣言し、全国から代表を集めて第一回後進国首脳会議「USA（うさ）サミット」を開催（一九八三年）。宇佐神宮境内では全日本邪馬台国論争大会が開かれ、旧国鉄までが便乗してミステリー列車「卑弥呼号」を走らせた。隣の旧安心院《あじむ》町でも「女王」を選出して「卑弥呼まつり」を開催。在京テレビ局は奈良県大和郡山市や四国・徳島市など各地からミスを集めて「卑弥呼歌合戦」を企画し、酒造会社は本格焼酎「邪馬台国」を発売するなど、世を挙げてブームを楽しんだ時代だった。

やがて平成の世となり、バブルも弾けて宴のあとに…。と思いきや、令和の今も観光大使として頑張る「卑弥呼」たちがいる。福岡県朝倉市が毎年公募で選定する「女王卑弥呼」もその一例だ。

大型建物が復元された平塚川添遺跡

朝倉市には、邪馬台国が栄えた時代に重なる弥生時代中～終末期の多重環濠集落、平塚川添《ひらつかかわぞえ》遺跡がある。「邪馬台国朝倉説」を唱える研究者もあり、その代表格が安本美典《びてん》さん（元産業能率大教授）。独自の「数理歴史学」で邪馬台国解明に挑む安本さんは、朝倉地方の周囲に奈良大和と同じ名前の山や地名が似たような配置で点在することに注目。朝倉にあった邪馬台国が東遷してヤマト王権の母体になったとの説を打ち出した。

これを受けて、朝倉市は「卑弥呼の里あさくら」をキャッチフレーズに観光戦略を展開中。「女王卑弥呼」はそのシンボルとして毎年二人選出され、二〇二二年で第四十代目を数える。

一九年十一月には、市を挙げての「あさくら祭り」が開かれ、会場で女王卑弥呼と「ゆるキャラ」の卑弥呼ちゃんが愛嬌《きょう》を振りまいた。ステージでは安本さんら論客を集めて邪馬台国講演会もあり、さながら「邪馬台国朝倉説」の総決起大会。同年十二月には朝倉側の面々が奈良県まで遠征し、地元の邪馬台国纒向《まきむく》説VS朝倉説の舌戦も展開された。

## (33) 筑後七国の火祭り

福岡県の水郷・柳川が生んだ詩人、北原白秋には「山門《やまと》の歌」(歌集「夢殿」)という長歌《ちょうか》がある。

山門はもうまし耶馬台《やまと》、いにしへの卑弥乎《ひみこ》が国、水清く、野の広らを(中略)朝光《あさかげ》よ雲居立ち立ち、夕光《ゆうかげ》よ潮《うしお》満ち満つ。げにここは耶馬台の国、不知火《しらぬひ》や筑紫潟、我が郷《さと》は善《よ》しや。

これに、反歌《はんか》が続く。

雲騰《あが》り潮明るき海のきはうまし耶馬台ぞ我の母国《おやぐに》

(『北原白秋歌集』高野公彦編・岩波文庫から)

白秋は一九二八(昭和三)年夏、妻子と二十年ぶりに帰郷。新聞社の要請で、地元の大刀《たち》洗《あらい》飛行場から郷里を遊覧飛行して詠んだのがこの長歌という。

白秋の強い郷土愛は、今も筑後地方の住民に息づいている。南筑後の七市町（柳川、八女、大川、みやま、筑後の五市と大木、広川両町で約十一万世帯二十八万人）による「筑後七国」連合は、その象徴である。

例年十一月には、七国共催で「卑弥呼の火祭り」が行われる。会場は、筑紫石人《せきじん》像が立つ筑後広域公園（筑後市）。九州新幹線・筑後船小屋駅の開業時に整備された広大な公園だ。この地方には、筑紫君磐井《つくしのきみいわい》の墓とされる岩戸山《いわとやま》古墳（八女市）や石人山《せきじんさん》古墳（広川町）など、独特の石人石馬《せきじんせきば》を立てた古墳が点在する。

筑紫石人像

二〇一五年には、地域の新たなシンボルとして高さ七㍍の筑紫石人像が建立された。

この七国が卑弥呼を「共立」して始まったのが「火祭り」だ。一九年の第十一回目は、郷土芸能に続いて筑後市熊野神社の「鬼の修正会《しゅじょうえ》」で祭りは最高潮に達した。大松明《たいまつ》が炎を噴き上げ、男衆が火の粉を散らしながら伝統の「鬼追い」を披露。終盤、花火とともに石人像脇に卑弥呼が現れ、フィナーレを宣言した。

筑後七国はいま、祭りや観光だけでなく環境・ごみ問題でも連携し、絆を強める。泉下の白秋も、「我が郷は善しや」とエールを送っているに違いない。

「鬼の修正会」の火祭り

## (34)「敵国」の火巫女

熊本県玉名郡和水町《なごみ》は、二〇一九年に放映されたNHK大河ドラマ「いだてん〜東京オリムピック噺《ばなし》〜」の主人公で日本マラソンの父、金栗《かなくり》四三《しそう》の故郷である。

この町で例年夏、古墳祭という一大イベントが行われる。既に五十回を超える伝統の祭り。

その舞台は、江田船山《えたふなやま》古墳を中心とする清原《せいばる》古墳群の「肥後古代の森」公園である。ここにも、前回紹介した福岡県筑後地方と同じく、地域のシンボルとして建てられた巨大石人《せきじん》像がある。

火巫女と无利弖（2019年8月の古墳祭）

江田船山古墳は、国宝・銀象嵌《ぎんぞうがん》銘大刀の出土で知られる五世紀後半ごろの前方後円墳で、周濠を含むと全長約七十七メートル。

一八七三（明治六）年、地主の池田佐十さんが夢のお告げを受けて発見したという逸話がある。夢枕に立ったのは白キツネとも白装束の侍ともいい、怪しさも満点だ。

副葬品九十二件は、東京国立博物館所

古代衣装を着て火祭りの松明行列が続く

蔵の国宝。このうち銀象嵌銘大刀には七十五字の銘文があり、国内最古級の記録文書である。「天下を治めていた獲加多支鹵《わかたける》大王の世に…」と読める銘文には、典曹人（文官の役職名）の无利弖《むりて》が大鉄釜を使って伊太和に立派な刀を作らせ、張安が文字を書いたという意味の文章が記されている。「獲加多支鹵大王」は埼玉県・稲荷山古墳出土の金象嵌銘鉄剣にも登場する名前で、雄略天皇説が有力だ。

さて、その古墳祭。夕暮れ時、江田船山古墳前の特設舞台で採火式のあと、数百人の松明《たいまつ》行列が周辺を練り歩く。輿《こし》に乗って先頭を行くのは、地元で選出された「火《ひ》巫女《みこ》」。邪馬台国九州説でいえば、この地は卑弥呼に敵対した狗奴国《くなこく》の領域だけに、あくまで「火の国の巫女」という気概なのだろう。女王様は、とにかく火祭りがお好きなのだ。

松明行列のあとは、古墳踊りや火巫女と无利弖の舞などで祭りも最高潮に。火巫女が持つ松明が五輪聖火リレーのトーチのように見えたのは、やはり金栗翁ゆかりの地のせいか。

## 銀象嵌大刀に「雄略天皇」銘

### 熊本県・江田船山古墳

江《え》田《た》船山《ふなやま》古墳の所在地は、熊本県玉名《たまな》郡和水《なごみ》町江田。菊池《きくち》川下流域の清原《せいばる》台地上に、五世紀後半に築造された前方後円墳である。京塚古墳、虚空蔵塚古墳、塚坊主古墳などとともに清原古墳群を形成する。後世に菊池一族が台頭する「菊池」は、魏志倭人伝が伝える卑弥呼の仇敵である狗奴《くな》国の官名・狗古智卑狗《くこちひこ》（＝菊池彦？）との関連が指摘される地名でもある。

江田船山古墳の埋葬施設は、長さ約二㍍の阿蘇凝灰岩製「横口式家形石棺」。石棺の内外には朱が塗られた痕跡があった。この古墳は明治時代の初めに発見され、九十二点の副葬品はすべて国宝（東京国立博物館所蔵）。代表的なものだけでも、画文帯神獣鏡三面を含む銅鏡六面のほか、龍文金銅《こんどう》製冠帽、金銅製飾履《しょくり》（＝くつ）、金製垂飾付《たれかざりつき》耳飾り、衝角《しょうかく》付冑《かぶと》、三環鈴《さんかんれい》など豪華絢爛で、朝鮮半島からの舶載品も含まれている。

中でも有名なのが、長さ九〇・五㌢の銀象嵌《ぞうがん》銘大刀。身の付け根部分に馬、水鳥、魚の象嵌文様があり、峰には七十五文字の銘文が象嵌されている。銘文にあった「獲□□□鹵大王」（□は欠字）は、埼玉県行田市・稲荷山《いなりやま》古墳（五世紀後半、全長約一二〇㍍の前方後円墳）出土の金錯《さく》（＝象嵌）銘鉄剣の銘文と同じく、「獲加多支鹵《わかたける》大王（雄略天皇）」であるとされる。

江田船山古墳

江田船山古墳の被葬者ムリテは、宮廷に仕える典曹《てんそう》人（文官）。稲荷山古墳の被葬者ヲワケは、杖刀《じょうとう》人（親衛隊）の首《かしら》。五世紀ごろ、地方の首長に対するヤマト王権の統治の姿をうかがわせる。

## (35) 美人すぎる?卑弥呼

中国の史書に登場する最初の日本人（倭人）女性である卑弥呼は、文学作品や絵画、映画などで数多く描かれてきた。だが約二千字の魏志倭人伝の中に、卑弥呼の情報はごくわずか。謎だらけであることが、余計に作家たちの想像力を刺激するらしい。

魏志倭人伝は「年已《すで》に長大にして夫壻《ふせい》（＝夫）なく」と、晩年の卑弥呼の様子を伝えている。だが、絵画などに登場する卑弥呼は、大半が絶世の美女。石ノ森章太郎さんは「マンガ日本の歴史2」（中公文庫）の「作者覚え描き」の中で「当時の平均寿命から考えれば30～50歳の〝老婆〟であったろう…が、やはり最大のヒロイン。若く、妖しく、美しく、でいきたい」と打ち明け話を書いている。

これに対し、手塚治虫さんが描く卑弥呼（「火の鳥・黎明編」朝日ソノラマ）は、シワだらけの顔を鏡に映し「もう年をとるのはいやじゃ、若くなりたい！」と叫ぶ老女。永遠の命を授かるため、火の鳥の生き血を飲む直前で絶命してしまう。

一方、絵画では、一枚の絵の中に作者の邪馬台国論が垣間見えて興味深い。ここに掲げた写真の「卑弥呼像」は、栄永大治良《えいながだいじろう》さんの作品。貫頭衣《かんとうい》に勾玉《まがたま》の首飾りを着け、王権のシンボルである玉杖《ぎょくじょう》を手にして立つ。定番の三角縁神獣鏡《さんかくぶちしんじゅうきょう》のほか、大小の銅鐸も描かれているが、右手の下と頭の上にご注目。卑弥呼が魏の皇帝から賜った「親魏倭王《しんぎわおう》」の金印が描かれているのが見どころだ。

　日本画で最も有名なのは、安田靫彦《ゆきひこ》さんの「卑弥呼」（一九六八年・滋賀県立近代美術館蔵）。金色に輝く鳳凰の髪飾りと勾玉を着け、高楼のような場所に座っている。この卑弥呼も玉杖を持っているが、これは奈良県桜井市の桜井茶臼山古墳出土品などをモデルにしたものか。

　注目すべきは背景に描かれた火を噴く山。安田画伯は自選画集（一九七一年）の解説で「この（邪馬台）国の所在は、古来から九州説と大和説とに分かれて定まらないが、九州山門《やまと》に仮設して阿蘇山を背景にした」とネタばらしをしている。

　ところが、である。安田画伯は四年後「大和のヒミコ女王」という作品を描いた。蓋《きぬがさ》の下で飛鳥美人風の衣装を着け、玉杖を持った立ち姿。背景には奈良の三輪山とおぼしき山が描かれている。画伯は九州、大和の両説に配慮したのか。それとも…。

栄永大治良氏画「卑弥呼像」（大阪府立弥生文化博物館所蔵）

## (36) 島原の子守唄

長崎県の島原半島は江戸初期、史上最大のキリシタン一揆で数万人もの信徒が幕府軍に殺戮《さつりく》されたという「島原の乱」の古戦場。明治以降には、貧しい農家の娘たちが「からゆき(唐行き)さん」として南洋各地に売られて行った悲しい歴史の地でもある。

その島原で戦後間もなく、妻に逃げられ、夜泣きする乳飲み子を抱えて「オロロン、オロロン、オロロンばい」と自作の子守唄を歌って聞かせる失意の男がいた。のちに自著『まぼろしの邪馬台国』(一九六七年・講談社)で第一回吉川英治文化賞を受賞し、邪馬台国ブームの先駆けとなった宮崎康平さんである。

宮崎さんは終戦後、病没した父の跡を継いで島原鉄道の役員になった。一九四九(昭和二十四)年、天皇の九州行幸で、島鉄に御召《おめし》列車乗り入れを実現しようと奔走中、極度の過労が原因で失明。妻が去り、二人の子を抱えて途方に暮れていたころに、あの有名な子守唄をつくった。

世に出るきっかけをつくったのは、俳優の森繁久彌さんである。早稲田大で宮崎さんと演劇仲間だった森繁さんは、「からゆき哀歌」でもある子守唄に感動し、劇作家で作詞家の菊田一夫さんに歌って聞かせた。菊田さんは、コンビを組んでいた作曲家の古関裕而さんに紹介し、古関さんの採譜・編曲でレコードになった。

五七（昭和三十二）年、「島原の子守唄」を吹き込んだのは島倉千代子さん。宮崎さんに「エール」を送る人たちのリレーが、希代の名曲を生んだ。以来この歌は、ペギー葉山さんや森繁さんらの歌唱で何度もレコード化された。

この五七年夏、島原半島を未曾有の豪雨災害が襲った。長崎県内だけで八百人近い死者・行方不明者を出した諫早《いさはや》大水害である。島鉄も甚大な被害を受けたが、沿線の土砂から石器や土器などが大量に見つかったことが、のちに宮崎さんを邪馬台国探索に駆り立てることになった。

『まぼろしの邪馬台国』の初版本と映画のチラシ

宮崎さんはその前年、ＮＨＫ福岡放送局の放送劇団員として働いていた女性（のちの和子夫人）と運命的な出会いを果たす。以後、宮崎さんが六十二歳で亡くなるまで、和子夫人は夫とともに九州各地を踏破し、口述筆記で研究を支えた。失明した夫の目となり杖となって出版した『まぼろしの邪馬台国』はベストセラーになり、東映で映画化もされた。

映画で和子夫人を演じたのは吉永小百合さん。ラストで、亡くなった宮崎さんをしのびながら和子夫人が歌を口ずさむ場面がある。その歌はもちろん、「島原の子守唄」だった。

## (37) サユリストの幻想

江戸末期、現在の長崎県島原半島が日本国中を驚かせた出来事といえば「島原大変肥後迷惑《しまばらたいへんひごめいわく》」。雲仙普賢岳《うんぜんふげんだけ》の大噴火(一七九二年)で眉山《まゆやま》が崩壊し、対岸の熊本を津波が襲った大惨事だ。二百年後の一九九一(平成三)年にも普賢岳は噴火し、大火砕流で多くの犠牲者を出している。

一方、昭和の時代に島原が全国の注目を浴びたのは、大ベストセラーとなった宮崎康平さんの『まぼろしの邪馬台国』(一九六七年・講談社)。松本清張さんの古代史シリーズとともに、邪馬台国ブームの火付け役になった。

島原鉄道の重役だった宮崎さんは、失明の悲運に遭いながらも和子夫人の献身に支えられ、白杖《はくじょう》を頼りに九州各地を踏破。二十五年をかけて独自の邪馬台国論をまとめ上げた。『まぼろしの邪馬台国』はその集大成であり、「妻とともに手さぐりで生き抜いてきた私の生活記録である」と宮崎さんは書いている。

その本の中に「私の地図」というタイトルがついた写真がある。和子夫人がベニヤ板に地図を貼り付け、川には紐《ひも》、山にはボール紙を貼って作った立体地図。写真は、二人が手を取り合って地図で邪馬台国の場所を探っている場面だ。当時、病床にあった宮崎さんは「地図を枕元に置くと、私は夜昼の区別なく指先で撫《な》でまわしながら、実にたのしい一年余の療養生活をおくった」という。そうして魏志倭人伝のクニグニを、奴国《なこく》を起点に探索し、邪馬台国の比定地を絞り込んだ。

この本は、夫婦愛のドラマとしても多くの読者をつかみ、二〇〇八年に東映で映画化（堤幸彦監督）された。映画の終盤、竹中直人さん演じる康平さんが、発掘中の古墳の上で邪馬台国の幻影を見るシーンがある。

タイムスリップしたクニでは、山が火を噴き、人々が逃げ惑う。弥生時代の「島原大変」だろうか。クニには高床の巨大な祭殿がある。どこかで見たことがあるなあと思ったら、ロケ地は佐賀県の吉野ケ里遺跡（神埼市・吉野ケ里町）で復元された北内郭の大型建物（主祭殿＝巻頭グラビア）である。

「見える、見えるぞ、卑弥呼が見える」と叫ぶ康平さんの言葉どおり、和子夫人役の吉永小百合さんが、いつの間にか古代の巫女《みこ》の姿に変身して高殿に現れる。榊《さかき》を振り、太陽に祈る卑弥呼の、何と神々しい姿か。そこへセリーヌ・ディオンが歌う劇中歌「ヒミコ・ファンタジア」が流れ、古代の世界に引き込まれていたサユリストたちの幻想は、一気にクライマックスへ…。

映画で「卑弥呼」が登場した高殿
（国営吉野ケ里歴史公園）

## (38) 鬼道で惑わす

学生時代、ATG(日本アート・シアター・ギルド)系の映画にハマり、授業を抜け出して博多・中洲の名画座にせっせと通った。前衛的な実験映画や扇情的「芸術ポルノ」などあまたある中で、忘れられない作品がある。その題名は、ズバリ「卑弥呼」(一九七四年、表現社・ATG)。篠田正浩監督のもとで、岩下志麻さんが妖艶な卑弥呼を演じた意欲作。草刈正雄さんのデビュー作品としても話題を呼んだ。脇役陣も強力で、音楽は「世界のタケミツ」(武満徹)という豪華版だ。

だがこの映画は、魏志倭人伝が伝える邪馬台国とはちょっと趣が違う。その証拠に、ここに描かれるクニには卑弥呼のほかに加藤嘉さん演じるオオキミ(大王)が登場する。卑弥呼は、巫女《みこ》集団の総帥的な立場。オオキミと卑弥呼とを仲介する側近の役が、三国連太郎さん演じるナシメ(難升米?)だ。

魏志倭人伝は、卑弥呼について「見た者は少なく、ただ一人の男が出入りして卑弥呼の言葉を伝えた」と書いている。映画ではナシメがこれに当たるのだろう。

さらに倭人伝は、卑弥呼が「鬼道《きどう》を事とし、能《よ》く衆を惑わす」とし、身の回りに奴婢《ぬひ》千人を侍《はべ》らせていたという。この「鬼道」が何を意味するかについては、古くから論争が続いてきた。

一般的な解釈では、神や霊魂と交流し、託宣や予言などを伝えるシャーマニズム的な呪術。

他方、神仙思想を背景とする中国の道教の流れをくむもので、具体的には「五斗米道《ごとべいどう》」という一派とする説もある。ほかにも、古代神道的な自然崇拝とか、中国人が知らない「邪術」であるとか、諸説入り乱れている状態だ。

では、映画「卑弥呼」に描かれた鬼道はどんなものか。

卑弥呼のクニではアマツカミ（天津神）を崇拝し、クニツカミ（国津神）を祭る土着の部族と敵対している。アマツカミとは、天上世界か海の彼方より訪れた渡来系の神だろうか。

神殿で行われる祭祀のシーン。ナシメが「神を招くために」と促し、オオキミが琴を奏で始める。白く塗った顔を歪《ゆが》め、うめきながらトランス状態になる卑弥呼。やがて「このクニは山の神、田の神、土の神を信じるクニツカミのクニではない。神は日の神ただ一つ」と宣言し、民心の統一を促す。卑弥呼が「日の神」の象徴として掲げるのが銅鏡で、クニツカミのクニの民衆が祭るのは銅鐸《どうたく》。やはり鏡と太陽神こそが、卑弥呼の鬼道の源泉ということらしい。

神がかりする卑弥呼はこんな姿か（国営吉野ケ里歴史公園の復元展示）

## (39) 嫉妬する卑弥呼

ヒミコ(卑弥呼)が初めてスクリーンに登場したのは大正時代。日本映画の父と言われた牧《まき》野省三《のしょうぞう》製作の「日輪」(一九二五年・マキノプロダクション)である。

「日輪」は横光利一の出世作となった小説で、衣笠貞之助監督がメガホンを取り、主役のヒミコにマキノ富栄のほか市川猿之助らが出演。映画が、まだ活動写真と呼ばれていたころのサイレント作品である。この作品は内務省警保局から不敬罪で摘発され、上映中止に。その後、一部をカットして再映されたという。

そして戦後の一九五三(昭和二十八)年。「日輪」は、渡辺邦男監督による東映初の総天然色映画として復活した。主役のヤマト(耶馬台)王ハンヤを片岡千恵蔵、ウミ(不弥)の王女ヒミコを木暮実千代が演じ、月形龍之介、市川右太衛門、高千穂ひづる、大友柳太朗ら東映時代劇でおなじみの豪華キャスト。ウミ、ナコク(奴国)、ヤマトという三つのクニの確執と抗争に、王族とヒミコとの愛憎劇が絡む作品である。

一方、前回登場した篠田正浩監督の映画「卑弥呼」(一九七四年、表現社・ATG)も、アマツカミ(天津神)を崇拝するクニと土着のクニツカミ(国津神)を奉じるクニとの抗争を軸に物語が展開する。岩下志麻さん演じる卑弥呼は、神がかりして「日の神」の託宣を受け、オオキミ(大王)に「クニツカミを祭るクニを従わせよ」と告げる大巫女《おおみこ》である。その一方で、「聖なる卑弥呼」が道ならぬ恋に溺れる一人の女性として描かれているのも、この映画の特色だ。

草刈正雄さん演じる卑弥呼の異母弟タケヒコが旅から舞い戻り、卑弥呼の恋心が燃え上がって二人はわりない仲となる。ところが、タケヒコは巫女の一人と恋仲になり、卑弥呼は激しく嫉妬の炎を燃やす。卑弥呼は「タケヒコは卑弥呼の心を盗んだのか」と悶え苦しみ、やがて周囲から神の声を聞く能力さえも疑われ始めて…。

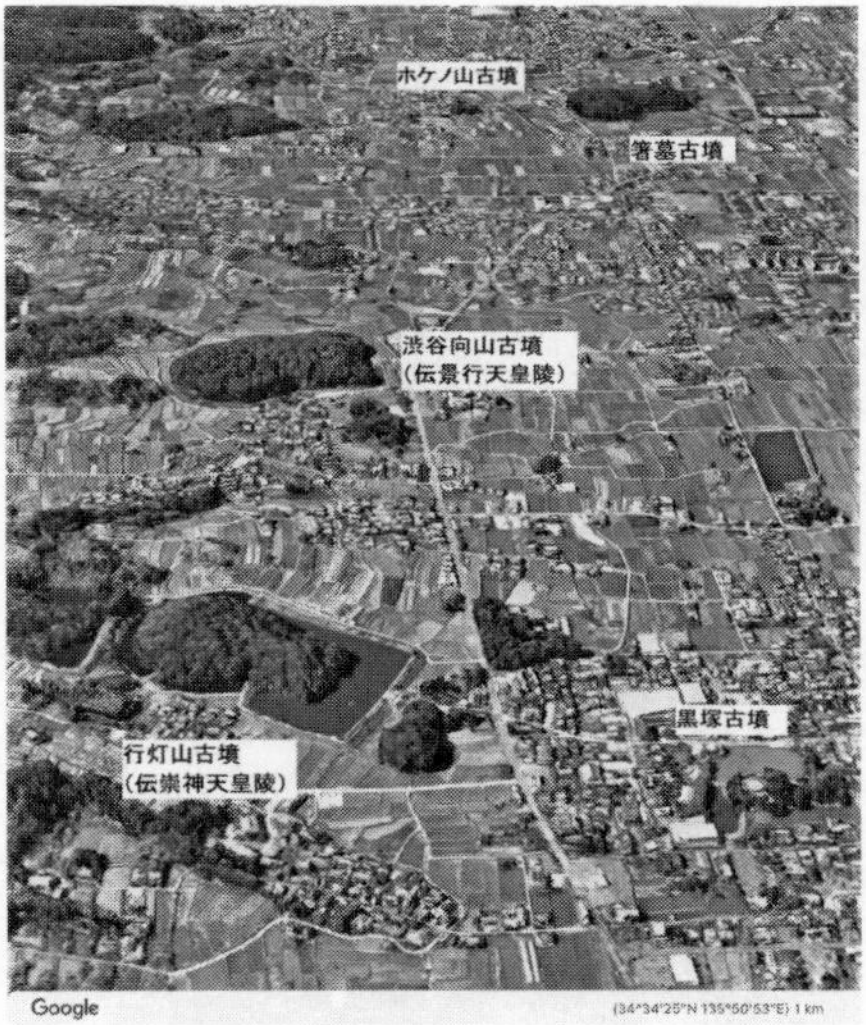

奈良・大和の巨大古墳群（©Google Earth）

ドラマの終盤、卑弥呼の後継者として少女トヨ（台与）が登場するのもこの映画の見どころ。トヨは自らの言葉で大巫女の世代交代を宣言し、エンディングへ。

最後に奈良・大和の古墳群の空撮映像が流れ、観客は「なーるほど、卑弥呼のクニはここだったのか」と、ようやくガッテンする。実はこの映画には、邪馬台国という国名さえ一度も出てこないのだ。

ところが、それも早とちり。篠田監督は著書『卑弥呼、衆を惑わす』（二〇一九年・幻戯書房）の中で、その真相を明かしている。

# 第4章　青銅器の鋳型

## (40) 倭人の「好物」

前章で紹介した篠田正浩監督の映画「卑弥呼」（一九七四年、表現社・ATG）は、小道具や舞台セットづくりに篠田監督の歴史観や独自の邪馬台国論などの片鱗《へんりん》がうかがえて実に刺激的だ。

映画の冒頭、卑弥呼が配下の巫女《みこ》集団を従えて森を訪れ、神がかりするシーンがある。その時、巫女の一人が両手で鏡を掲げて祈り、鏡背《きょうはい》（＝鏡の裏面）が大写しになる。

おおっ！　ついに謎に包まれた「卑弥呼の鏡」の正体が…と思ったら、何と、そこに映し出された鏡は多鈕細文鏡《たちゅうさいもんきょう》だった。

鈕《ちゅう》とは、鏡の裏にあるひもを通すためのつまみ。鏡背の中央に丸い鈕が一つあるのが一般的だが、中心から外れて複数あるものを多鈕鏡と呼ぶ。三角形や弧文など幾何学的な細線文様のものを多鈕細文鏡、文様が粗いものを多鈕粗文鏡《そもんきょう》という。

多鈕鏡は凹面鏡であるため、焦点の外側に物があると像が倒立して見え、姿見には不向きという。このため、オリンピック採火式の鏡のような火熾《ひおこ》し道具説や光を反射させて威厳を示す祭器説もあるが、用途は不明。卑弥呼が登場するはるか昔の弥生時代中ごろ、朝鮮半島から日本列島に初めてもたらされた鏡が、この多鈕細文鏡といわれている。

通説によると、卑弥呼は西暦二三九（景初三）年、中国・三国時代の魏に使節を送り、皇帝から「親魏倭王《しんぎわおう》」の称号と金印、数々の絹織物や銅鏡百枚などを下賜《かし》されたという。

この時、皇帝は詔書を発して「これらの品を国中に示し（魏の）国家がおまえを慈《いつく》しんでいることを知らしめよ」と命じ、そのために「汝《なんじ》に好物を賜う（与える）」と伝えている。この「好物」については、「汝に好《よ》き物を与える」と解釈する説と「汝が好む物を与える」とする説がある。

後者の説では、魏が倭人の鏡好きを知っていて、百枚もの銅鏡を贈ったとされてきた。その「鏡好き」のきっかけを作った初期の輸入ブランド品が、映画の冒頭シーンにも出てきた多鈕細文鏡。これ以降、弥生から古墳時代にかけての日本列島には、前漢鏡や後漢鏡をはじめとする多種多様な鏡が輸入され（舶載《はくさい》鏡）、これをまねて国内でも多くの倭製鏡（仿製《ぼうせい》鏡）が製造された。

佐賀県唐津市・宇木汲田《うきくんでん》遺跡出土の多鈕細文鏡（佐賀県立博物館提供）

これまでに国内で確認された弥生～古墳時代の鏡は、六千数百面にものぼるという。その中で多鈕細文鏡は、破片も含めてわずか十二面。このうち八面は、北部九州の遺跡で出土した鏡である。

## （41）定説を揺るがす鋳型

海外から日本列島に最初に入って来た銅鏡は、朝鮮半島製の多鈕細文鏡《たちゅうさいもんきょう》といわれている。鏡背に二つ以上の鈕《ちゅう》（＝ひもを通すつまみ）があり、縁の断面がかまぼこ形で、円弧文や連続する三角形など精緻な幾何学文様が描かれている。朝鮮半島では約五十例、国内では北部九州を中心に破片も含めて十二点の出土例（九州以外では大阪府と奈良、長野、山口県で四例）がある。

このうち国内では、一九八五年、福岡市西区の早良《さわら》平野で、吉武高木《よしたけたかぎ》遺跡（国史跡）の3号木棺墓から発見された弥生時代中期初頭のものが最も古い。この木棺墓からは細形銅剣や銅矛《ほこ》、銅戈《か》をはじめ、ヒスイ製勾玉《まがたま》や碧玉《へきぎょく》製管玉《くだたま》など、「三種の神器」とされる鏡と玉、青銅製武器のセットが出土。魏志倭人伝には記述がない、「幻のサワラ国」の王が眠る最古の「王墓」ではないかと注目された。

それから約三十年後の二〇一四年五月。吉武高木遺跡から十数キロ離れた福岡県春日市の須玖《すぐ》タカウタ遺跡で、多鈕鏡の滑石製鋳型が見つかった。春日市の須玖地区は、魏志倭人伝が二万余戸あったと伝える奴国《なこく》の中心域で、明治時代に「王墓」とみられる甕棺《かめかん》墓（須玖岡本遺跡D地点）が発見されている。春日丘陵には、東西約一キロ、南北約二キロの範囲に弥生時代中期から後期まで大小数十カ所の遺跡が集中（須玖遺跡群）。青銅器や鉄器工房、ガラス工房跡が点在し、「弥生のハイテク工業地帯」を形成していた。

このうち須玖タカウタ遺跡は春日丘陵北部に位置し、マンション建設に伴う第五次調査で青銅器工房跡が見つかった。問題の多鈕鏡の鋳型は、弥生時代中期前半（紀元前二世紀ごろ）の甕棺墓周辺から出土。二点のうち一点は長さ五・一センチ、幅二・五センチの破片で、鈕と鏡背の幾何学文様の一部が残っていた。多鈕鏡には、きめ細かい文様の細文鏡と文様が粗い粗文鏡《そもんきょう》があるが、見つかった鋳型は文様が粗い。多鈕鏡の石製鋳型は朝鮮半島や中国東北地方で出土しているが、国内では初の発見だった。

前例のない鋳型は、その評価をめぐって考古学者を悩ませた。国内では多鈕粗文鏡自体の出土例がない上に、仮にこの鋳型で鏡を作ったとすると、国内の鏡製造の歴史が従来の学説より一気に二百年近くも早まるからだ。さらに、同遺跡からは九州で二例目となる青銅武器の土製鋳型がまとめて三十二点も出土し、波紋が広がって行った。

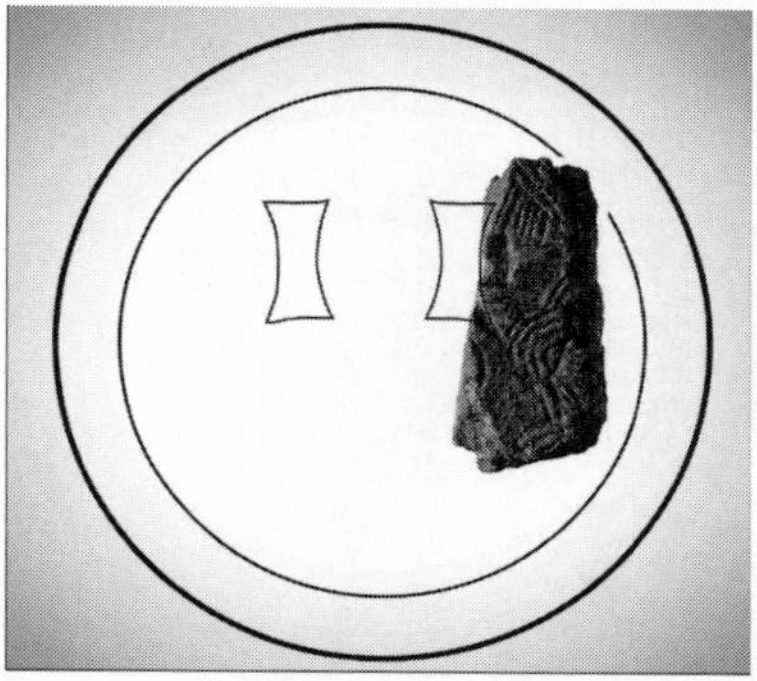
須玖タカウタ遺跡出土の多鈕鏡鋳型片
（春日市教育委員会提供）

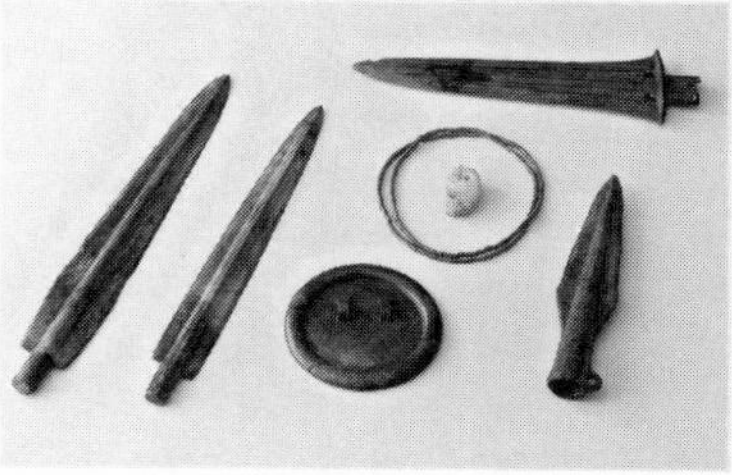
吉武高木遺跡出土の多鈕細文鏡（手前）
と青銅製武器（福岡市博物館提供）

## (42)「王墓級」の遺跡

古代の青銅器の鋳型には、石製と土製の二種類がある。長石石英斑岩や滑石などを使った石製鋳型は、製品の文様は粗いが鋳型の残存率は高い。他方、土製鋳型は精細な文様が可能だが、材料が土だけに鋳型が残る確率は低い。その土製鋳型が九州で初めて確認されたのは、福岡県朝倉郡筑前町《ちくぜんまち》の東小田峯《ひがしおだみね》遺跡だった。

福岡都市圏の南に位置する筑前町は二〇〇五年、旧三輪《みわ》町と夜須《やす》町が合併して誕生した。ここは古代の神話・伝承が多く、日本書紀は熊襲《くまそ》征討の折り、神功《じんぐう》皇后によって滅ぼされた地元の豪族、羽白熊鷲《はしろくまわし》の物語を伝えている。また朝倉地域には、三輪をはじめ笠置《かさぎ》、長谷《はせ》など奈良・大和と共通する地名や山の名前が多く、これをもとに古代の朝倉にあった邪馬台国が大和に「遷都」したと主張する研究者もいる。日本書紀・神功皇后紀に出てくる「安」の地名や万葉集の大伴旅人の歌にある「安野」は、旧夜須町の「ヤス」であるともいう。

飛鳥・奈良時代には、大宰府に近いこの地域に東の瀬戸内海側と結ぶ古代の官道が通り、駅《うま》家《や》が置かれて交通の要衝になった。近代では東洋一の陸軍大刀洗《たちあらい》飛行場が大正年間に造られ、昭和二十年の空襲で壊滅するなど、激動の歴史を歩んできた数奇な町である。

そして驚くべきは、筑前町内で見つかった古代遺跡の多さとその出土品の内容である。同町は福岡県下随一の麦の産地で、町面積の大半を田畑が占める。このため圃場《ほじょう》整備事業が頻繁に行われ、これに伴う発掘調査が相次いだ。「掘れば必ずといっていいほど古墳時代の遺跡層にぶち当たり、その下には弥生時代の遺構がある。町クラスの規模では、遺跡の密度は全国トップ級」と筑前町文化財係主任技師の山内亮平さんは言う。

その代表的な遺跡が、弥生時代前期から古墳時代初めにかけての東小田峯遺跡。正確には東小田遺跡群の中の峯遺跡である。一九八五（昭和六十）年から三年がかりの調査で見つかったのは竪穴住居百七十二、掘立柱建物四棟、土坑墓五十六、石棺墓六、木棺墓一、甕棺《かめかん》墓四百二十七、方形周溝墓三、墳丘墓三、古墳一基など。2号墳丘墓で見つかった10号甕棺墓からは内行《ないこう》花文《かもん》鏡二面のほか、毛抜形鉄器や鉄戈《か》・鉄剣などの武器、古代王権の象徴とされるガラス璧《へき》の加工品二点などが出土。まさに「王墓」にも匹敵する副葬品群で、国の重要文化財に指定された。

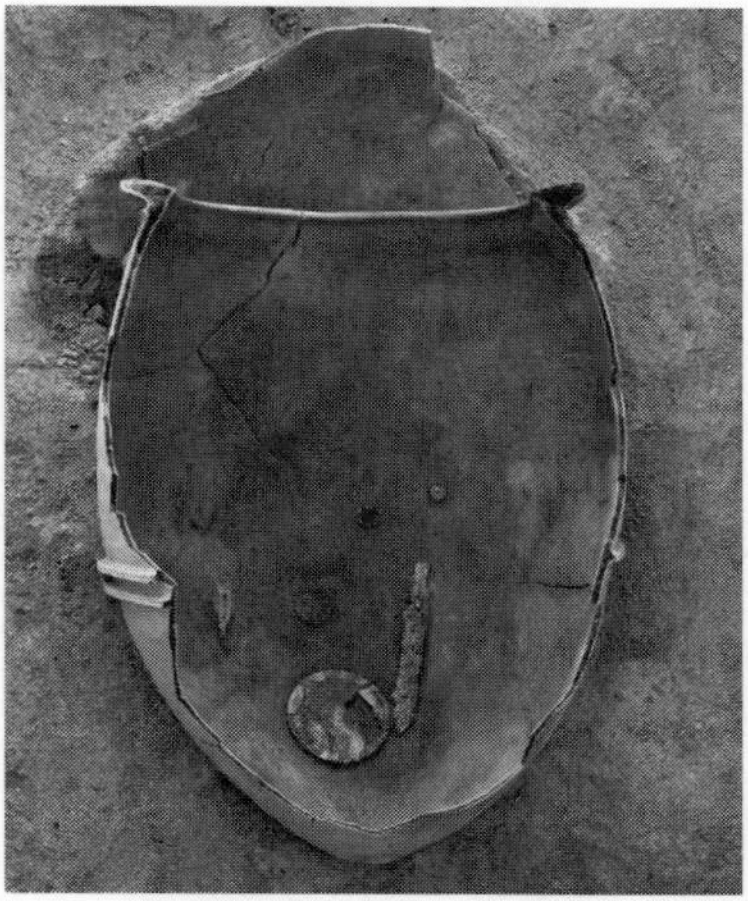

東小田峯遺跡の10号甕棺墓
（筑前町教育委員会提供）

## 希代の女傑は「強き母」
### 筑紫を征く神功皇后

神功皇后は第九代開《かい》化《か》天皇の玄孫で、第十四代仲哀《ちゅうあい》天皇の皇后。日本書紀では気長足姫尊《おきながたらしひめのみこと》、古事記では息長帯比売命《おきながたらしひめのみこと》と書かれている。

仲哀天皇は即位二年目、皇命に叛いて朝貢しない熊襲の征討を決断した。自ら軍勢を率いて筑紫《つくし》（＝九州）に向かい、穴《あな》門《と》（＝現在の山口県長門市）で神功皇后と合流。儺県《なのあがた》（＝現在の福岡市周辺）の橿日宮《かしいのみや》（＝福岡市東区の香椎《かしい》宮）に行宮《あんぐう》（＝巡幸の際の仮宮）を置いた。ここで皇后に神が乗り移り、「熊襲は不毛の地で討伐する意味がない。それに勝る宝の国（新《しら》羅《ぎ》）が海の向こうにあり、私をよく祭れば戦わずして屈服するだろう」という神託を受けた。しかし、仲哀天皇はこの神託を疑って信用せず、神の怒りに触れて即位九年目の春に急逝してしまった。

日本書紀・神功皇后摂政前紀によると、このあと皇后は吉備臣《きびのおみ》の祖・鴨別《かもわけ》を派遣して熊襲を討伐。さらに、荷持田村《のとりたのふれ》（＝現在の福岡県朝倉市秋月《あきづき》野《の》鳥《とり》とする説がある）に住む羽白熊鷲《はしろくまわし》の征討に向かった。剛腕で体に翼があり、高く飛翔する熊鷲は、皇命に従わず略奪を繰り返したという。皇后は橿日宮を出発し、兵を挙げて熊鷲を誅殺。「熊鷲を討ち取ることができて、心が安らかになった」と語り、その地は「安《やす》（＝現在の福岡県筑前町夜須《やす》とする説がある）」と名付けられた。

さらに、皇后は山門県《やまとのあがた》（＝福岡県の旧山門郡、現みやま市）で、土蜘蛛（皇命に服従しない土豪）の田油津媛《たぶらつひめ》を誅殺。兄の夏羽《なつは》も、妹が殺されたのを知って降参した。

その後、皇后は火（肥）前国の松浦県《まつらのあがた》を経て、儺河《なのかわ》（＝福岡県那珂川市を流れる那珂川）の地で神田を耕作。田に川の水を引こうとしたが、大岩で塞がれて溝を掘ることができなかった。このため、皇后は武内宿禰《たけのうちのすくね》を召し、剣と鏡を捧げて天神地祇に祈ったところ、落雷が岩を裂き、水を通すことができた。人々はこの溝を「裂田溝《さくたのうなで》」と呼んだ。

橿日宮に戻った皇后は、男装して軍勢を率い、新羅征討に着手。懐妊して臨月を迎えていた皇后は、石を腰にはさみ「事を成し終えて帰ったときに生まれてください」と言われた。

皇后は新羅を降伏させて帰還し、筑紫の宇《う》彌《み》（＝現在の福岡県糟屋郡宇美《うみ》町とされる）で誉田別尊《ほむたわけのみこと》（＝のちの応神天皇）を出産。その後、摂政《せっしょう》に就いて在位六十九年、百歳で崩御したという。

◇　◇

日本書紀の中の神功皇后は、神がかりして天皇に神託を伝える「大巫女《おおみこ》」であり、また自ら軍勢を率いて土蜘蛛討伐や新羅親征に向かう「軍神」であり、大きなお腹を抱えて戦に臨み皇子を産む「強き母」でもあった。この「スーパー皇后」は、書紀の中で歴代天皇と同列に扱われているが、その並外れた能力や数多の輝かしい業績ゆえに、むしろ実在が疑われてきたともいえる。

しかし、九州の各地には今も神功皇后の足跡や伝承を伝える神社や旧跡が数多く残る。神功皇后伝承の多くは「後付け」の物語かも知れないが、それらの事跡すべてが架空のものとも言い切れない面があり、福岡県那珂川市山田に現存する「裂田溝」もその一つである。また、同県朝倉市の「あまぎ水の文化村」には、皇后に誅殺された羽白熊鷲の「墓」と称する円墳形のモニュメントがある。朝廷の意向に歯向かった土豪も、地元では「郷土の英傑」。「墓」の前には熊鷲の顕彰碑まで立っている。

歴史公園として整備された「裂田溝《さくたのうなで》」（福岡県那珂川市）

一方、日本古代史の中でも傑出した女性皇族である神功皇后は、同じく古代史上最大の謎の女王・卑弥呼に比定される存在でもあった。日本書紀・神功皇后摂政紀は魏志倭人伝を引用し、▽魏の景初三年（西暦二三九年）の「倭女王」の遣使▽正始元年（二四〇年）の魏使の倭国訪問▽正始四年（二四三年）の「倭王」遣使の記事などを掲載。書紀の編者は、神功皇后を「倭女王・卑弥呼」に見立てたといわれている。

神功皇后の九州での足跡については、『神功皇后伝承を歩く』（上下二巻、綾杉るな著・不知火書房）、『神功皇后の謎を解く〈伝承地探訪録〉』（河村哲夫著・原書房）などに詳しい。

## ㊸　35年後の報告書

単位面積当たりの居住人口の比率を人口密度という。仮に、発掘調査された遺跡の面積を単位面積当たりの「遺跡密度」という指標で表すとしたら、福岡県朝倉郡筑前町《ちくぜんまち》は、全国の自治体の中で間違いなくトップクラスにランクされるだろう。

それほど筑前町には、先史時代から古代、中世、近世に至るまでの遺跡が密集している。九州で初めて青銅器の土製鋳型が出土した東小田峯《ひがしおだみね》遺跡も、その中の一つだった。

この遺跡が最初に日の目を見たのは一九二六（大正十五）年十一月。東小田地区の一角にある峯の墓地から、弥生時代の甕棺《かめかん》と前漢鏡（内行花文昭明鏡）、武器の鉄戈《か》が見つかった。四〇～五〇年代には地元の朝倉高校史学部などの調査で、弥生時代前期から後期にかけての集落と墳墓が複合した大規模遺跡群の存在が明らかになった。

そして八〇年代に入り、八五（昭和六十）年から三カ年をかけて県営圃場《ほじょう》整備事業に伴う本格的な発掘調査が行われ、「王墓」級の墳丘墓を伴う遺跡群が全容を現した。しかし、調査報告書が刊行され始めたのは、二〇一六年からである。この年に昭和六十二年度調査分の二分冊が刊行され、二〇二〇年に遺跡の中心部分となる昭和六十～六十一年度調査の四分冊（合計千百七十三㌻）が完成した。本格調査着手から三十五年、最初の遺跡発見からは実に九十四年が経過していた。

東小田峯遺跡で見つかった銅矛の土製鋳型
（筑前町教育委員会提供）

報告書の発刊が遅れたのは、相次ぐ圃場整備事業と発掘調査の頻発で、作業が追いつかなかったせいもある。東小田峯遺跡だけでも、膨大な発掘資料の整理に八年を費やしたという。同町の埋蔵文化財専門職員は二人。発掘から遺物整理、報告書作成、資料館での企画展示までをすべてこなす。他町でも文化財行政の現場は似たようなものだが、筑前町は「遺跡密度」の高さがケタ外れだ。

問題の土製鋳型は、百七十二基の竪穴住居があった集落遺構の中の第１１４号住居跡で出土した。しかし、これが土製鋳型と確認されたのはずっと後のこと。同町の文化財指導員をしている柳田康雄国学院大客員教授が、未整理の遺物の中から「発見」した。柳田さんは、中子《なかご》（＝鋳物の中空部を作るための土製鋳型）とともに出土した長さ九・七センチ、幅四・二センチ、厚さ二・二センチの土塊を銅矛《ほこ》の鋳型と鑑定した。この鋳型でつくられる銅矛は、推定全長四十五〜五十センチの中細形。この発見が、同県春日市の須玖《すぐ》遺跡群で、九州二例目の土製鋳型の発見につながって行った。

## (44) 奴国の青銅器工場

九州で初めて、弥生時代の青銅武器の土製鋳型が見つかった福岡県朝倉郡筑前町《ちくぜんまち》の東小田峯《ひがしおだみね》遺跡から、北西へ約十五キロ。福岡市の南郊、春日市の春日丘陵に展開する須玖《すぐ》遺跡群は、魏志倭人伝が伝える奴国《なこく》の拠点集落である。

東西約一キロ、南北約二キロの三角形のエリアに、三十面以上の中国鏡やガラス璧《へき》などが出土した「王墓」（須玖岡本遺跡Ｄ地点）をはじめ、弥生時代中期から後半にかけての集落や墳墓が密集する。その北側の一角にある須玖タカウタ遺跡で、九州二例目の青銅器土製鋳型が見つかった。

須玖遺跡群では古くから青銅器工房跡が見つかっていて、永田《えいだ》Ａ遺跡や王墓に近い須玖岡本遺跡坂本地区などが有名。多種類の青銅器を大規模に生産し、奴国以外のクニにも供給する「ハイテク工業地帯」だったと考えられている。

「それを可能にしたのは、強力な王の存在。青銅器の材料となる銅、鉛、スズをはじめ、鋳型の石材や鋳造技術を持つ工人の確保などには、強い統制力を持った有力者が不可欠です」と春日市教育委員会文化財課の森井千賀子主査は解説する。

福岡市南郊のベッドタウンで十一万人以上が住む春日市は、人口密度が九州一高い過密都市。遺跡の発掘は開発に伴う緊急調査が大半で、須玖タカウタ遺跡第五次調査（二〇一四年）

もマンション建設に伴うものだった。予定の調査が終わりかけていた一四年九月。たまたま拡張された調査区域から甕棺墓群が見つかり、住居跡から石製や土製の鋳型の破片が相次いで出土した。鑑定のため、青銅器の専門家で同市文化財専門委員の柳田康雄・国学院大客員教授が呼ばれた。

従来、土製鋳型は製品を作ったあとに壊されてしまい、通常は残らないものと考えられていた。材料が土だけに、発掘現場では土器のかけらと間違えて洗浄される可能性もある。九州で初めて土製鋳型を確認した実績がある柳田さんは、現場に陣取って出土遺物を逐一点検しながら指導に当たった。

ペアで出土した銅戈の土製鋳型
（春日市教育委員会提供）

最終的に見つかった石製鋳型は、銅矛《ほこ》や銅剣、小銅鐸《どうたく》の鋳型片六点と、国内初出土の多鈕鏡《たちゅうきょう》の滑石製鋳型片二点。また土製鋳型の破片は、銅矛《ほこ》や銅剣、銅戈《か》など三十二点もあった。

このうち二つがペアで出土した銅戈の土製鋳型には、製品の形がくっきりと残り、鋳造時のガス抜きの溝や鋳型を合わせて固定するためのカスガイの痕まであった。この貴重な鋳型をもとに、古代の技術で銅戈の製造を再現する画期的なプロジェクトが始動した。

## 「二万余戸」の奴国の王都

### 福岡県春日市・須玖遺跡群

福岡市の南郊に位置する春日《かすが》市は、福岡県内で面積が一番小さな市（一四・一五平方キロ）。狭い市域に約十一万人が住み、九州で最も人口密度が高い。

福岡市南区と境界を接する同市の春日丘陵北部には、弥生時代中期から後期の遺跡が密集する須玖《すぐ》遺跡群がある。その範囲は、東西約一キロ、南北約二キロの総面積約二百ヘクタルにも及び、佐賀県の吉野ケ里遺跡（神埼市・吉野ケ里町）をもしのぐ規模。魏志倭人伝が「二万余戸」あったと伝える奴国《なこく》の拠点集落である。

遺跡群の中心は、一八九九（明治三十二）年に「王墓」が発見された須玖岡本遺跡。畑にあった大きな上石《うわいし》の下から、甕棺墓が出土。三十面前後の前漢鏡と十本以上の青銅武器、王権の象徴であるガラス製の璧《へき》やガラス勾玉などが見つかった（須玖岡本遺跡D地点）。当時、祟りを恐れた発見者は、レンガで囲みを作って副葬品を収めていたが、その後大半が散逸したという。

この王墓域の近くには、王族の墓域や青銅器工房エリア（須玖岡本遺跡坂本地区）がある。坂本地区では五十八片の青銅器の鋳型のほか、るつぼ片や青銅の塊などが出土。大量の青銅器を継続的に作る「官営工房」のような性格を持ち、祭器として大型化した銅矛などを西日本一円や韓国にまで流通させたと考えられている。

須玖遺跡群には、ほかにも弥生時代中期から後期の青銅器工房跡（須玖タカウタ遺跡、須玖永田《えいだ》A遺跡、須玖坂本B遺跡）やガラス工房跡

（須玖五反田《ごたんだ》遺跡）、鉄器工房跡（赤井手遺跡）などが点在。当時の最先端技術を集めた「弥生のテクノポリス」とも呼ばれている。弥生時代は長らく「農耕中心の社会」と考えられてきたが、「産業（社会的分業）と交易の社会」という新しい弥生社会像を提起した遺跡群としても重要である。

須玖遺跡群では小さな丘に約四十の集落が営まれているが、近年、赤井手遺跡や大南A遺跡、高辻E遺跡などで、環濠の一部とみられる断面V字型の溝が見つかった。これらの溝は個々の集落を囲むものではなく、遺跡の片側にしか見られないため、須玖遺跡群全体を囲む環濠であった可能性が指摘されている。

須玖遺跡群の全体図（春日市教育委員会提供）

## (45) 芦屋釜と銅鏡

芦屋釜《あしやがま》は、南北朝時代(十四世紀)から現在の福岡県遠賀《おんが》郡芦屋町でつくられた茶の湯釜の名品。真形《しんなり》という端正な造形と優美な文様で茶人に珍重され、国指定重要文化財の茶釜九点のうち八点を芦屋釜が占める。製作は江戸時代に途絶えたが、その技術を再興したのが遠藤喜代志さん(同県宗像市在住)である。

東京芸大大学院で鋳金を学んだ遠藤さんは、梵鐘《ぼんしょう》などをつくっていた福岡市の老舗鋳造所で修業。その後、芦屋町から請われて芦屋釜を再興し、現在は同町に鋳金工房を構えている。

遠藤さんは美術工芸品の鋳物づくりの傍ら、古代の銅鐸《どうたく》や銅鏡など青銅器の再現に取り組んできた。きっかけは、学生時代に東京国立博物館で見た中国・殷《いん》周時代の青銅器「尊《そん》」である。口がラッパ状に開き、胴部が膨らんだ筒型の酒器。金銀のみごとな象眼《ぞうがん》があり、造形の美しさと三ミリ以下の恐るべき薄さに「これは人間の技なのか」と驚嘆した。以来、青銅器再現をライフワークにしてきたが、当初は考古学者に試作品を見せても相手にしてもらえなかったという。その後、考古学界でも古代技術の解明が重視されるようになり、遠藤さんの仕事が脚光を浴びた。

一九九六年には、北九州鋳金研究会の仲間とともに若八幡宮古墳(福岡市西区徳永)出土の三角縁神獣鏡《さんかくぶちしんじゅうきょう》の再現製作に挑戦した。鏡の成分分析から文様・銘文調査、土製鋳型の収縮率

遠藤さんが再現製作した若八幡宮古墳出土の三角縁神獣鏡

実験、鋳造方案（設計図）作成、鋳型の造形など、金属を流し込む「注湯《ちゅうとう》」に至るまでの準備作業だけで半年がかり。三角縁神獣鏡の鋳型は出土例がなかったため、作業は手探りと試行錯誤で、完成までに九カ月を要した。

　この実験のテーマの一つは、鏡面の微妙な凸形の反りがどうしてできたかを探ること。金属が凝固する際の収縮や仕上げ研磨の段階でできるという仮説があった。だが、実験ではどちらも起きず、古代の工人は当初から反りを意図して鋳型を作ったと推測された。

　その後の再現実験でも、工人が使ったヘラの形状や同じ鋳型から複数の鏡をつくる同笵《どうはん》鏡の可能性など、新たな疑問や研究課題が次々に浮上。実験結果は論文や記録映像にまとめられ、考古学者の鏡研究を後押ししてきた。

　そんな遠藤さんのもとへ、二〇一四年、福岡県春日市で見つかった銅戈《か》の土製鋳型を復元し、それをもとに銅戈を再現鋳造する実験の依頼が舞い込んだ。

## (46) 銅戈を再現鋳造

弥生時代の青銅製の武器は、銅剣と銅鏃《ぞく》（＝矢じり）、銅矛《どうほこ》、銅戈《どうか》など。銅矛は根元の中空部分（袋部）に木の棒を差し込んで槍《やり》のように使う。銅戈は根元の部分を木の柄《え》に直角に差し込み、縄で固定して鎌のように使う。銅剣や銅矛、銅戈は細形から広形へと時代を経て大型化し、祭祀《さいし》の道具としても使われた。

弥生時代の奴国《なこく》の中心部にある福岡県春日市の原町遺跡では一九六九年、水道管の埋設工事で銅戈が四十八本も出土。近くの春日丘陵にある弥生時代中期の須玖《すぐ》タカウタ遺跡では、二〇一四年に銅戈や銅矛などの土製鋳型が三十二点も見つかり、市教委の担当者らが色めき立った。ただちに、考古学や理化学分析の専門家らによる土製鋳型保存処理検討委員会が組織された。

土製鋳型は製品を取り出すときに壊されるため、通常は残らないという。また、土製鋳型の破片が出ても、土器と間違えて一緒に水洗されてしまう可能性が高い。

「この遺跡が幸運だったのは、出土した破片が青銅器の土製鋳型であることにいち早く気づき、各分野の研究者が集まって保存処理できたことだ」と検討委員会の柳田康雄・国学院大客員教授（考古学）は語る。

中でも注目されたのは、長さ約十五チセンで細形銅戈の形がくっきりと残り、おむすび形をした鋳

土製鋳型に金属を流し込む注湯作業
（春日市教育委員会提供）

型二点。合わせ面の凹凸（ハマリ）が合致し、二個で一対の鋳型とわかった。柳田さんは、この銅戈を「刃部の最大厚さ〇・八㌢前後で、実戦に使える頑丈な大型武器」と推定した。エックス線コンピューター断層撮影装置（ＣＴ）による解析で内部構造が明らかになり、蛍光エックス線分析では鋳型の内側から微量の金属が検出されて実際に金属を流し込んだことが確認された。

　この検証結果をもとに、鋳造当時の技術を探る実験プロジェクトが動き出した。担当したのは同県宗像《むなかた》市在住の遠藤喜代志さん。古代の青銅器を再現してきた異色の鋳金家である。

　実験は、鋳型をつくるための土探しから始まった。復元ではなく「再現」としたのは、出土した鋳型から古代の技法を探り、地元の土で鋳型をつくって当時の工人たちの技に肉薄するためだ。遠藤さんは発掘された鋳型を詳細に調べて鋳造方案（鋳型の設計図）を作成。ＣＴ画像による内部構造なども参考にしながら鋳物土をつくった。

　鋳物土は耐火性が高く、焼成後の変形や収縮が少ないのが絶対条件。春日市内の複数の遺跡で採取された土を分析し、最適の素材が選び出された。

## (47) 古代の匠《たくみ》の技

福岡県春日市の須玖《すぐ》タカウタ遺跡で見つかった銅戈《か》の土製鋳型は、理化学分析の専門家らの手で材質や内部構造などの詳細な調査が行われた。

鋳型の内部を透視して画像化するエックス線コンピューター断層撮影装置（CT）による解析では、内部に無数の小さな隙間があることがわかった。これは植物を刻んで鋳物土に混ぜ、鋳造で火が入ったときに植物だけが焼けて空間をつくるための工夫と考えられた。

鋳造実験を担当した鋳金家の遠藤喜代志さん（同県宗像市）によれば、鋳物土には形をつくりやすい成形性や耐火性の高さ、収縮性の少なさに加えて、ガス抜きのための通気性の良さが求められる。植物を混ぜ込んだのは、通気性を高めるための古代人の知恵だったのだ。これを参考に、鋳物土には春日市内の各遺跡から選びぬかれた骨材（焼土、硅砂《けいしゃ》）や粘結材（粘土）のほかに、通気性を高めるための添加物（木屑、木炭粉）が加えられた。

鋳型の製作は、現物の銅戈に土をかぶせて写し取る「込め型」という手法で行われた。春日市の遺跡から出土した銅戈をモデルに「現物型」を製作し、これに鋳物土をかぶせて鋳型をつくった。

発掘された鋳型には、鋳造時に発生するガス抜きの溝のほか、二つの鋳型を合わせたときにズレを防ぐためのハマリと呼ばれる凹凸、鋳型を固定するカスガイの痕など、さまざまな古代

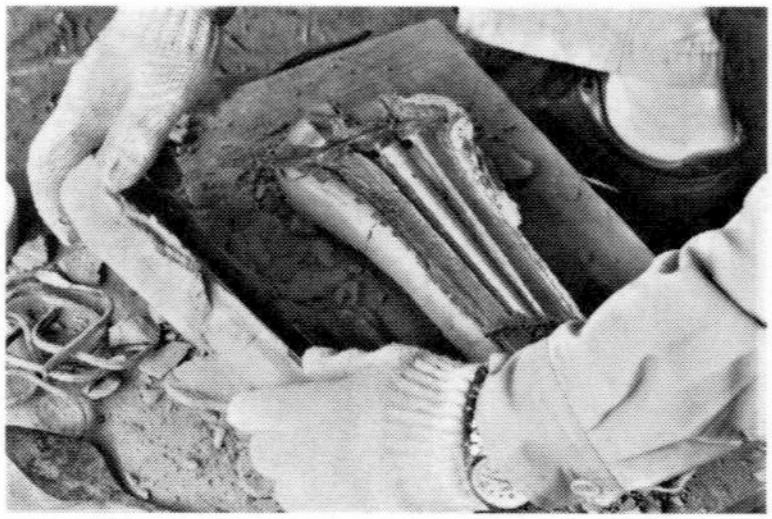

再現製作された銅戈の取り出し作業
（春日市教育委員会提供）

人の工夫があった。鋳型の製作では、これらの技術も忠実に再現された。鋳型づくりまでで、既に二年近い試行錯誤が続いていた。

最終段階の鋳造実験は、鋳金の専門家である福岡教育大の宮田洋平教授の協力を得て、同大学で実施。電気炉で焼成した二つの鋳型を銅のカスガイで固定し、千二百度に熱した金属（湯）を流し込んだ（注湯）。成分比は実物の青銅器を参考に、銅八〇、スズ一二・五、鉛七・五パーセント。作業の無事を神棚に祈ったあと慎重に注湯が行われたが、鋳型が高温の湯圧に耐えきれず、失敗に終わった。

このため、学者らによる検討委員会が招集されて原因を追求。「湯漏れ」を防ぐためにカスガイを鉄製に換えて強化し、湯の温度を少し下げるなどさまざまな対策を講じた。これらが奏効して再実験は成功。地元の土で鋳型をつくり、その土製鋳型で青銅器ができることを、遠藤さんたちがみごとに立証した。

「ガス抜きやハマリ、湯口や湯道の作り方など、基本は現代の鋳造技術とまったく同じ。二千年近くも経っているのに、今も同じことをやっているわけですから、正直なところショックでしたね」。実験結果を振り返って、ベテラン鋳金家の偽りのない感慨である。

## ⒅「コピー文化」の起源？

下垣仁志《しもがきひとし》京都大大学院准教授の著書『日本列島出土鏡集成』（二〇一六年・同成社）は、大変な労作である。掲載された鏡の総数は六千三百十三面。一面ごとに鏡式や倭製（＝国内製）・舶載《はくさい》（＝輸入品）の区別、出土遺跡、面径と銘文など十五項目を一覧表で示している。この中から出土地不明の鏡などを除き、下垣氏が「列島出土鏡数としてもっとも無難な数値」として挙げたのが五千八百二十一面である。

五百㌻《ジペー》を超える一覧表を繰ってみると、十三点の鏡の鋳型があった。このうち九州以外は、大阪府吹田市出土の一点だけ。うち七点が、古代奴国《なこく》の王都や青銅器工房があった福岡県春日市で見つかっている。

十三点のうち十二点は面径十㌢《センチ》以下の小型仿製鏡《ぼうせいきょう》（弥生倭製鏡）の鋳型で、残り一点は須玖《すぐ》タカウタ遺跡（春日市）で見つかった国内初出土の多鈕鏡《たちゅうきょう》の鋳型片だった。

これらの鋳型は、長石石英斑岩《ちょうせきせきえいはんがん》や滑石製。石の鋳型は加工がしやすく、同県筑前町《ちくぜんまち》・ヒルハタ遺跡出土の鋳型は、小型仿製鏡のほかに十字形銅器や銅鏃《ぞく》（＝矢じり）、ガラス勾玉などの型が各面に彫り込まれた「五面彫り鋳型」という特異なものだった。

石の鋳型は文様が粗く精細な細工には不向きとされるが、素材が石なので残存率は高い。他方、土の鋳型は細かい文様が可能だが、製品を取り出すときに鋳型を壊すので残りにくいとい

ヒルハタ遺跡出土の「五面彫り鋳型」
（筑前町教育委員会提供）

う。須玖タカウタ遺跡と筑前町の東《ひがし》小《お》田《だ》峯《みね》遺跡で見つかった銅戈《か》や銅矛《ほこ》などの土製鋳型（合計三十三点）は、発掘時の幸運に恵まれた希少な発見例である。

これまで、日本列島でつくられた最初の鏡は弥生時代後期ごろの小型仿製鏡とされてきた。しかし、須玖タカウタ遺跡から出土した弥生時代中期の多鈕鏡の鋳型片は、それより早くから鏡が「国産」された可能性をも示唆している。さらに同遺跡から見つかった青銅器の土製鋳型は、弥生中期に精細な文様の鏡をつくる技術が既にあったことをうかがわせる。この技術を使えば、舶載の貴重な鏡に土をかぶせて型を取り、土製鋳型をつくって量産することも可能になるからだ。同遺跡で指導に当たった柳田康雄・国学院大客員教授は、発掘調査報告書の中でこう指摘した。

「土製鋳型による既製品を複製する技術が存在すれば、漢式鏡が流入すればその複製が可能となることは必至である」。

これは、日本の「コピー文化」の起源にも迫る問題提起といえそうだ。

## (49) 最古の重りの「重さ」

弥生時代の青銅器は、銅とスズ、鉛の合金製。その成分比は、鏡や武器など器種によってさまざまだ。例えばスズが多いと硬質になるが、加工や研磨はしにくいという特性がある。古代の工人たちは、器種に適した素材の成分比と計量法を知っていたようだ。

福岡県の春日市教育委員会は二〇二〇年十二月、須玖《すぐ》遺跡群で弥生時代中期～後期の石製の権《けん》（＝計量用の重り）八点が見つかったと発表した。このうち最も古い一点は、弥生時代中期前半（紀元前二世紀ごろ）の須玖タカウタ遺跡の出土品。それまで国内最古の権は、大阪府などの遺跡で見つかった紀元前一世紀ごろのものとされていた。須玖タカウタ遺跡の青銅器工房跡からは、国内初の多鈕鏡《たちゅうきょう》鋳型片や九州二例目の青銅器の土製鋳型三十二点が出土しており、この遺跡がただものではないことをあらためて印象づけた。

須玖遺跡群出土の石製「権」（写真中段左が国内最古、春日市教育委員会提供）

実は、これら八点の権は、一九九〇～二〇一四年度にかけて三つの遺跡で見つかっていた。青銅器の鋳型などとして分類されていたものを春日市教委が再調査。同市の文化財専門委員を務める福岡大学名誉教授の武末純一さんが鑑定し、「権」と確認した。

壱岐市原の辻遺跡出土の青銅製「権」（壱岐市教育委員会提供）

権には、長崎県壱岐市の原《はる》の辻遺跡で出土した青銅製の権のように、棹秤《さおばかり》の端に紐で吊るすタイプもある。これに対し、須玖遺跡群出土の石製権は、天秤《てんびん》の重りとして複数を組み合わせて使う「天秤権」だ。

八点の重さは、五・九グラムから三三七・二グラムまで。青銅器の滑石製鋳型を加工したものもあり、いずれも円筒形をしている。朝鮮半島の遺跡に詳しい武末さんは、韓国慶尚南道・茶戸里《タホリ》遺跡の出土例をもとに、八点のうち半分近く欠けている最小のものが基準の約十一グラムと推定。これを「一倍」として三倍、六倍、二十倍、三十倍の五種類の重さで構成されていることを解明した。一＋三＋六で「十倍」となるため、十進法が使われたとみている。

須玖遺跡群は魏志倭人伝が伝える奴国《なこく》の拠点集落で、当時の先端工業地帯。権の発見は、奴国が大陸伝来の計量法を取り入れて青銅器製造や交易をしていたことを物語る。

武末さんは「青銅器の鋳造技術を最初に倭国《わこく》に持ち込んだのは、朝鮮半島からやって来た渡来人。そのとき、度量衡の基準や権を使った計量法なども一緒に入って来たのでしょう」と、当時の北部九州と東アジアの交流に思いをはせながら、「最古の権」の学術的価値の重さを強調する。

# 第5章　卑弥呼の鏡

## (50) 鏡の中の神仙世界

中国の後漢から三国時代にかけての代表的な鏡である神獣鏡《しんじゅうきょう》には、仙人や神獣が棲《す》みついているのだという。

神獣鏡には、鏡背（鏡の裏面）の文様や縁の形などによって多様な種類があるが、三角縁《さんかくぶち》神獣鏡や画文帯《がもんたい》神獣鏡はその代表格。外縁の断面が三角形をしている三角縁神獣鏡は、卑弥呼が魏の皇帝から下賜された「銅鏡百枚」の有力候補とされてきた。同じく「卑弥呼の鏡」候補に挙げられる画文帯神獣鏡は、外縁の内側の外区《がいく》と呼ばれる帯状の部分に神獣などが描かれているため、この名前がついた。

そして、神獣鏡の鏡背の中央にある鈕《ちゅう》（＝つまみ）の周囲には、道教思想の中で生まれた仙人や神獣たちを描いた「神仙ワールド」が展開する。

神仙の代表格は西王母《せいおうぼ》と東王父《とうおうふ》。西王母は西の崑崙《こんろん》山にすんで不老不死の術を操る仙女で、東王父は西王母とペアをなし東海の蓬莱《ほうらい》山にすむ男神。ほかに、琴の名手で陰陽のエネルギー

鈕の周囲に描かれた神仙世界（拡大）

ホケノ山古墳（奈良県桜井市）出土の画文帯神獣鏡（奈良県立橿原考古学研究所附属博物館提供）

を調和させる伯牙《はくが》や、漢民族の祖とされた黄帝《こうてい》なども登場する。その周りに描かれる竜や鳳凰《ほうおう》などの神獣や瑞獣《ずいじゅう》たちも実に多彩だ。

　中国では後漢の後半ごろ、災害や疫病が多発し、内乱や異民族の侵入もあって人心は荒廃したという。そこへ神仙を敬うことで不老長寿を説く道教思想が普及し、神仙世界を描いた神獣鏡が人々を魅了した。また、晋代の四世紀に葛洪《かっこう》が仙術を記した書物「抱朴子《ほうぼくし》」には「道士（仙術の修行者）が山に入るとき、径九寸以上の鏡を背中にかけておけば魑魅魍魎《ちみもうりょう》を見破ることができる」とあり、鏡には魔除《まよ》けの効能も期待されたらしい。

　魏志倭人伝は「（卑弥呼は）鬼道《きどう》を事とし、能《よ》く衆を惑わす」と書いているが、この鬼道は道教に由来するという説も有力。卑弥呼が霊力でクニを統治するために、鏡が必須のアイテムだったこともうなずける。

## (51) 一貴山村の銚子塚

新聞には、発行エリアの広さによって全国紙、ブロック紙、県紙などの種類がある。ひとつの県を単位とする県紙より配布エリアが狭く、部数は少ないながら、最も地元情報に詳しいのが郷土紙や地域紙と呼ばれる新聞だ。一九一七（大正六）年創刊で百年以上の歴史がある糸島《いとしま》新聞（本社・福岡県糸島市）も、その一つである。

日本が、まだ復興の途上にあった一九五〇（昭和二十五）年三月。糸島新聞は「学界の謎解く　一貴山《いきさん》村田中の九州最古の古墳」の大見出しで、発掘調査の前触れ記事を掲載した。この古墳は一貴山村の銚子塚《ちょうしづか》古墳。のちに一貴山銚子塚古墳と呼ばれ、戦後の古墳研究の原点ともなった遺跡である。

戦前は、皇国史観のもとで陵墓尊崇の統制が強く、古墳の発掘も規制されていた。昭和二十五年の銚子塚発掘は、日本考古学協会が戦後初めて地元の協力で実施した本格的学術調査だった。

きっかけは、同協会古墳調査特別委員会の調査員をしていた県立高校教諭の森貞次郎氏が「内部構造がそのまま残っており、学術上極めて重要な古墳。崩壊の恐れがあり早急に調査が必要だ」と訴えたこと。京都大教授の梅原末治・同特別委委員長のもとで地元学界と混成の調査団が結成され、十三日間の調査が行われた。その調査主任を務めたのが、日本の古墳時代研究の礎を築いた小林行雄氏（元京都大教授）である。

糸島新聞は、調査終了まで三回の記事を掲載した。三月二十五日付一面トップの記事は、「二世紀頃の青銅鏡など　考古学界に驚異の嵐」の見出しで発掘成果を詳報。小林氏は取材に対し、「全くの処女墳で予想通りの大収穫があった」「木棺の周囲に板石を貼り付けるようにして積み重ねた石室構造の原始的な素朴さは前例を見ない」などと興奮気味に語った。

その後、一貴山村は二丈《にじょう》村、二丈町と名を変え、糸島市に合併された。旧糸島郡二丈町誌の巻頭には、銚子塚古墳発掘当時の記念写真が掲載されている。小林氏の隣には、筆者が高校時代、考古学部の顧問をされた恩師の若き日の姿もあった。

HINBUN
昭和25年3月25日
糸島新聞
二世紀頃の青銅鏡など
考古學界に驚異の嵐
一貴山村銚子塚の合同調査完了
銚子塚発掘
報告講演会
周船寺村

発掘調査の成果を伝える糸島新聞（糸島新聞社提供）

銚子塚古墳の石室で撮った記念写真（旧糸島郡二丈町誌から）

## (52) 鍍金された鏡

福岡県糸島市の一貴山銚子塚《いきさんちょうしづか》古墳は、ＪＲ筑肥線・一貴山駅北側の丘陵にある。古くから、地元の村には「金の銚子が埋まっている」という伝承があり、「銚子塚」と呼ばれてきた。全長百三メートルで、九州北部の玄界灘沿岸では最大級の前方後円墳（古墳時代前期・四世紀後半の築造）。一九五〇年に日本考古学協会と福岡県教育委員会の合同調査が行われ、後円部の竪穴式石室から銅鏡十面、玉類三十五点のほか、鉄製の刀剣類や鉄鏃《ぞく》（＝矢じり）などが見つかった。

この発掘調査で注目されたのは、石室内の鏡の副葬の仕方である。銅鏡十面のうち、三角縁《さんかくぶち》神獣鏡《しんじゅうきょう》八面が木棺の両脇に四面ずつ。頭部付近には、子孫繁栄を願う「長宜子孫《ちょうぎしそん》」の銘文がある内行花文《ないこうかもん》鏡と方格規矩四神《ほうかくきくししん》鏡が置かれていた。頭部の二面は後漢時代に大陸でつくられ、代々伝わったとみられる舶載《はくさい》鏡。八面の三角縁神獣鏡はまるで新品のように摩滅が少ない倭製《わせい》（＝国産）鏡で、貴重な輸入・伝世品との間に明らかな扱いの差がうかがわれた。

このうち、径二一・二センチの方格規矩四神鏡には中央の鈕《ちゅう》（＝つまみ）を除く鏡背の全面に鍍《と》金《きん》（＝金メッキ）が施されていた。鍍金鏡は、古代の中国でも希少品。国内出土の鍍金鏡は、ほかに熊本県球磨郡あさぎり町の才園《さいぞん》古墳副葬品など数例しかない。

一貴山銚子塚古墳は古代伊都《いと》国の西端に位置し、長野川河口に広がる往時の入り江を見下ろす位置にあったという。鍍金鏡など豪華な副葬品とともに眠った被葬者は、玄界灘の海上

鍍金方格規矩四神鏡（京都大学総合博物館提供）

交通権を掌握し、大陸との交易にもかかわった有力首長だったとみられている。

発掘から七十年を経た二〇二〇年秋。福岡県小郡市の県立九州歴史資料館で「福岡の至宝に見る信仰の美」展があり、京都大学総合博物館所蔵の一貴山銚子塚古墳出土品が里帰り展示された。

今も金色の鮮やかな輝きを残す鍍金鏡と銘文がはっきり読める「長宜子孫」鏡は、発見当時と同じように二つ並んで仲良く展示されていた。

## (53) 鉄路が走る古墳

一九五〇（昭和二十五）年、福岡県糸島市の一貴山《いきさん》銚子塚古墳で見つかった十面の銅鏡のうち、八面の三角縁神獣鏡の中には、全く同型の鏡が二面ずつ三組あった。これらは同じ鋳型から鋳造された「同笵《はん》（＝鋳型）鏡」と鑑定された。さらにこの中には、古代伊都《いと》国の西、末盧《まつろ》国の領域にある谷口古墳（佐賀県唐津市）から出土した三角縁神獣鏡の同笵鏡が含まれていた。

銚子塚の発掘調査を指揮した小林行雄氏（元京都大教授）は、紫金山《しきんざん》古墳（大阪府茨木市）など各地の古墳から出土した三角縁神獣鏡の間に、同笵鏡のネットワークのような「分有」関係があることに着目した。五二年に発行された一貴山銚子塚古墳の調査報告書には、「同笵鏡出土古墳相互関係一覧図」として、全国二十八の古墳を線で結んだ相関図が掲載されている。

その翌年の五三年、京都府相楽郡山城町椿井《つばい》（現木津川市）の大塚山古墳で、国鉄線路の法《のり》面《めん》拡幅工事中に竪穴式石室が露出し、京都大考古学研究室が緊急発掘を行った。

現在の椿井大塚山古墳は、墳丘を真っ二つに分断して線路が通っている。所在地はＪＲ奈良線の棚倉〜上狛《かみこま》間。前方部と後円部の間を列車が高速で走り抜けて行く光景は、ほかではちょっと見られない奇観である。

この古墳は古墳時代初頭の前方後円墳で、全長約百七十五㍍。出土した鏡は小片も含め「三十六面以上」。うち三角縁神獣鏡は「三十二面以上」で、発掘当時は国内最多だった。墳丘は、最古の定形化した前方後円墳である箸墓古墳（奈良県桜井市）をほぼ三分の二に縮小した相似形をしており、ヤマト王権との強いつながりも指摘された。

小林氏は、王権の中枢にいた椿井大塚山古墳の被葬者が「配布者」となり、各地の有力者に同笵鏡を分け与えて政権基盤を拡大したとする独自の理論を構築した。それから三十余年の研究を経て八五年に作成された「相関図」には、全国百三十五の古墳が鏡の分有関係を示す線で結ばれ、椿井大塚山古墳を中心とする精緻なネットワーク図が描かれていた。

椿井大塚山古墳出土の三角縁神獣鏡
（京都大学総合博物館提供）

後円部（手前）と前方部の間を走る列車

## (54) 多すぎた？鏡

万城目学《まきめまなぶ》氏の小説「鹿男《しかおとこ》あをによし」（幻冬舎）は、臨時教員として奈良に赴任した高校教師が、鹿に呪いをかけられて「鹿男」にされてしまうお話。後半には女王卑弥呼の秘密が語られ、奇想天外の万城目ワールドが展開する。

この小説の重要なアイテムが、卑弥呼が魏の皇帝から賜った「銅鏡百枚」の有力候補とされる三角縁神獣鏡《さんかくぶちしんじゅうきょう》。そして、小説の舞台の一つになったのが奈良県天理市の黒塚古墳である。

黒塚古墳は、古墳時代前期の前方後円墳で全長約百三十メートル。一九九七年から二年間、奈良県立橿原考古学研究所が発掘調査を行い、国内最多の三角縁神獣鏡三十三面と画文帯《がもんたい》神獣鏡一面、多数の武器・武具や鉄製農工具などが出土した。行灯山《あんどんやま》古墳（伝崇神天皇陵）や渋谷向山《しぶたにむかいやま》古墳（伝景行天皇陵）など、巨大古墳が密集するオオヤマト古墳群の中心地だけに、初期ヤマト王権解明のカギを握る古墳とされた。

五三年当時、「三十二面以上」の三角縁神獣鏡が出土し、小林行雄元京大教授が「同笵鏡理論《どうはんきょう》」を構築した椿井《つばい》大塚山古墳（京都府木津川市）は、黒塚古墳の北約二十キロ。小林氏は、ヤマト王権の中枢にいた椿井大塚山古墳の被葬者が三角縁神獣鏡を一手に管理し、全国の有力者に配布して政権基盤を拡大したという学説を発表した。だが、黒塚古墳発掘で「国内最多」の看板は奪われ、「配布者」の地位も揺らいだ。

しかも、黒塚古墳では三角縁神獣鏡が木棺の外に立てて並べられ、棺内には画文帯神獣鏡一面だけが置かれて「扱い」の差が歴然としていた。この結果、長らく「卑弥呼の鏡」の本命とされてきた三角縁神獣鏡のステータスは大きくダウン。さらに、「鏡の本家」である中国の遺跡から一面も出土しないことが、追い打ちをかけた。

発掘当時の黒塚古墳石室（奈良県立橿原考古学研究所提供）

『三角縁神獣鏡綜鑑』（樋口隆康著・新潮社）によると、国内の三角縁神獣鏡は戦前、既に百二十八面あったという。戦後の発掘調査で、現在は六百面近くにまで増大。宮内庁管理で発掘調査が許されない陵墓《りょうぼ》に眠っているものを合わせると、千面を超えるのではないかと指摘する研究者もいる。

卑弥呼がもらった「銅鏡百枚」の有力候補にとって、「不都合な真実」が今も進行中である。

## (55) 中国から来た「黒船」

昭和のころ、各地の古墳で三角縁神獣鏡《さんかくぶちしんじゅうきょう》が出土するたびに、新聞が「卑弥呼の鏡か」と大騒ぎしていた。当時は「卑弥呼が魏の皇帝からもらった『銅鏡百枚』は、これでキマリ」みたいな勢いだったが、一九八〇年代初め、考古学界を震撼《しんかん》させる異説が登場した。しかも、その「黒船」は銅鏡の故郷である中国からやって来た。

実は、「三角縁神獣鏡」という呼称は日本で生まれたものだ。この鏡は、いまだに中国の遺跡からは確実な出土例がないので、いわば当然ともいえる。

『三角縁神獣鏡綜鑑』（樋口隆康著、新潮社）によると、考古学者の高橋健自氏が三角形の断面をした鏡の縁に着目し、大正時代の論文で初めて「三角縁」の名を使ったのが由来という。同じころ古鏡研究の大家である富岡謙蔵氏は、この鏡の中に「銅出徐州　師出洛陽」という地名の銘文を持つものがあることに注目した。富岡氏は、この鏡が魏の領域である中国華北地方で作られたもので、魏志倭人伝が伝える「銅鏡百枚」を構成する鏡であると主張。しかも畿内中心に分布するため、邪馬台国畿内説の有力な根拠とした。

そして、八一年。長らく日本の学界で主流だった「魏で作られた舶載《はくさい》（＝輸入）鏡」説に真っ向から反論したのが、中国の考古学者・王仲殊氏（元中国社会科学院考古研究所所長）である。王氏は、中国の学術誌「考古」に「日本の三角縁神獣鏡の問題について」という論文を発表。

この鏡は「中国南方の呉《ご》から日本列島に渡来した工人が作った」と断定した。

三角縁神獣鏡は、縁の断面が三角形であるほかに「面径が平均二十二、三センチの大型鏡」「縁に近い外区と呼ばれる部分にノコギリ歯のような鋸歯《きょし》文や複波文、櫛歯文がある」などが特徴。王氏は、これらの点は呉の画像鏡と共通しているが、独特の「笠松文様」など中国鏡にない特色もあることなどを指摘。「呉の渡来工人」製作説を導き出した。

黒塚古墳出土の三角縁神獣鏡（文化庁所蔵・奈良県立橿原考古学研究所附属博物館保管）

中央が「笠松文様」（拡大写真）

当時、「ご本家」の著名な考古学者が打ち出した新説に、日本の学界が受けた衝撃は想像に余りある。もちろん、日本側研究者からの反論も沸騰した。

もし王氏の説が事実とすれば、邪馬台国畿内説の根幹が揺らぎかねないからである。

## (56) 果てなき製作地論争

国内の古墳から出土した銅鏡には、銘文に中国の年号が記された「紀年銘鏡」というものがある。島根県雲南市の神原《かんばら》神社古墳で見つかった三角縁神獣鏡《さんかくぶちしんじゅうきょう》には、魏の「景初三年」の年号があった（巻頭グラビア）。歴史学者らによる通説では、景初三年（西暦二三九年）は倭の女王卑弥呼が初めて魏に使者を派遣したとされる年。これが、三角縁神獣鏡を卑弥呼が魏からもらった「銅鏡百枚」候補とする根拠の一つとされた。

しかし、この鏡には致命的な弱点もあった。一つは本家・中国の遺跡で確実な出土例がないこと。さらに、日本国内では一九八〇年代初めの時点で、既に「銅鏡百枚」をはるかに超える三百面以上が見つかっていたことだ。「中国南方の呉《ご》から渡来した工人が日本列島で作った」とする論文（八一年）で日本の学界に衝撃を与えた王仲殊氏（元中国社会科学院考古研究所所長）も、そこを鋭く突いた。

これに対し、日本側の研究者たちは、王氏を招いた日中合同古代史シンポジウム（八四年）などで「直接対決」した。その際、日本側が繰り出した反撃材料の一つが「特鋳説《とくちゅう》」である。魏の皇帝がはるばる海を越えてきた倭の使節のため、官営工房で倭人好みの三角縁神獣鏡を特別に作らせたという説。これなら、中国から出土しないのも「一理ある」ということになる。

さらに、日本国内で百枚を大きく超えていることも、「卑弥呼から台与まで、倭の女王はたび

福岡市の第7回福岡アジア文化賞大賞を受賞した王仲殊氏（Ⓒ福岡アジア文化賞委員会）

たび魏に使いを送っており、そのたびに鏡をもらった」と解釈できるというわけだ。これに対し、王氏は「特鋳するには見本がいるが、魏にはそれがなかった」などと反論。その後も、白熱した論争が長く続いてきた。

近著『鏡の古代史』（二〇一九年・角川選書）で日本の鏡研究の足跡をたどった九州大学の辻田淳一郎准教授は、「王（仲殊）先生の説は、重要な問題提起だった」としつつも、九〇年代以降の新たな研究成果で流れが変わったという。「鈕《ちゅう》（＝つまみ）孔が長方形であるとか、外区の外側に突線があるなど三国時代の華北の鏡との共通性が実証され、三角縁神獣鏡が魏の系統の鏡であることが明らかになってきた」からだという。

しかし、今なお製作地論争に決着がついたというわけでもない。三角縁神獣鏡の中には、鋳造技術や文様の研究、材料や形状の理化学的分析、出土した古墳の年代判定などで、多くの研究者が「倭製（国内製）」と判定したものが二割近くある。中には、「すべて倭製」や「すべて舶載（輸入品）」と主張する研究者たちもいる。その立ち位置によって、想定する「銅鏡百枚」の中身も違ってくる。

## (57) 国産か、舶来か

日本列島で作られた倭製《わせい》鏡か、それとも大陸からもたらされた舶載《はくさい》鏡なのか――。弥生時代終末～古墳時代前期の遺跡から出土した鏡の製作地論争は、卑弥呼が魏の皇帝からもらった「銅鏡百枚」の謎も絡んで果てしなく続いている。

例えば一九六五年、弥生時代としては国内最多の銅鏡が出土した平原《ひらばる》遺跡（福岡県糸島市）。古代伊都国の「巫女王《ふじょおう》の墓」ともいわれる弥生時代終末期の墳丘墓（平原1号墓）から四十面もの鏡が出土したが、今も「倭製か、舶載か」で学者の見解が割れている。

出土した鏡は、中国でも出土例がない直径四六・五センチの超巨大鏡五面を含む内行花文鏡《ないこうかもんきょう》七面のほか、方格規矩四神鏡《ほうかくきくししんきょう》三十二面、虺龍文鏡《きりゅうもんきょう》一面。この中には、超巨大鏡の五面一組をはじめ同じ原型から作られたとみられる「同型鏡」が七組あり、十八面には薄緑系などの着色が施されていた。

発見当時からこの遺跡を研究してきた柳田康雄国学院大客員教授によれば、この四十面は虺龍文鏡など二面を除いて倭製鏡であるという。柳田さんは文様や銘文のほか、着色技術、湯口（鋳造時の金属注入口）の方向、ヒビや鬆《す》（＝細かい穴）の有無などの鋳上《い》がり、研磨や摩滅の具合などをつぶさに観察。長年の伝世による摩滅が顕著な虺龍文鏡など二面を「舶載鏡」とし、他の鏡は鋳造技術などから「倭製鏡」と判定した。

平原１号墓出土、国宝の銅鏡群＝国（文化庁）保管、伊都国歴史博物館提供

これに対し、自著『鏡の古代史』（角川選書）で「すべて船載鏡」と真っ向から反論したのが気鋭の鏡研究者、辻田淳一郎九州大准教授。「文様の彫り込みの仕方や反りの具合、鈕《ちゅう》（＝つまみ）孔のつくりなど、文様と製作技術の両面から中国鏡と考えざるを得ない」という見解だ。

発見から半世紀以上が経《た》ってもこんな具合なので、倭製鏡か船載鏡かの判定がいかに難しいかがお分かりいただけよう。

ちなみに、卑弥呼の「銅鏡百枚」について御両所の見解はどうか。

柳田さんは、「卑弥呼の時代と年代が合うのは画文帯神獣鏡《がもんたいしんじゅうきょう》。三角縁神獣鏡は五百面以上見つかっていることもあり（銅鏡百枚とは）違うでしょう」という見方。対する辻田さんは、「伝世された後漢鏡と船載・三角縁神獣鏡の混成鏡群。この三角縁神獣鏡は、魏が朝鮮半島の楽浪《らくろう》郡や帯方《たいほう》郡で倭国のために特別に鋳造させたもの」という見立てで、ここでも両氏の見解は大きく違っている。

## (58)「鏡の顔」が見えた

製作地や工人集団など謎が多い三角縁神獣鏡《さんかくぶちしんじゅうきょう》の正体を、理化学的手法で解明する研究が進んでいる。鏡の素材である銅、スズ、鉛のうち、鉛の同位体比《どういたいひ》をもとに産地を探るアプローチもその一つだ。

鉛には、質量の違いによって①204Pb②206Pb③207Pb④208Pbという四種の同位体がある。その混合比を鉛同位体比と呼び、208Pb／206Pbなどと表記する。この数値は鉱山によって微妙に違うため、産地の推定に利用できる。③／②、④／②の小数点以下4桁までの数値を縦横二軸のグラフに点で示し、分布の仕方を比較検討する方法が一般的だ。それによると、点が描く帯はグラフの左下から右上にかけて分布。大まかにいえば、前漢鏡は中国華北産の鉛と共通するグラフ右上の領域に集中し、三角縁神獣鏡はグラフの真ん中あたり、後漢鏡は華中や華南産鉛と同じ左下の領域に分布する傾向があるという。

だが、アマチュア研究者の藤本昇さん（福岡市東区美和台在住）は「これでは鏡の本当の姿がわかりにくい」と不満を感じてきた。そこで独自に考えたのが「③／①」「②／①」の数値も加えた四軸のレーダーチャートグラフだ。

元福岡市職員の藤本さんは、公害課発足時から長く環境問題を担当。かつて赤潮が頻発した博多湾の水質改善には、今も藤本さんが開発したリンの除去法が使われているという。現役時

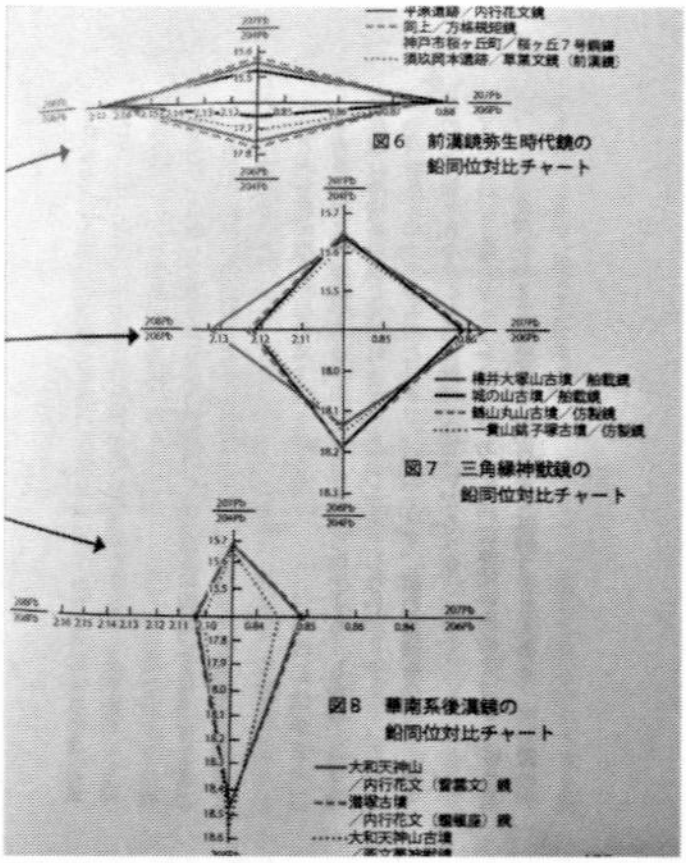

藤本さんが描いた（上から）前漢鏡、三角縁神獣鏡、後漢鏡の四軸グラフ

代に松本清張の影響で古代史に興味を持ち、鏡の研究に没頭。仕事柄、鉛とも縁が深く、四軸の鉛同位体比グラフを考案した。教師だった妻が生徒の成績をレーダーチャートにしているのを見て、ひらめいたという。

　この四軸グラフでは、前漢鏡は扁平なひし形、三角縁神獣鏡は正方形に近いひし形、後漢鏡は縦長のひし形を示し、それぞれ個性的な「鏡の顔」が現れた。

　通説では、三角縁神獣鏡には輸入品の船載《はくさい》鏡と国内産の倭製《わせい》鏡があるとされるが、藤本さんが描いた四軸グラフでは船載と倭製の違いを示す顕著な差異はなかった。藤本さんは百七十面近い鏡と国内外の鉱山の鉛同位体比の比較検討をもとに、「三角縁神獣鏡は中国鏡とは系統の異なる鏡で、すべて国内産」と結論づけた。

　藤本さんは、研究成果を『卑弥呼の鏡』（海鳥社）など二冊の著書として出版。古代史関係の雑誌や書籍に取り上げられるなど反響もあった。しかし藤本さんは、鏡だけでは飽き足らず、銅鏃《ぞく》（＝矢じり）などとの比較研究も続行中。プロ・アマを問わず、自分の得意分野から参戦できる邪馬台国論争の醍醐味《だいごみ》を、とことん満喫している様子だ。

## (59) 女王が持つ鏡

近畿地方随一の大規模環濠集落、池上曽根《いけがみそね》遺跡（大阪府和泉市・泉大津市）に隣接する府立弥生文化博物館（通称・弥生博）は二〇一五年三月、「卑弥呼と出会う博物館」をコンセプトにリニューアルオープンした。「邪馬台国は畿内にあった」という基本理念のもと、考古学的知見を集大成して卑弥呼の実像に迫る展示が行われている。

改装では、博物館の目玉である卑弥呼像も一新され、両手で鏡をささげ持つポーズの女王が造形された。ところが、ここで大きな問題が浮上した。女王卑弥呼には、どんな鏡を持たせたらよいのか？

歴史学者らによる通説で、卑弥呼が初めて中国・魏に使者を派遣したとされる二三九（景初三）年、皇帝は卑弥呼に金印や「銅鏡百枚」などを下賜した。しかし、魏志倭人伝は「銅鏡百枚」がどんな鏡かには触れておらず、今も邪馬台国論争の最大争点の一つである。

博物館職員の間では、「卑弥呼の鏡」の有力候補とされてきた三角縁神獣鏡《さんかくぶちしんじゅうきょう》と、後漢～三国時代の中国鏡である画文帯《がもんたい》神獣鏡を「日替わりで持たせてはどうか」という迷案？が真剣に議論されたという。しかし「全国唯一の弥生文化の博物館」というプライドもある。このため安易な便法に頼るわけにもいかず、「卑弥呼が遣使した景初三年か、使者が帰国した正始元年銘を持つ鏡」「魏の領域である中国北部で製作され、王墓級の墓に副葬された直径二十チセン超の大

両手で鏡をささげ持つ卑弥呼像
（大阪府立弥生文化博物館所蔵）

型鏡」などの条件を挙げて絞り込みが行われた。

最終的には画文帯神獣鏡に軍配が上がったのだが、その決め手になったのは「黒塚古墳の発掘成果だった」と同館の秋山浩三学芸顧問（前副館長）は明かす。

奈良県天理市の黒塚古墳は、同県立橿原考古学研究所が一九九七年から二年がかりの調査を行い、竪穴式石室から三角縁神獣鏡三十三面と画文帯神獣鏡一面などが出土した。問題はその副葬法で、三角縁神獣鏡は木棺の外をコの字形に囲むように置かれ、画文帯神獣鏡だけが棺内の頭部付近に大事に置かれていた。「黒塚古墳では画文帯神獣鏡だけが特別扱いされていた。鏡の研究が進み、画文帯神獣鏡の要素を取り入れて三角縁神獣鏡が作られたことも分かってきた」と秋山さんは選定の経緯を説明する。

その後、具体的な鏡のモデル探しに移ったが、それは何と同館のお膝元で見つかっていた。和泉《いずみ》市の和泉黄金塚《こがねづか》古墳（古墳時代前期、全長約九十四メートルの前方後円墳）から出土した、景初三年銘を持つ画文帯神獣鏡。直径二三・二センチの堂々たる「王の鏡」であった。

## (60) 伝説の鉄鏡

弥生～古墳時代の遺跡から出土する鏡には、銅鏡のほかにごくわずかながら鉄製の鏡もある。『日本列島出土鏡集成』（下垣仁志著・同成社）に掲載されている一覧表によると、国内で確認された約六千面の鏡のうち「鉄鏡」は八面。ただし、鉄錆《さび》に覆われて鏡の形式さえ判別できないものが半数含まれている。

その中にあって、ひときわ異彩を放つのが、大分県日田《ひた》市・伝ダンワラ古墳出土の「金銀錯《きんぎんさく》嵌珠龍文鉄鏡《がんしゅりゅうもんてっきょう》」（国指定重要文化財＝巻頭グラビア）。錯嵌とは、彫り込んだあとに貴金属などを埋め込む象眼《ぞうがん》技法のことだ。

この鏡を世に出したのは、考古学界の重鎮、梅原末治《うめはらすえじ》京都大教授（故人）である。梅原氏は、一九六二（昭和三十七）年、奈良県の古美術商からこの鏡を入手。翌年、美術研究誌『國華』に「豊後日田出土の漢金銀錯嵌珠龍文鉄鏡」という論文を発表した。それによると、鏡は直径二一・三㌢で厚さ二・五㍉。鉄錆に覆われて文様も判別できなかったが、天理大の白木原好美教授の手で研《と》ぎ出しされ、全体の半分近くが復元できたという。

鉄鏡は、金銀で象眼した大小の龍の文様を基調に、色とりどりの玉類をはめ込んだ豪華なもの。直径三㌢超の鈕《ちゅう》（＝つまみ）の周りには、子孫の繁栄を願う「長宜子孫《ちょうぎしそん》」の銘文（子の字は欠落）があった。

金銀錯嵌珠龍文鉄鏡（九州国立博物館提供、東京国立博物館所蔵・落合晴彦氏撮影）

　梅原氏は、この鏡を中国・前漢代のものと鑑定した。出土地とされる古墳の年代は、鏡と一緒に副葬されていた馬具の様式から「五世紀をさかのぼらない」と推定。「鏡が造作されて此《こ》の国に舶載《はくさい》（＝輸入）されてから、異域の珍宝として珍重、久しく伝世したことを物語る」と論文を結んでいる。

　しかしその後の研究で、卑弥呼の時代に重なる後漢～三国時代の鏡とする説が有力になった。そのころ、中国の主な銅山は南方の長江流域に集中。北方の魏と南の呉が対立していたため、魏の領域では銅が不足し、鉄鏡が主流を占めたという。後漢の後半からつくられ始めた鉄鏡は、魏から西晋の時代にかけて流行し、王侯貴族の墓に副葬された。

　しかも、これらの鉄鏡は鏡の大きさと象眼の種類によって明確にランク付けされていた。魏の皇帝に関する古文書では、皇帝の御物《ぎょぶつ》の鏡は、径が魏尺の一尺二寸（約二十九㌢）で金の象眼、皇太子は七寸（約十七㌢）の銀象眼などと細かく規定。日田の鉄鏡は、皇帝に次ぐ王侯クラスが持つような高位の鏡だったのである。

## (61) まぼろしの古墳

大分県日田《ひた》市のダンワラ古墳出土と伝わる「金銀錯嵌珠龍文鉄鏡《きんぎんさくがんしゅりゅうもんてっきょう》」（国指定重要文化財）は、金や銀で象眼した竜の文様や貴石を埋め込んだ豪華な装飾で、国内には類例がない。だが、考古学者の評価はいま一つ。最初の発見から三十年近くも経って古美術商から出てきた経緯や、ダンワラ古墳の実体そのものが不明なためだ。

一九六三年、この鏡を論文で発表した梅原末治《うめはらすえじ》京都大教授は、発見者の渡辺音吉氏を訪ねて聴き取りをした。それによると三三（昭和八）年、日田市日高の音吉翁の自宅前で国鉄久大線の工事が行われた。当時、既に墳丘のようなものはなく、地表から掘り込んだところに二カ所の長い区画があり、そこから問題の鉄鏡や馬具類などが出土したという。現在、ＪＲ豊後三芳《ぶんごみよし》駅の東側に当たるこの場所は、周囲を低い丘陵が囲み、崖の斜面には古墳時代の横穴墓とみられる穴が点在する。

かつて、梅原氏から出土地の確認を要請された別府大学の賀川《かがわ》光夫教授（故人）は、「史学論叢」という研究誌に体験談を残している。それによると五〇年ごろ、豊後三芳駅近くの小学校で、笊《ざる》に入れた土器片や馬具とともに「錆《さ》びの著しい偏平で大きめの鉄塊をはじめ、錆びて正体の分からない大小の鉄塊」を見た。賀川氏は「梅原が奈良で入手した鉄鏡と雲珠《うず》（＝飾り金具）を含む馬具類は笊の中の一括遺物の中にあったものかも知れぬ」と回顧している。その

鉄鏡が出土したとされる日田市のＪＲ久大線沿線

後、遺物は散逸し、一部が古美術商の手に渡ったらしい。

そして近年、あらためてこの鉄鏡が脚光を浴びたのは東京国立博物館と九州国立博物館で開かれた「三国志展」（二〇一九年）である。中国河南省で発見された魏武王《ぎのぶおう》（＝曹操）の墓（曹操高陵）からも同じような鉄鏡が見つかっており、同展に合わせて日中の研究者が合同検討会を開催。九州国博では、関連遺物として伝ダンワラ古墳出土の鉄鏡が別会場に特別展示された。

検討会で、潘偉斌《はんいひん》・河南省文物考古研究院副主任は鉄鏡のCT画像を公開し、日中の鏡の比較が行われた。曹操高陵の鏡にも金象眼の文様があり、直径がほぼ同じで反りがないなどの共通点が確認されたが、銘文の有無など違いもあった。

日本側研究者の一人、辻田淳一郎九州大准教授は「日田の鉄鏡も、王が持つような最高級の鏡であることに間違いはない」と太鼓判を押す。しかし、出土地の問題になると「例えば奈良盆地の大型前方後円墳などではなく、『なぜ日田なのか』という説明が難しい」と困惑の表情を隠さない。

## (62)　久津媛の伝承

大分県日田市《ひた》が一九九〇（平成二）年に発行した「日田市史」には、巻頭グラビアに国指定重要文化財「金銀錯嵌珠龍文鉄鏡《きんぎんさくがんしゅりゅうもんてっきょう》」のカラー写真が掲載されている。写真では、金銀象眼の雲や竜の文様、緑や赤の玉類などが確認できる。ただ、半分以上が赤茶けた鉄錆《さび》に覆われており、作られた当時はどれほど見事な鏡であったかと誰もが想像することだろう。

その思いを、現実に再現しようとした人たちがいた。日田古代史研究会の佐々木祥治さんによると、地元の有志四人が資金を出し合って復元鏡を製作したのだという。熊本県の伝統工芸「肥後象嵌《ひごぞうがん》」の技術者に依頼して作った鏡は、現在、日田市豆田町の天領日田資料館に展示されている。

だが、本物の鉄鏡は今なお出土地に「疑問符」が付いたままで、地元でも認知度はいま一つ。このため、古代史研究会の佐々木さんらは、鉄鏡が日田で出土したことを証明しようと地域の歴史を探求し続けている。

中でも注目するのが、鉄鏡が出土したとされる場所に近い、会所山《よそやま》。その頂上には、日田の語源になったという久津媛《ひさつひめ》神社がある。『豊後国風土記《ぶんごのくにふどき》』は、景行天皇が九州の豪族・熊襲《くまそ》を征伐して筑後からこの地に入った際、久津媛という土着の神が人の姿で現れ、地元の事情を語って帰順した話を伝える。この地を「久津媛の郡《こおり》」と呼び、これがなまって日田の郡になっ

復元された金銀錯嵌珠龍文鉄鏡（天領日田資料館所蔵）

たという。久津媛神社は現在、深い森に覆われ、小さな祠《ほこら》と「景行天皇御遺蹟」の石碑がある。佐々木さんらは定期的に草刈りなどをして守っている。

さらに、会所山に隣接する刃連《ゆきい》地区は、鉄鏡との関連が指摘される金錯鉄帯鉤《きんさくてつたいこう》（＝東京国立博物館所蔵）が出土したとされる場所。鉄地に金で雲文などを象眼した帯金具で、細長い舌状をしている。日田市史は「（鉄鏡と）対のものとして同一古墳の出土と考えるのが自然」「このような卓越した遺物をあわせもつ古墳はよほどのものであろう」と書いている。

日田は筑紫から豊後へ抜ける古代官道の要衝。八〇年代には古墳時代最古の豪族居館「小迫辻原《おざこつじばる》遺跡」発見で話題を呼んだ。市内にはガランドヤ古墳などの装飾古墳もあり、ヤマト王権の勢力拡大過程を探る上で重要な歴史の舞台。金銀や玉類で飾られ、「卑弥呼の鏡ではないか」と騒がれてきた鉄鏡の出土地としても、何ら遜色はない。

## 討伐された土蜘蛛たち
### 景行天皇の九州親征

ヤマト王権の黎明期。都を遠く離れた僻遠の地では、まだ大王《おおきみ》（＝のちの天皇）に服従しない「土蜘蛛《つちぐも》（＝土豪）」たちが跋扈していた。日本書紀が語る景行《けいこう》天皇の熊襲《くまそ》征討記には、九州各地の服《まつろ》わぬ民の首魁が次々に登場する。中でも「媛《ひめ》」と呼ばれる女酋《じょしゅう》が多いのが特色。土蜘蛛たちの名前も、鼻や耳など顔の部位をはじめ、猨（猿）・猪・鹿・熊などの動物、青や白などの色にちなむものまで実に多彩だ。

以下に、日本書紀・景行紀から土蜘蛛に関係する記事を要約してみた。第十二代の景行天皇は、纒向日代宮《まきむくのひしろのみや》（＝現在の奈良県桜井市穴師付近とされる）に都をおき、二人の皇后と五人の皇妃との間に八十人もの皇子女があったという子福者。その一人が小碓命《おうすのみこと》こと、日本武尊《やまとたけるのみこと》（＝古事記では倭建命）である。実在したとすれば時代は四世紀ごろで、まだ天皇の称号は誕生していないが、文中では書紀の記述に従って「景行天皇」と表記した。

◆景行十二年七月＝九州の南部を支配する熊襲が背いて朝貢しなかった。景行天皇は八月、熊襲討伐のため筑紫《つくし》（＝九州）親征に乗り出した。

（注）熊襲の支配領域は、律令時代の肥後国《ひごのくに》球磨《くま》郡と大隅国贈於《おおすみのくにそお》郡が中心であるという。古事記には「熊曾」とあり、風土記には「球磨贈於」と四文字で表記した例もある。

◆景行十二年九月＝天皇は周防《すおう》（＝現在の山口県防府市付近）の娑麼《さば》（＝佐波）に到着。「南に煙が立っているので賊がいるのだろう」として、武諸木《たけもろき》ら三人の武将に偵察させた。天皇の使者が来たことを知った首長の神夏磯媛《かむなつそひめ》は、船の舳先に三種の神器（八握剣、八咫鏡、八坂瓊）をかけた榊と素幡《しらはた》（＝白旗）を立てて天皇を出迎え、帰順を願い出た。このとき神夏磯媛は、豊国《とよのくに》（＝現在の福岡県東部に当たる豊前国《ぶぜんのくに》と大分県北部の豊後国《ぶんごのくに》）に鼻垂《はなたり》、耳垂《みみたり》、麻剥《あさはぎ》、土折猪折《つちおりいおり》という四人の賊がいるので「討伐してほしい」と訴えた。麻剥は帰順し、鼻垂、耳垂、土折猪折は天皇軍に誅殺された。

◆景行十二年十月＝碩田国《おおきたのくに》（＝豊後国大分郡）で速津媛《はやつひめ》という首長が天皇を出迎え、帰順を申し出た。速津媛は、鼠石窟《ねずみのいわや》に住む青と白、直入県《なおいりのあがた》の禰疑野《ねぎの》に住む打猨《うちさる》、八田《やた》、国摩侶《くにまろ》という五人の土蜘蛛がおり、「『皇命には従わない』と言っているので、召喚されても妨害するでしょう」と訴えた。天皇は「山野に隠れれば後の憂いとなる」として、厳しい戦いの末に討伐した。

◆景行十二年十二月＝天皇は熊襲討伐について群臣と協議。「熊襲は、少々の軍勢では討滅できないだろう」として、兵力を損なわずに平定できる計略はないかと尋ねた。臣の一人が、市乾鹿文《いちふかや》、市鹿文《いちかや》という熊襲梟帥《たける》の二人の娘を利用することを提案。天皇は贈り物で誘い出して市乾鹿文に偽りの寵愛を仕掛け、熊襲梟帥を酒に酔わせて殺す手引きをさせた。天皇は、親殺しに加担した市乾鹿文を誅殺し、市鹿文を火国造《ひのくにのみやつこ》にした。

◆景行十八年四月＝日向国《ひむかのくに》（＝現在の宮崎県）の子湯県《こゆのあがた》や諸県《もろがた》を経て、肥後国の熊県《くまのあがた》（＝現在の熊本県球磨郡）に到着。土豪の熊津彦という兄弟のうち、まず兄熊《えくま》を召し出したところ、すぐに参上した。続いて弟熊《おくま》を召し出したが応じなかったため、兵を派遣して殺した。

◆景行十九年九月＝天皇は日向国から都への帰途についた。

◇　◇　◇

以上が、日本書紀景行紀が語る土蜘蛛討伐の概略だが、『肥前国風土記《ひぜんのくにふどき》』には景行天皇の臣下による討伐の記述もある。（以下要約）

肥前国は、もとは肥後国と合わせて一つの国だった。

◇肥後国益城郡《ましきのこおり》朝来名《あさくな》の峰に、打猴《うちさる》、頸猴《くびさる》という土蜘蛛がいた。百八十人余りを率いて皇命を拒んだため、肥君《ひのきみ》の祖である健緒組《たけおくみ》を派遣して成敗させた。

◇肥前国藤津郡能美郷《のみのさと》で、紀直《きのあたい》の祖である稚《わか》日子《ひこ》が、勅命を受けて土蜘蛛の大白《おおしろ》、中白《なかしろ》、少《お》白《しろ》三兄弟を討滅しようとした。捕らえられた大白らは自分たちの罪を述べ、頭を地に着けて命乞いをした。

◇肥前国松浦郡賀周里《まつらのこおりかすのさと》に海松橿媛《みるかしひめ》という土蜘蛛がいた。日下部君《くさかべのきみ》の祖である大屋田子《おおやたこ》を遣わして滅ぼした。

◇肥前国松浦郡大屋嶋《おおやのしま》に大身《おおみ》という土蜘蛛がおり、勅命を発して滅ぼした。

◇肥前国松浦郡値賀郷《ちかのさと》の小近《おちか》という嶋に大耳《おおみみ》、大近《おおちか》という嶋に垂耳《たりみみ》という土蜘蛛がいた。阿曇連百足《あずみのむらじももたり》に命じて誅殺させた。
◇肥前国杵島郡《きしまのこおり》の嬢子山《おみなやま》の頂に八十女人《やそおみな》という土蜘蛛がおり、兵を派遣して滅ぼした。
◇肥前国彼杵郡《そのきのこおり》の速来村《はやきのむら》で、神代直《かみしろのあたい》に命じて土蜘蛛の速来津媛《はやきつひめ》と弟の健津三間《たけつみま》を捕えさせた。健津三間は二色の美しい玉を献上し「川岸の村に篦簗《のやな》という人がいて、美しい玉を持っています」と言上した。神代直は篦簗を捕え、三種の玉を天皇に献上した。
◇肥前国彼杵郡の浮穴郷《うきあなのさと》で、神代直が浮穴沫媛《うきあなわひめ》という土蜘蛛を誅殺した。

景行天皇陵とされる奈良県天理市の渋谷向山《しぶたにむかいやま》古墳（写真手前、©Google Earth）

# 第6章　北ツ海のクニグニ

## (63) メモリアルイヤー

中国・魏《ぎ》の景初三年（西暦二三九年）は、倭の女王卑弥呼が初めて魏に使者を派遣した年とされる。魏志倭人伝（現存する宋代の版本）には「景初二年六月」と記されているが、『梁書』など他の史書の記述や当時の朝鮮半島情勢などをもとに、歴史学者らの間では「景初三年」の誤記というのが通説になっている。

倭の大夫《たいふ》（＝高官）を名乗る難升米《なしめ》らの使節団は、皇帝への献上品である男女の生口《せいこう》（＝奴隷）十人などを乗せた船団を組んで対馬海峡を渡った。景初三年六月に魏の出先の帯方郡に至ったあと、都の洛陽に到達。皇帝は十二月、はるばる来た使節をねぎらい、卑弥呼に「親魏倭王」の称号と金印紫綬のほか破格の下賜品の数々を与えるという詔書を発した。当時、魏は南の呉《ご》と敵対しており、倭を勢力圏に引き入れて呉をけん制する戦略的意図があったという。

この下賜品の一部が、邪馬台国論争の焦点である「銅鏡百枚」。「景初三年」の紀年銘を持つ画文帯神獣鏡《がもんたいしんじゅうきょう》が大阪府和泉《いずみ》市の和泉黄金塚《こがねづか》古墳から、同じく三角縁神獣鏡（巻頭グラビア）が島根県雲南《うんなん》市の神原《かんばら》神社古墳から出土し、「銅鏡百枚」候補の大本命とされてきた。

このうち神原神社古墳は、島根県東部の赤川（斐伊川支流）左岸にあった一辺三十メートル弱の古墳時代前期の方墳。一九七二年、河川改修に伴う発掘調査で全長約六メートルの竪穴式石室から景初三年鏡や鉄製武器・農工具などが出土した。土器などの形式から、四世紀中ごろの築造とされる。ということは、卑弥呼がもらった鏡が一世紀近くも伝世して、この古墳に副葬されたのか。

移築保存された神原神社古墳の石室

さらに気になるのは、その所在地である。神原神社古墳の場所は旧大原郡加茂《かも》町神原郷。同じ町内で山ひとつ越えれば、九六年に三十九個の銅鐸が見つかった加茂岩倉遺跡。その北西には、八〇年代に三百五十八本もの銅剣と銅矛《ほこ》十六本などの発見で衝撃を与えた、出雲《いずも》市斐川《ひかわ》町神庭《かんば》の荒神谷《こうじんだに》遺跡がある。

卑弥呼遣使の「景初三年」というメモリアルイヤーを刻んだ鏡は、なぜ畿内や北部九州ではなく、出雲の「神々の郷《さと》」にあったのか—。邪馬台国の謎に出雲が絡む、大きなミステリーである。

## 『魏志倭人伝』が語る倭と魏の使節の往来

魏志倭人伝には、女王卑弥呼が統治する倭と中国・魏との間の使節の往来が記されている。そこには、両国の使節の名前（読み方は諸説ある）や倭からの献上品、魏の出先である帯方郡《たいほう》の太守の名前、皇帝の詔書の内容や下賜品などが詳しく書かれている。倭人伝に記載された外交記録の要点は、以下のとおりである。

◆景初二（二三八）年

倭の女王卑弥呼は、大夫《たいふ》・難升米《なしめ》（なとめ・なそめ・なんしょうまい・なんしょうべい・なにそごむ）や次使・都市牛利《つしごり》（としごり・たぞごる）らを派遣。使節は六月、朝鮮半島中部にあった魏の出先の帯方郡に至り、天子（皇帝）に拝謁して朝献することを請うた。帯方郡の太守・劉夏《りゅうか》は、役人を遣わし、難升米らを京都《けいと》（＝魏の都・洛陽）に送らせた。

その年十二月、魏の皇帝は詔書を発し、「はるか遠くから使者を派遣してきたのは汝の忠孝の現れ」として倭王卑弥呼を「親魏倭王」とし、金印紫綬や銅鏡百枚、絹織物など多くの下賜品を与えるとした。難升米は率善中郎将《そつぜんちゅうろうしょう》、（都市）牛利は率善校尉《そつぜんこうい》に任じられ、銀印青綬を受けた。

（注1）卑弥呼が初めて遣使した年は、魏志倭人伝の版本には「景初二年六月」とあるが、倭人伝を引用した日本書紀や梁書などには「景初三年六月」とある。「景初二年六月」当時、朝鮮半島では魏と公孫氏の攻防が続いており、倭からの遣使は困難だったとして、倭人伝版本の記載は「景初三年」の誤記とする

見解が多い（1章43ページ参照）。
（注2）倭の次使・都市牛利の「都市」は、名前ではなく市《いち》などを司る官職名ではないかという見解がある。倭人伝の文中で二度目に出てくる箇所では「牛利」と書かれている。

◆正始元（二四〇）年
帯方郡の太守・弓遵《きゅうじゅん》は、建中校尉・梯儁《ていしゅん》らを遣わし、詔書と印綬を奉じて倭国に至った。倭王は、使者に皇帝への上表文を託し、詔《みことのり》と恩賜の品々に謝意を表した。

◆正始四（二四三）年
倭王はまた、使者の大夫・伊声者《いせき》（いとぎ・いしょうぎ・うせぐ）、掖邪狗《えきやく》（ややく・ややこ・やざく・やくやく・やくやこ）ら八人を（魏の都に）遣わし、生口（奴隷）や倭の錦、絹織物などを献上した。掖邪狗らは率善中郎将の印綬を賜った。

◆正始六（二四五）年
皇帝は詔を発して、倭の難升米に黄幢《こうどう》（＝黄色い軍旗）を下賜するとし、帯方郡を通して授与した。

◆正始八（二四七）年
（弓遵の後任の）帯方郡の太守・王頎《おうき》が着任した。倭の女王卑弥呼は、かねてより狗奴《くな》（くぬ）国の男王・卑弥弓呼《ひみここ》（ひめくこ・ひみきゅうこ・ひむこか）と不仲で、載斯《さいし》（さし・そし）、烏越《うお》（うえつ・あお）らを帯方郡に派遣して互いに攻撃し合う様子を説明した。（太守・王頎は）塞曹掾史《さいそうえんし》（＝国境守備の官職）の張政《ちょうせい》らを倭に派遣して詔書と黄幢をもたらし、難升米に授け、檄文を作って諭《さと》した。

（注3）使者の載斯と烏越は「載斯烏越」という一人の人名とする解釈もある。

◆？年（二四七〜八年？）

卑弥呼は死に、径百余歩の塚を作った。奴婢百余人が殉葬された。男王を立てたが国中服従せず、互いに殺し合って千余人が死んだ。卑弥呼の宗女《そうじょ》（＝一族の娘）で十三歳の台与《とよ》（＝または壱与《いよ》）を立てて王とし、国内が治まった。

（注4）卑弥呼の後継女王となった宗女について、魏志倭人伝の版本では「壹與（壱与）」となっているが、梁書倭伝など他の歴史書には「臺與（台与）」とあり、両説がある。

◆？？？年

台与は倭の大夫で率善中郎将の掖邪狗ら二十人を派遣して張政らを帯方郡に送らせた。（掖邪狗らは）都に至り、男女の生口三十人などを献上した。

◇　◇

魏志倭人伝が記す魏と倭との交渉は、ここまでである。このあと魏の元帝（曹奐）は咸熙《かんき》二（二六五）年に司馬炎（晋の武帝）に禅譲して退位し、魏は消滅した。晋書・武帝紀には、泰始二（二六六）年十一月「倭人来《きた》りて方物《ほうもつ》（＝産物）を献ず」とあり、これも台与の使者とみられている。このあと倭の記録は、約百五十年間、中国の歴史書から姿を消し「空白の四世紀」に入って行く。

## (64) 紀年銘鏡の出土地

古代の銅鏡には、中国歴代の年号が銘文に刻まれた「紀年銘《きねんめい》鏡」というものがある。邪馬台国論争の焦点は、中国・三国時代の年号鏡。国内の古墳から出土した魏《ぎ》と呉《ご》の年号鏡で、主要なものは十面。このほかに、資料館や個人の所蔵で出土地不明のものや、紀年銘鏡の同型鏡の破片とされるものなどもある。

出土地が明確な十面のうち、魏の年号（青龍・景初・正始）鏡は八面で、最も古いのは青龍三年（西暦二三五年）銘の二面。呉の年号鏡は、赤烏《せきう》元年（二三八年）と同七年の二面がある。鏡の形式で最も多いのは三角縁神獣鏡《さんかくぶちしんじゅうきょう》の四面で、方格規矩《ほうかくきく》四神鏡と平縁神獣鏡が各二面、画文《がもん》帯《たい》神獣鏡と斜縁盤龍《しゃえんばんりゅう》鏡が各一面。出土した古墳は前方後円墳が三基で、他は方墳や円墳だが、墳丘が崩れて判別が微妙なものも含まれている。大半は古墳時代前期の築造とされるが、不明のものもある。

このうち、「卑弥呼の鏡」の本命と騒がれてきたのが、魏の景初三年（二三九年）銘がある和泉黄金塚《いずみこがねづか》古墳（大阪府和泉市）出土の画文帯神獣鏡と神原《かんばら》神社古墳（島根県雲南市）出土の三角縁神獣鏡。景初三年は卑弥呼が初めて魏に使者を派遣したとされる年で、魏志倭人伝に皇帝が「銅鏡百枚」などを下賜したという記述がある。

和泉黄金塚古墳は全長約九十四メートルの堂々たる前方後円墳で、神原神社古墳は一辺三十メートル弱の梓書院の本をお買い求め頂きありがとうございます。

下の項目についてご意見をお聞かせいただきたく、
ご記入のうえご投函いただきますようお願い致します。

| |
|---|
| お求めになった本のタイトル |
| ご購入の動機<br>1書店の店頭でみて　2新聞雑誌等の広告をみて　3書評をみて<br>4人にすすめられて　5その他（　　　　　　　　　　　）<br>＊お買い上げ書店名（　　　　　　　　　　　　　　　） |
| 本書についてのご感想・ご意見をお聞かせ下さい。<br>〈内容について〉<br><br>〈装幀について〉（カバー・表紙・タイトル・編集） |
| 今興味があるテーマ・企画などお聞かせ下さい。 |
| ご出版を考えられたことはございますか？<br>・ある　　・ない　　・現在、考えている |

ご協力ありがとうございました。

郵 便 は が き

料金受取人払郵便

8 1 2 − 8 7 9 0

博多北局
承 認
0612

169

差出有効期間
2024年8月
31日まで

福岡市博多区千代3-2-1
麻生ハウス3F

㈱ 梓 書 院

読者カード係 行

## ご愛読ありがとうございます

お客様のご意見をお聞かせ頂きたく、アンケートにご協力下さい。

| | |
|---|---|
| ふりがな<br>お 名 前 | 性 別 （男・女） |
| ご 住 所 〒 | |
| 電 話 | |
| ご 職 業 | （ 歳） |

**中国・三国時代の年号がある主な紀年銘鏡**

| | 鏡の形式 | 年号 | 西暦 | 出土地 | 古墳の形状 |
|---|---|---|---|---|---|
| ❶ | 方格規矩四神鏡 | 青龍三年 | 235 年 | 大田南 5 号墳（京都府京丹後市） | 方　墳 |
| ❷ | 方格規矩四神鏡 | 青龍三年 | 235 年 | 安満宮山古墳（大阪府高槻市） | 方　墳 |
| ❸ | 平縁神獣鏡 | 赤烏元年 | 238 年 | 鳥居原狐塚古墳（山梨県市川三郷町） | 円　墳 |
| ❹ | 画文帯神獣鏡 | 景初三年 | 239 年 | 和泉黄金塚古墳（大阪府和泉市） | 前方後円墳 |
| ❺ | 三角縁神獣鏡 | 景初三年 | 239 年 | 神原神社古墳（島根県雲南市） | 方　墳 |
| ❻ | 斜縁盤龍鏡 | 景初四年 | 240 年 | 広峯 15 号墳（京都府福知山市） | 前方後円墳 |
| ❼ | 三角縁神獣鏡 | 正始元年 | 240 年 | 森尾古墳（兵庫県豊岡市） | 方　墳 |
| ❽ | 三角縁神獣鏡 | 正始元年 | 240 年 | 蟹沢古墳（群馬県高崎市） | 円　墳 |
| ❾ | 三角縁神獣鏡 | 正始元年 | 240 年 | 竹島御家老屋敷古墳（山口県周南市） | 前方後円墳 |
| ❿ | 平縁神獣鏡 | 赤烏七年 | 244 年 | 安倉高塚古墳（兵庫県宝塚市） | 円　墳 |

（注）青龍・景初・正始は魏の年号、赤烏は呉の年号　　各古墳の墳形は異説もある

方墳。二つの鏡は、出土地域や古墳の形、鏡の形式がすべて違い、共通性は乏しい。

十面の鏡の出土地も、北は群馬県から南は山口県までバラバラ。広峯《ひろみね》15号墳（京都府福知山市）の「景初四年」鏡には、宮崎県高鍋町の持田《もちだ》古墳群出土という伝承がある同型鏡（兵庫県西宮市の辰馬《たつうま》考古資料館所蔵）があり、これを加えると範囲はさらに広がる。

しかし、出土地を地図でじっくり眺めていると、大阪平野から北近畿—日本海沿岸へ向かう「道筋」のようなものが…。どうにも気になって、丹波・丹後方面へ足を延ばしてみることにした。

## (65) あり得ない?鏡

中国・三国時代の魏と呉《ご》の紀年銘鏡が見つかった国内十カ所の古墳のうち、北近畿にある三つの古墳が気になってJR福知山線に乗った。列車は、兵庫県尼崎市から宝塚市を通って丹波へ。宝塚市には、呉の赤烏《せきう》七年(西暦二四四年)銘の平縁神獣鏡が見つかった安倉《あくら》高塚古墳がある。小規模な円墳だが、道路工事で無残に削られ、今は墳丘の一部が残るだけだ。

終点の京都府福知山市は、明智光秀の福知山城で有名。二〇二〇年にはNHK大河ドラマ「麒麟《きりん》がくる」で活気づいた。駅前大通りの坂を南に数百㍍上ると広峯《ひろみね》古墳記念公園がある。三十数基あったという広峯古墳群の中で、15号墳(全長四十㍍の前方後円墳)が実物の四分の三サイズで復元されている。

一九八六年、区画整理に伴う発掘調査で、この古墳から魏の「景初四年(二四〇年)」銘の斜縁盤龍鏡《しゃえんばんりゅうきょう》(国指定重要文化財)が出土し、研究者の間で論議が沸騰した。「景初四年」は、卑弥呼が初めて魏に使者を送ったとされる年の翌年に当たる。だが皇帝の死去に伴い、景初は三年までで正始と改元され、四年は実在しないはずだからだ。

それまで、「景初三年」や使者が帰国した年である「正始元年」の紀年銘を持つ三角縁神獣鏡は、魏で製作され、卑弥呼が皇帝からもらった「銅鏡百枚」の有力候補とされてきた。だが、「あり得ない年号?」の鏡が出たことで状況は複雑化した。景初三年・四年鏡と正始元年鏡には、「陳是作鏡」という銘文がある。「わたくし陳が、この鏡を作りました」という製作者の署名のようなものだ。ところが「景初四年」鏡の発見で、この陳さんがどういうわけか魏の改元を知らなかった可能性が浮上し、魏鏡説が揺らぎ始めた。

広峯15号墳出土の「景初四年」銘鏡
（福知山市教育委員会提供）

さらに「広峯鏡」発見の直後、兵庫県西宮市の辰馬《たつうま》考古資料館に瓜二つの「同型鏡」があることが公表され、論争に拍車をかけた。この鏡は出土地不詳だが、「伝持田古墳群出土」ともいわれている。持田古墳群は宮崎県児湯郡高鍋《たかなべ》町にあり、八十五基が現存する大規模な古墳群である。

広峯古墳群と持田古墳群の間は、直線距離にして約五百キロ。丹波《たんば》の山間地と南国九州の台地に展開する二つの古墳群の間に、一体どんなつながりがあったのか―。謎が謎を呼び、論争は今も続く。

## (66)「王家の丘」は採石場

実在しないはずの魏の年号「景初四年」銘の鏡が出土した広峯《ひろみね》15号墳（京都府福知山市）をあとに、京都丹後鉄道で丹後半島へ。宮津から天下の名勝・天橋立《あまのはしだて》を過ぎて峰山で下車し、次の目的地の大田南古墳群（京都府京丹後市）に向かう。

竹野川流域にある同古墳群は、大小の円墳と方墳で総数二十五基。平成に入って行われた十二基の発掘調査で、大陸との交渉を示す豪華な副葬品が出土し、丹後地方の有力首長の墓とされた。丹後の古墳群は小高い丘の上に築かれるのが特徴で、大田南古墳群も尾根の上に歴代首長の墓が並んでいる。いわば「王家の丘」だが、私有地の採石場の中にあり、「立入禁止」の看板がある。

このうち2号墳（古墳時代前期・方墳）では、木棺から画文帯神獣鏡《がもんたいしんじゅうきょう》や鉄剣が出土。鏡は鈕《ちゅう》（＝つまみ）に竜の文様がある国内初の出土例だった。さらに、5号墳（古墳時代前期・方墳）の石棺からは、国内出土の紀年銘鏡では最も古い魏の青龍《せいりゅう》三年（西暦二三五年）銘の方格規矩《ほうかくきく》四神《ししん》鏡や鉄刀が出土。絹織物や布で巻いて大事に副葬されていた。

方格規矩四神鏡は、中国前漢～後漢時代の代表的な鏡である。中心に正方形の区画（方格）があり、周囲に英字のT・L・Vに似た図形（規矩文）や東西南北の方位を表す四神（青龍、白虎《びゃっこ》、朱雀《すざく》、玄武《げんぶ》図）などを配置。これを囲む外周が天の円を示し、方格が地を表す「天円地方」の宇宙観を表現しているという。

5号墳出土鏡の「青龍三年」は、卑弥呼が初めて魏に使節を送ったとされる景初三年（二三九年）の四年前で、皇帝からもらった「銅鏡百枚」の一部ではないかと騒がれてきた。しかも、5号墳発掘の三年後には大阪府高槻《たかつき》市の安満宮山《あまみややま》古墳で「同型鏡」が見つかり、北摂《ほくせつ》地域との交流も指摘されている。

採石場の前に立つ大田南古墳群の説明板

大田南5号墳から出土した「青龍三年」銘鏡（京丹後市教育委員会提供）

さらに大田南古墳群がある京丹後市の隣の兵庫県豊岡市には、北但馬《たじま》地方の首長墓で、正始元年（二四〇年）銘の三角縁神獣鏡が出土した森尾《もりお》古墳がある。広峯古墳群と大田南古墳群、森尾古墳の三地点を結ぶ紀年銘鏡の「トライアングル」は、大陸と日本海沿岸―近畿圏を結ぶ交流ルートの要衝にある。

## (67)「王墓」の登場

弥生時代の中ごろ、中国山地で風変りな墓がつくられ始めた。方形の墳丘の四隅《よすみ》が長く伸び、斜面に石を貼った四隅突出型墳丘墓。巨大なコタツのような形をしたこの墓は、やがて出雲《いずも》や伯耆《ほうき》地方など山陰各地に広がり、四隅がさらに伸びてヒトデの腕のように進化した。

西谷２号墳

歴代「出雲王」の墓とされる島根県出雲市の西谷《にしだに》墳墓群（弥生時代後期～終末期）はその代表的なもので、築造時の姿に復元された西谷2号墓は突出部を含む長辺が四十《メートル》を超える巨大墳丘墓。築造は、卑弥呼がいた邪馬台国の時代とほぼ同じころである。

四隅突出型墳丘墓は最終的に北陸にまで広がったが、なぜか丹後地方を通り過ぎて行った。丹後には独自の墓制があり、早くから強大な首長とクニの原型が生まれていたからだともいう。

それを物語るのが、丹後地方で最古の「王墓」ともいわれる日吉ケ丘墳墓（京都府与謝野《よさの》町）。一九九九年、

日吉ケ丘墳墓（与謝野町教育委員会提供）

町営住宅建設に伴う発掘調査で弥生時代中期後半の環濠集落とともに見つかった。長辺が約三十二メートルのいびつな長方形で、同時期の墳丘墓としては全国最大級。斜面に平たい石が貼られているため、方形貼石《はりいし》墓《ぼ》と呼ばれる。一人だけを埋葬した木棺からは、水銀朱と六百七十個以上の管《くだ》玉（緑色凝灰岩製）が出土。隣接する集落跡からは、鋳造鉄斧《ちゅうぞうてっぷ》などの輸入鉄製品も見つかり、大陸との交流を裏付けた。

そこから北へ十数キロ。日本海に注ぐ竹野川の中流域にある奈具岡《なぐおか》遺跡（京丹後市弥栄町）は、方形貼石墓や大規模玉作り工房が見つかった弥生時代中期の遺跡。緑色凝灰岩の管玉や水晶玉、ガラス小玉の工房跡があり、玉を加工する鉄針や鋳造鉄斧なども出土した。

このうち水晶玉は地元では完成品がほとんど出ず、鉄素材を入手するための交易品だった可能性が指摘されている。玉作りという当時の最先端技術が、大陸や朝鮮半島から貴重な鉄やガラスをもたらし、日本海交易に支えられた「丹後王国」が形成されて行ったという。

## (68)「神の御財《みたから》」の郷

弥生時代中期から後期にかけて、列島各地にクニの原型が生まれ、有力者のための特別な墓が築かれるようになった。そのころから、青銅の祭器を使って村民共同で豊作を祈っていた集落の祭りにも徐々に変化が表れ、特定の有力者のための「墓祭り」に変わっていったという。

丹後半島から日本海沿いに、西へ約二百キロ。一九九六年秋、島根県大原郡加茂《かも》町岩倉（現・雲南《うんなん》市）の山中で見つかった大量の銅鐸《どうたく》埋納遺構は、他地域に先駆けて出雲《いずも》の「銅鐸祭り」が終焉を迎えたことを物語っていたという。

発見当時の加茂岩倉遺跡の銅鐸

農道の工事中、重機で掘り返されて見つかった銅鐸は、高さ約三十センチと約四十五センチの大小三十九個。その多くは大きな銅鐸の中に小さな銅鐸を収める特異な「入れ子」状態で埋納されていた。表面に描かれたのは、流水文や袈裟襷《けさだすき》文という銅鐸特有の文様のほか、シカ、トンボ、イノシシ、カメ、人面などの絵。この中には同じ鋳型（笵《はん》）でつくられた「兄弟銅鐸」が十五組二十六個あり、西日本各地で見つかった銅鐸の中にも「兄弟」が十四個確認された。さらに注目されたのは、十四個の銅鐸の吊り手部分に刻まれた×印である。

加茂岩倉遺跡から北西へ約三キロの地点には、八四～八五年に大量の青銅器発見で学界に衝撃を与えた荒神谷《こうじんだに》遺跡（出雲市斐川《ひかわ》町神庭《かんば》）がある。出土したのは一つの遺跡で全国の発見数を超えてしまった銅剣三百五十八本をはじめ、銅鐸六個、銅矛《どうほこ》十六本。銅剣の大半は柄《つか》元に×印が刻まれ、加茂岩倉銅鐸群との深いかかわりをうかがわせた。

荒神谷遺跡出土の銅剣群（写真は、いずれも島根県立古代出雲歴史博物館提供）

この岩倉という地名は、神の御座所の磐座《いわくら》が起源とされ、地元には古くから信仰されてきた巨岩もある。ここは『出雲国風土記《ふどき》』（七三三年に成立）にある大原郡神原《かんばら》郷の周辺。風土記は「この世をつくった大神が御財《みたから》（＝神宝）を積んで置かれた所で、神財《かんだから》の郷というべきを、今の人は誤って神原の郷という」と伝える。「神財」の郷の「岩倉」に眠っていた大量の銅鐸群は、古代出雲の画期を伝える物言わぬ証人たちである。

## (69) 初代「出雲王」の墓

弥生時代の後期以降になると、列島各地で集落の連合体であるクニが姿を現し、頂点に立つ有力者のための巨大墳丘墓などがつくられるようになった。女王卑弥呼が君臨した邪馬台国に連なる時代である。当時のクニは、拠点集落の国邑《こくゆう》を中心に小集落が点在し、律令時代の郡と同じくらいの規模だったという。

この時期、出雲《いずも》では四隅突出《よすみとっしゅつ》型墳丘墓という特異な形をした墓が最盛期を迎えていた。方形墳丘墓の四隅がヒトデの腕のように長く突出しているため、この名がついた。総数二十七の墓のうち、大小六基の四隅突出型墳丘墓がある西谷《にしだに》墳墓群（出雲市大津町）は、その代表的な遺跡である。

中国地方の山間部で生まれたこの異形の墓は、山陰から古代の高志《こし》（＝古志、越）のクニである北陸地方まで分布し、総数約百基が見つかっている。特に規模が大きい上位五基のうち、四基が斐伊《ひい》川を見下ろす西谷の丘にある。最大のものは弥生時代終末期の9号墓で、突出部を含む長辺と短辺が約六十二《メートル》×五十五《メートル》、高さ約五《メートル》という威容である。

西谷の六基のうち、弥生時代後期後葉（二世紀後半）に築造された3号墓は、初代出雲王の墓と考えられている。突出部を含めた規模は約五十二《メートル》×四十二《メートル》で、高さ四・五《メートル》。島根大学などによる一九八三年度から十年間の発掘調査で、墳丘の斜面全体にびっしりと貼石《はりいし》が施さ

西谷３号墓のジオラマ（出雲弥生の森博物館提供）

れ、裾まわりには二列の立石と敷石があったことがわかった。石の総量は、約二万五千個にものぼるという。

墳丘には八つの埋葬主体（墓穴）があった。墳丘の中心にある第４主体と隣の第１主体が突出して大きく、穴の長辺は約六《メートル》、深さ約一〜一・五《メートル》。王の墓とみられる第４主体は、棺に水銀朱が敷かれ、粘土で目張りした木槨《かく》（＝外囲い）で厳重に封印されていた。

王の墓の副葬品は鉄剣と装身具。遅れて埋葬された隣の第１主体からは、中国製のガラスを使った濃紺の勾玉（巻頭グラビア）など装身具ばかりが二百五十点以上出土した。このため被葬者は女性で、王妃か王の血縁の女性ではないかとみられている。

## (70) 墓の上の祭祀

国内最大級の四隅突出《よすみとっしゅつ》型墳丘墓で、初代・出雲王の墓とされる西谷《にしだに》3号墓（島根県出雲市大津町）は、埋葬の仕方や葬送の祭儀も極めて特異なものだったという。

高さ四・五メートルの墳丘上にある八つの埋葬主体（墓穴）のうち、王の墓とされる第4主体は長辺が約六メートル、深さ約一・五メートル。木棺を木製の槨《かく》（＝外囲い）で囲んだ二重構造で、棺の底には総量十キロもの水銀朱が敷かれ、蓋板は粘土の目張りで厳重に封印されていた。木槨は遺体を丁重に埋葬するための構造物で、中国から伝わったという。魏志倭人伝は、倭人の埋葬法について「棺あって槨なし」と書いているが、王墓級の墓には木槨が使われたものがある。

第4主体で、さらに注目されたのは墓穴の周囲で見つかった四本の掘っ立て柱の穴と大量の土器片である。土器は二百二十個体以上にのぼり、多くは水銀朱で赤く塗られていた。地元の山陰系土器が約六割で、丹後や北陸系二割、瀬戸内側の吉備系が一割。王の葬儀に、遠方のクニグニから参列者が訪れたことをうかがわせた。

墓上祭祀は、四本の掘っ立て柱の周囲で行われた。突出した四隅は、墳丘上への通路だったとも考えられている。祭場の中心には直径約七十センチの範囲に玉砂利が敷かれ、中央に朱を塗った丸い石が墓標のように置かれた。

一般に、墓上祭祀は「首長権の継承」や魂を鎮める「たまふり」、中国思想に基づく「死者の再生・復活を祈る儀礼」などと解釈されることが多い。だが、西谷墳墓群に隣接する「出雲弥生の森博物館」の坂本豊治学芸員は「荒ぶる死霊を慰め、再生を阻止する」ための日本列島固有の儀礼と考えた。

「目張り粘土で徹底的に死者の魂を密封したあと、これを再び墓上に呼び寄せることはないはず」と坂本さんは指摘する。魏志倭人伝は、墓の周りで歌舞飲酒する倭人の風習を伝えるが、

墓上の祭祀に使われた土器群（島根大学考古学研究室所蔵、出雲弥生の森博物館提供）

この墓で霊魂との「共飲共食」儀礼が行われたかどうかについても、坂本さんは否定的。「封じ込めた魂に、飲食を捧げて復活されては困るだろう」というわけだ。

古代の北ツ海《きたつうみ》（＝日本海）沿岸や遠く吉備のクニにまで影響力を及ぼした出雲王は、それほどに再生・復活を畏怖される強大な王だったということか。

## (71) 日本海を望む国邑《こくゆう》

国内最大の四隅突出《よすみとっしゅつ》型墳丘墓が集中する西谷《にしだに》墳墓群（島根県出雲市大津町）から、日本海沿いに東へ約五十キロ。山陰道の淀江インターに近い丘陵地帯に、国史跡の妻木晩田《むきばんだ》遺跡（鳥取県米子《よなご》市・西伯《さいはく》郡大山《だいせん》町）が広がる。

復元された妻木晩田遺跡の「弥生ムラ」

総面積約百七十ヘクタールという国内最大級の集落遺跡で、弥生時代中期から古墳時代前期（約三百年間）の住居や建物跡が九百棟以上も見つかった。丘陵は古代の入り江を見下ろす位置にあり、いにしえの北ツ海《きたつうみ》（＝日本海）を望む国邑《こくゆう》（＝クニの拠点集落）である。

ここは、奈良時代に伯耆国《ほうきのくに》と呼ばれた地域。中国地方の最高峰で『出雲国風土記』の「国引き神話」に火神岳《ひのかみだけ》として登場する伯耆大山（標高一七二九メートル）の麓にある。

平成の初め、ゴルフ場開発計画が持ち上がり、事前の発掘調査が続いた。当初は六つの遺跡とみられたが、それぞれが関連した一つの遺跡であることが判明。この丘陵が米子市側では「晩田山」、大山町側では「妻木山」と呼ばれていたため、妻木晩田遺跡の名がついた。熱心な住民運動が開発計画を覆し、遺跡の全面保存が実現したことでも有名だ。

遺跡内六地区のうち、二つの丘陵にまたがる洞ノ原《どうのはら》地区には「王族」とみられる有力者たちの墳墓群がある。環濠に囲まれた西側丘陵から見下ろす弓ケ浜の景観は、息をのむほどに美しい。

東側丘陵には弥生時代後期初頭から後期中葉（紀元一世紀から二世紀前葉のころ）にかけて二十五基の墓があり、うち十一基が四隅突出型墳丘墓。二十五基の中で最も古いのは、貼石《はりいし》はあるが四隅の突出がない２号墓で、これを中心に大小の墳墓が円を描くように配置されている。中には一辺が一メートル余りで、子どもの墓とみられる墳丘墓もある。小さいとはいえ、四隅にりっぱな突出部があるのが、何とも微笑ましい。

墳丘がある墓を規模別にみると、大型二基、中型四基、小型十一基。小型が多いのは、幼くして世を去った王族の子どもたちが多かったのだろうか。

四隅が突出した子どもの墓（写真奥は２号墓）

## (72) 千年のタイムカプセル

「伯耆《ほうき》」の国邑（クニの中心をなす拠点集落）、妻木晩田《むきばんだ》遺跡（鳥取県米子市・西伯郡大山町）をあとに、日本海沿岸をさらに東へ―。

鳥取市青谷《あおや》の青谷上寺地《かみじち》遺跡は、弥生時代前期の終わりごろから奈良時代の八世紀代まで、約一千年にわたって栄えた港湾集落である。ここは、奈良時代に因幡国《いなばのくに》と呼ばれた神話の里。オオクニヌシと白ウサギの物語で有名な白兎《はくと》海岸は、東へ約十キロのところにある。

一九九一年、旧気高《けたか》郡青谷町内を横断する高規格道路建設に先立ち、予定地の踏査で遺跡を発見。九八年から鳥取県などによる本格調査が始まり、現在も続いている。遺跡全体の面積は約三十三ヘクタールで、うち十四ヘクタールが国の史跡に指定された。

遺跡は、日本海に注ぐ勝部《かちべ》川と日置《ひおき》川にはさまれた河口近くの三角洲地帯にあり、大部分が標高五メートル以下の低地。集落の最盛期である弥生時代後期から終末期には、ムラの前に潟湖《せきこ》（＝ラグーン）の「古青谷湾」が広がり、天然の良港があったという。そしてこの環境が、遺物を保存する「自然のタイムカプセル」として機能し、驚くべき出土品や遺構が多数見つかった。

この遺跡は、低湿地の集落だけに溝が多く、杭や矢板による護岸工事の痕跡が多く残っているのが特徴。農耕具や漁労具、建築部材、おびただしい量の「海と山の幸」の堆積など、千年に及ぶムラの暮らしの跡がそっくり保存されていた。

中には、儀礼に使われた琴などの祭祀用具、魚やシカを描いた板や土器などムラ人の精神世界をうかがわせる出土品もある。卜骨《ぼっこつ》はシカやイノシシの肩甲骨を焼いてヒビの入り方で吉凶を占う祭具で、国内最多の約二百五十点も出土した。

さらに調査員を驚かせたのは、溝の中で見つかった五千三百点以上（最低でも百九体分）もの人骨。うち百十点には鋭利な武器による殺傷痕があった。時代は、弥生時代後期の二世紀ごろ。調査員の頭を、魏志倭人伝の「倭国乱《わこくのらん》」の記述がよぎったのは当然だろう。そして何と、三点の頭蓋骨の中には熟年男性の脳が残っていた。

「神の声」を聞く祭祀に使われた琴

大量に出土した卜骨
（いずれも、鳥取県とっとり弥生の王国推進課提供）

## (73) 「海村《かいそん》」の匠《たくみ》たち

北部九州から山陰地方まで、古代の日本海沿岸には、半農半漁の暮らしをしながら大海原に乗り出して交易をするムラがあった。その集落は、沿岸地帯の入り江や砂嘴《さし》で囲まれた潟湖《せきこ》の周辺にある。考古学の成果をもとに、弥生時代の社会像を探求する福岡大の武末純一名誉教授（福岡県春日市・奴国の丘歴史資料館名誉館長）は、それらのムラを「海村《かいそん》」と名付けた。

武末さんによると、海村の遺跡からは、交易の痕跡を示す特徴的な出土品が出るという。朝鮮半島北部の楽浪《らくろう》系土器や半島南部の三韓《さんかん》土器、中国の貨幣「貨泉《かせん》」などである。貨泉は、王莽《おう もう》が前漢のあとに興した「新」（西暦八—二三年）の貨幣。武末さんが「海村」と考える御床《みとこ》松原遺跡（福岡県糸島市）やカラカミ遺跡（長崎県壱岐市）、山持《ざんもち》遺跡（島根県出雲市）などでは、これらの土器や貨幣が見つかっており、青谷上寺地《あおやかみじち》遺跡（鳥取市青谷町）からは五点もの貨泉が出土している。

この青谷上寺地遺跡を特徴づける出土品は、豊富な玉類と木製品。玉作り工房では、石川県産の碧玉《へきぎょく》を使った管玉《くだ》が製作された。約千点にのぼる木製容器の中でも、類まれな技術力と美しい造形で特筆されるのが花弁高杯《かべんたかつき》。下部に四～六つの花弁文様を浮き彫りにし、脚部には細いスリットを入れて全体を水銀朱などで赤く塗った華麗な器である。

この高杯は北陸から北部九州まで分布するが、青谷産のブランド品として各地に広まったと考えられている。これらの精巧な工作を可能にしたのは、朝鮮半島からもたらされた鉄製品。

この集落には、山陰地方では最も早い弥生時代中期ごろに鋳造鉄斧《てっぷ》が入り、海村の匠《たくみ》たちが鉄片を加工して工具をつくったという。

さらに、この遺跡で出土した土器の一部や骨角器のアワビオコシの形、占いに使う卜骨《ぼっこつ》の集積遺構には、韓国南部の勒島《ヌクト》遺跡（慶尚南道泗川市）との共通性も見られるという。

青谷の海人《あま》は、北部九州経由だけでなく、朝鮮半島との直接交易も行っていたらしい。

花弁高杯（鳥取県とっとり弥生の王国推進課提供）

## （74）海を見ていた王

古代の北ツ海《きたつうみ》（＝日本海）沿岸をたどる旅は、再び京都府北部の丹後半島へ――。各地で小さなクニが生まれる弥生時代後期、この地域では丘陵の尾根を階段状に削った方形台状墓《だいじょうぼ》が主流になった。

その代表格が、三坂《みさか》神社墳墓群（京都府京丹後市大宮町）や左坂《ささか》墳墓群（同）。水銀朱がまかれた三坂神社3号墓の木棺からは、水晶やガラスの玉類と頭飾り、鉄製武器など豪華な副葬品が出土した。中でもガラスの玉類の多さが丹後の特徴で、この両墳墓群だけで一万点近くにのぼるという。

発掘当時の大風呂南墳墓群、左奥は天橋立

このあと弥生時代の後期後半になると、墓と副葬品はさらにグレードアップ。大風呂《おおぶろ》南《みなみ》墳墓群（京都府与謝野町岩滝）という本格的な王墓が登場する。場所は丹後半島の付け根で、日本三景の天橋立《あまのはしだて》と阿蘇海《あそかい》を見下ろす標高約六十メートルの丘陵上。くねくねと細い林道が続く山道を登っていくと、草むらの中に解説板が立っている。

携帯電話の電波塔建設に伴う発掘調査（一九九八～九九年度）で、それぞれ五つの埋葬主体（墓穴）を持つ1、2号墓を発見。隣接する尾根でも八基の方形台状墓が見つかった。1号墓では、水銀朱がまかれた舟底状木棺に鉄剣十一、突起が付いた有鉤《ゆうこう》銅釧《くしろ》（＝腕輪）十三、南海産のゴホウラ貝製の貝釧一、鉄鏃《ぞく》（＝矢じり）四、漁労具のヤス、ガラス勾玉と緑色凝灰岩製管玉の首飾りなどが副葬されていた。有鉤銅釧は、長崎県壱岐市・原《はる》の辻遺跡の出土品と同系統という。

透き通った青のガラス釧
（いずれも与謝野町教育委員会提供）

中でも調査員たちの目を奪ったのは、被葬者の胸のあたりに置かれたガラス釧（巻頭グラビア）。断面が五角形の完形品で、深い海のように透き通ったブルーが人々を魅了した。ガラス釧は、国内で十例にも満たない希少品。材質はカリガラスで、ベトナムなど東南アジア産ではないかともいわれている。

この墓の被葬者は、日本海の海上交通を掌握し、交易で朝鮮半島や大陸産の貴重な鉄器やガラス製品を手にした「丹後のクニ」の王。今も丘の上から、遠くの海を見つめているのだろうか。

## ⒇ 女性王族の系譜

弥生時代後期末、丹後地方の墳丘墓はさらに巨大化し、北近畿最大の赤坂今井墳墓（京丹後市峰山町赤坂）がつくられた。ときは、魏志倭人伝が伝える邪馬台国時代の前夜。島根県・出雲地方の西谷《にしだに》3号墓（四隅突出型墳丘墓）や岡山県・吉備《きび》地方の楯築《たてつき》墳丘墓（円形墳の両端に方形部がある双方中円型墳丘墓）など、各地に個性的な巨大墳墓が登場し、「地域王国」時代の幕開けを告げた。

赤坂今井墳墓

赤坂今井墳墓は、府道の歩道工事に伴う発掘調査で見つかった。今も「赤坂今井」の交差点脇に堂々たる方形墳丘がそびえる。墳頂部の木棺からは、ヘアバンド状の布に玉類を編み込んだ頭飾りや鉄剣などが出土した。頭飾りには、ガラスの勾玉《まがたま》や管玉《くだたま》、碧玉製管玉など約百二十点を使用。青いガラス管玉には、中国・秦始皇帝《しんのしこうてい》陵の兵馬俑《へいばよう》と同じ漢青《かんせい》という顔料が使われていることがわかった。豪華な装身具の副葬品から、被葬者は高位の女性と推定されている。

この赤坂今井墳墓から南に約十キロの大谷古墳（京丹後市大宮町）では、石棺から熟年女性の完全な人骨が見つかり、「鏡・玉・剣」を副葬した全国でもまれな女性首長の墓として注目された。現在は大谷古墳公園（通称・女王の丘）として整備されている。古代、丹後地方の女性王族たちの地位はかなり高かったらしく、ヤマト王権との深いかかわりを示す記述が記紀にある。「丹後」がまだ、丹波国《たにはのくに》から分離する前の話である。

日本書紀・垂仁《すいにん》紀は、兄の謀反で失脚した皇后が、丹波道主王《たにはのみちぬしのきみ》の娘たちを後宮に迎えるよう天皇に哀訴した話を伝える。その一人の日葉酢媛《ひばすひめ》は皇后に、他の三人も皇妃となった。

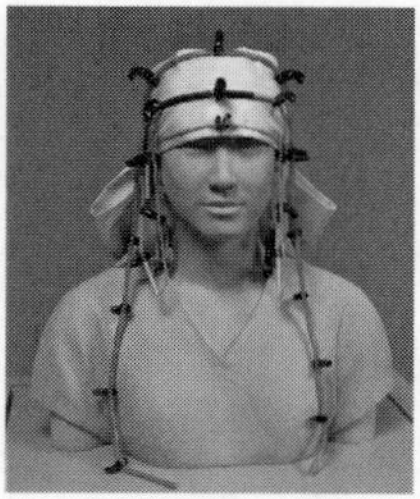
豪華な頭飾りの復元品（いずれも京丹後市教育委員会提供）

日葉酢媛は三男二女を産み、次男の大足彦命《おおたらしひこのみこと》は、のちに景行《けいこう》天皇となる。次女の倭姫命《やまとひめのみこと》は、初めて伊勢神宮に天照大御神《あまてらすおおみかみ》を祭った斎王《さいおう》で、日本武尊《やまとたけるのみこと》の叔母。ヤマトタケルが東征に旅立つとき、草薙剣《くさなぎのつるぎ》を授けたとされる女性である。

## (76) 浦嶋子の伝説

日本海に突き出た京都府北部の丹後半島は、切り立った断崖が続くかと思うと大きな入り江もあり、変化に富んだ海岸線を見せる。中でも砂嘴《さし》に囲まれて外海から遮断され、波穏やかな良港を形成した潟湖《せきこ》が点在するのが特色。天橋立《あまのはしだて》の阿蘇海《あそかい》や、半島北部の離湖《はなれこ》などが代表的だ。

この潟湖や古代の入り江周辺には、日本海沿岸で最大の前方後円墳である網野銚子山《あみのちょうしやま》古墳（京丹後市網野町、全長百九十八メートル）や神明山《しんめいやま》古墳（同市丹後町、全長百九十メートル）など、巨大古墳が築かれた。

網野銚子山古墳には、かつて二千基以上の円筒埴輪《えんとうはにわ》が立ち並び、古代日本海の「ランドマーク」だったという。今も墳丘の斜面には葺石《ふきいし》が露出し、「王国」が最後の輝きを放った時代の威容をしのばせる。その前方部のそばにあるのが「しわ榎《えのき》」という伝説の大木。海の民が築いた丹後国《たんごのくに》は浦島太郎物語の発祥地で、『丹後国風土記《ふどき》』は、おとぎ話の原型となった奇譚《きたん》を伝える。

　雄略天皇の時代（五世紀）、筒川村（現・伊根町）の嶋子《しまこ》＝浦嶋子《うらのしまこ》＝は、海で五色の亀を釣り上げた。亀は娘に姿を変え「一緒に常世《とこよ》の国の蓬莱山《ほうらいさん》に行きましょう」と誘った。嶋子は亀《かめ》比売《ひめ》というこの仙女と夫婦になり、仙界で三年を過ごしたが、望郷のあまり帰国を決意。亀比売がくれた玉匣《たまくしげ》（＝化粧箱）を手に故郷に帰ったが、人間界では既に三百年が過ぎていた。嶋子は、亀比売から「絶対開けないで」と言われた玉匣を開けてしまい、若かった姿は風雲とともに消え去った。しわだらけで悲嘆にくれた嶋子が、しわをちぎって投げたというのが例の「しわ榎」。丹後半島突端の宇良《うら》神社（浦嶋神社）には、拝殿にウミガメの甲羅が奉納されている。

宇良神社に奉納されたウミガメの甲羅

　この浦嶋子伝説は、さまざまに変化して全国各地に伝わる。丹後半島から日本海を西へ約五百キロ。玄界灘に浮かぶ「金印の島」、志賀島《しかのしま》（福岡市東区）にも、海の民が語り継いだ浦島太郎の物語がある。

# 第7章　金印の島へ

## (77) 金印・銀印・封泥

近ごろ、ハンコ社会に対する世間の風当たりが強い。お役所仕事に対する批判をハンコに押し付けているようで、ちょっと気の毒でもある。何しろ、日本のハンコ文化には二千年もの歴史があるのだ。

その起源は、建武中元二年(西暦五七年)、中国・後漢の光武帝から倭の奴国《なこく》王が賜った金印「漢委奴国王」。印面は「カンのワのナの国王」と読むのが一般的で、江戸時代の天明四年（一七八四年）、現在の福岡市東区志賀島《しかのしま》で見つかった国宝である。

これに続く歴史的な印章は、倭の女王卑弥呼が景初三年（二三九年）の遣使で中国・魏の皇帝から下賜されたという「金印紫綬《しじゅ》」（=綬は色の違いで官位を表すひも）。だが魏志倭人伝には印の特徴や印面についての記載はなく、皇帝が与えた「親魏倭王《しんぎわおう》」という称号の四文字があると考えられている。

この金印の発見が、邪馬台国論争に終止符を打つ「決定打」とされるが、実は「銀印」も

封泥の使い方の模型（福岡市博物館所蔵）

有力な決め手である。魏の皇帝は、卑弥呼の使者の難升米《なしめ》に率善中郎将《そつぜんちゅうろうしょう》、副使の都市牛利《つしごり》に率善校尉《そつぜんこうい》の称号と銀印青綬を授与。正始四年（二四三年）、倭から伊声耆《いせき》ら八人の使者が派遣されたときも、率善中郎将の印綬を受けた。

　これらの印は、現代の印鑑のように、朱肉をつけて紙に押すものではない。古代の中国では木簡・竹簡などの公式文書や器物をやりとりする際、入れ物をひもでしばって結び目に粘土を貼り付け、印を押して封緘《ふうかん》した。これを封泥《ふうでい》という。封泥で文字が浮き上がるよう、印面の文字は陰刻。中身を見るには封泥を壊さなければならないため、機密を守れるというわけだ。

　邪馬台国探索には、この封泥発見も有力な手掛かりとなる。実際、朝鮮半島にあった魏の出先の楽浪《らくろう》土城（土塁をめぐらせた居城）では、古代の封泥が出土している。

　ただし、金印は持ち運べるので、国宝金印が奴国のはずれの志賀島で見つかったように、卑弥呼の金印が邪馬台国の中心で出土するという保証はない。金印・銀印・封泥の発見が、また新たな謎を生むことになるかも知れない。

## (78) 見果てぬ「金印」

福岡県みやま市は二〇〇七年、旧山門《やまと》郡の瀬高《せたか》町、山川町と旧三池郡高田町が合併して誕生した。中でも旧瀬高町は江戸時代から邪馬台国の比定地とされ、住民の多くが寝物語に「昔々、卑弥呼という女王様がおってなあ」と聞いて育ったという土地柄。新市名は最終的に三池の「三」と山門の「山」で「みやま市」になったが、住民から公募した候補案八百五十七件の中には「邪馬台市」や「卑弥呼市」もあり、市名選定の最終段階まで残っていたという。

その瀬高町で一九七八（昭和五十三）年、郷土史愛好家たちが「卑弥呼の金印」製作に没頭していた。郷土史家と印章店主や彫刻師、仏壇職人といった面々で、それぞれが知識と技能を持ち寄って「見果てぬ金印」作りに挑戦した。

とはいっても、実は木彫りの印に金箔を貼ったしろもの。ただ、印面の書体や印の造形については、各種資料と首っ引きで考証を重ねた。モデルは、東京国立博物館が所蔵する中国明代『宣和《せんな》集古印史』所収の「親魏倭王《しんぎわおう》」印影。倭の女王卑弥呼は西暦二三九年、魏の皇帝から「親魏倭王」の称号と金印をもらったとされるが、その後は行方不明。ところが、この書にはなぜか印影が載っているという珍本？である。

瀬高町内の印章彫刻士、上津原猛さんが、この印影をもとにツゲの木で印台を製作。彫刻名人の堤金作さんが、福岡市の志賀島で見つかった国宝・金印「漢委奴国王」をモデルにホウノ

女王「卑弥呼」の金印
邪馬台国の女王「卑弥呼」が魏の明帝より授けられた「親魏倭王」の印。「宣和集古印史」の印影により制作した印面を拡大したものである。

『女王「卑弥呼」の金印』の写真（1986年・清水小学校創立百周年記念誌から）

キ（朴の木）で蛇の形の鈕《ちゅう》（＝つまみ）を製作。でき上った木型に、仏壇職人の松尾十三也《とみや》さんが金箔を貼って仕上げた。完成した「金印」は翌年、町の産業文化祭で展示され大好評だったという。

それから四十年以上が経ち、この「金印」も行方知れずになった。ただ、地元小学校の百年誌には地域の歴史とともに『女王「卑弥呼」の金印』の写真が載っており、作った男たちの熱い郷土愛が伝わってくる。製作当時は四十一歳で、「金印仲間」で最も若かった松尾さんは今も現役。「金箔職人もすっかり減って、瀬高ではワシ一人になってしもうた」とつぶやきながら、きょうも仏壇に金箔を貼り続ける。

## (79) 小さな巨人

福岡市東区の志賀島《しかのしま》で出土した国宝・金印「漢委奴国王《かんのわのなのこくおう》」は、日本国民なら社会科教科書でおなじみ。同市早良区百道浜の福岡市博物館には、国宝の実物が常設展示されている。しかし、初めて金印を見たときの観覧者の反応は、いささかビミョーだ。

　多くの人が発する感嘆の声は「えーっ、こんなに小っちゃいの?」。大半の人は、中国宮廷ドラマで見た子供の頭ぐらいもある皇帝玉璽《ぎょくじ》のようなものを連想するらしく、ガッカリ感がありあり。同博物館の学芸員によると「気づかずに素通りしてしまう人もいる」らしい。金印は大粒のキャラメルぐらいのサイズだが、実物よりも大きな写真を載せている教科書があるのも一因のようだ。

　この金印は、江戸時代に見つかって福岡藩主・黒田家の家宝となり、明治以降は現在の東京国立博物館に所蔵されていた。一九六六（昭和四十一）年、福岡市の福岡県立文化会館で開催された「日本原始美術展」で、戦後初の里帰りが実現したときの様子を『福岡県の歴史』（山川出版社）が伝えている。

常設展示室の国宝・金印「漢委奴国王」（福岡市博物館所蔵）

　「運搬者が東京駅発の夜行列車にのるまで私服刑事が同行し、各停車駅には見張りがたって、博多駅に到着するや否や制服警官の護衛のもと、銀行の金庫におさめられた」
　ちょっと大げさな気もするが、一九七八年、黒田家から福岡市博物館に寄贈されて以降も管理は厳重で、学芸員は「移動させるときには手が震えそうになる」

という。

この金印は、中国の史書『後漢書』に建武中元二年（西暦五七年）、光武帝が倭の「奴国王《なこく》」に与えたと記されている印綬《いんじゅ》という説が一般的。古代日本が外交デビューした最古の物証であり、紀元一世紀の北部九州に、中国皇帝に使者を送るほどの有力な国があった証拠でもある。単体では「国内最小の国宝」ながら、その歴史的価値は計り知れない「小さな巨人」である。

## (80) 金印「再現」

国宝・金印「漢委奴国王」は、どんな技法でつくられたのか。この謎は、金属工芸や考古学の専門家だけでなく、古代史ファンの好奇心をも強く刺激する。

その魅力にとりつかれた男たちが、本物の金を使い、古代の技法を探りながら金印の再現鋳造に挑戦した。鋳金や彫金の専門家、考古学者らで構成する九州鋳金研究会の面々である。会長の宮田洋平福岡教育大教授（金属工芸）は、新潟県佐渡市の鋳物師の次男で、古代の青銅器の再現鋳造なども手掛けてきた。

作業はまず、古代の文献で官印の造形や鋳造法の研究を進めることから始まった。さらに、印面の彫り方や字を彫るための鏨《たがね》の形状などを綿密に検討。鋳造法は古代の蝋型《ろうがた》という手法を採用することにした。

宮田教授と同じく青銅器再現に取り組んできた鋳金家、遠藤喜代志さん（福岡県宗像市在住）が中心になって、松脂《まつやに》を混ぜた蜜蝋《みつろう》で印の原型を製作。表面に鋳物土をかぶせたあと、焼き固めて蝋を溶かし出し、鋳型をつくった。実物の金印には触ることができないため、文献や写真資料を頼りに手探りの作業が続いたという。

二〇一八年三月、宮田教授や遠藤さんらは、最初の鋳造実験にこぎつけたが失敗に終わった。古代の技法に近づくため木炭を熱源にしたところ、地金が十分に溶解せず印台が欠けてしまった。結局、七回に及ぶ試行錯誤で原型ができ、彫金家の新啓太郎さんが各種の鏨を駆使して印面を彫り上げ、翌年七月にようやく完成した。

印面の彫り込み

再現された金印（いずれも宮田洋平教授提供）

一連の工程を再現してみて、宮田教授は鈕《ちゅう》（＝つまみ）の造形に強い疑問を持ったという。漢代の印制では、王朝に仕える列侯（内臣）には亀、外臣である北方異民族の王には駱駝《らくだ》、南方の王には蛇の形をした鈕の印を下賜するという決まりがあった。

国宝金印は蛇鈕だが、「とても蛇には見えず、これをつくった職人は打ち首になるぐらいのしろもの。最初に駱駝鈕をつくり、その頭を取って蛇の頭にすげかえたのではないか」というのが宮田教授の見解。ただし、「その理由は謎」という。

## (81) 金印ツーショット

前項で紹介した九州鋳金研究会による国宝・金印「漢委奴国王」の再現鋳造実験には、後日談がある。

完成した再現「金印」は、鋳型づくりなどを担当した鋳金家の遠藤喜代志さん(福岡県宗像市在住)の母校である県立福岡高校(福岡市博多区)に寄贈された。同校では文化祭で展示し、歴史教育の教材としても活用したという。

同校の社会科教諭から遠藤さんに届いた手紙—。「日ごろの生徒は割とクールなので何人ぐらい反応するだろうと思っていたのですが、全員が興味津々で金印を手に取り、製作工程のビデオ映像を食い入るように見ていました。予想以上の関心の高さで『ホンモノ』の持つ力を実感しました」

本物の金を使った「金印」を手に取って、ズッシリと歴史の重みを体感しながら、「古代日本の夜明け」に思いをはせる。何ともぜいたくな社会科授業ではないか。

そんな体験は誰でもできるわけではないが、「疑似体験」なら可能だ。福岡市博物館（福岡市早良区百道浜）一階のミュージアムショップに行き、四千七十円のレプリカを買えばよい。これは、世界に数個しかないという国宝金印の精巧な複製品から型取りした、いわば「孫」。同博物館監修のもと、24金メッキを施したアンチモニー合金製。桐箱入りで、紫綬や封泥の模造品も付いている。

世の中には「金印レプリカ」と称する商品が結構あるが、「本物の国宝金印から（厳密にいうと国宝金印から型を取った複製品から）型を取ってつくられたのは当財団の商品だけ」（福岡市文化芸術振興財団のホームページ）というのがウリだ。

二つの「金印」レプリカ

卑弥呼の「金印」もほしい人には、あさくら観光協会の「ほとめく館」（福岡県朝倉市甘木）で売っている「親魏倭王の印」（二千八百円）がお薦め。これも、りっぱな木箱入りだ。

さらに、卑弥呼の印をつくってみたい人には、国営吉野ケ里歴史公園（佐賀県神埼市・吉野ケ里町）の弥生くらし館で「親魏倭王印」鋳込み体験（千四百円）という手がある。シリコンの鋳型に約一四〇度に熱したスズとビスマスの合金を流し込み、研磨して完成。ただし、見た目は「銀印」である。

## (82) 金印のお値段

国宝・金印「漢委奴国王」は、「お宝鑑定」するといくらぐらいの値がつくか—などという話をすると、「何と不謹慎な!」とお叱りを受けそうだ。だが江戸時代、筑前国那珂郡志賀島村(現在の福岡市東区志賀島)で金印が見つかった直後、「金十五両(百両という説も)で買いたい」と申し出た者がいたという。

その名は、亀井南冥《なんめい》。黒田藩お抱えの儒学者で、藩校「甘棠館《かんとう》」の初代館長である。時は、南冥が館長就任直後の天明四年(一七八四年)二月二十三日(旧暦)。ところは博多湾に浮かぶ志賀島の「叶崎《かなのさき》」。お百姓の甚兵衛さんが、田んぼの水はけが悪いので、溝を修理しようと作業をしていたところ、石の間から「金の印判のようなもの」を見つけ、庄屋を通じて郡役所に届け出た(百姓甚兵衛口上書)。これを鑑定し「後漢書に記載された、光武帝が『委奴国王』に与えた印綬」と太鼓判を押したのが亀井南冥。南冥は『金印辨(弁)』を著し、国内最初の金印研究者の栄誉を手にした。

発見後の金印は、博多の商人が「買い取って鋳つぶし、武具の飾りにしたい」と願い出たり、南冥の買い取り申し出などもあって、すったもんだの騒動に巻き込まれるのだが、結局は黒田藩の家宝として藩庫に収まった。

金印は、戦後初めて福岡市で里帰り展示が行われた一九六六(昭和四十一)年、当時の通産省工業技術院計量研究所で本格的な計測と学者らの綿密な観察が行われた。その報告書によると、国宝・金印「漢委奴国王」は鋳造の金印で、鈕《ちゅう》（＝ひもを通すつまみ）は蛇がとぐろを巻いて頭を後方に曲げた形の蛇鈕。蛇の頭部に二つの目を刻み、体全体に丸いうろこ状文様が百個以上。印面の文字は「やげんぼり（薬研彫り）にほられ、底部がさら（浚）われている。しかし文字の先端はきわめて鋭利で力づよい」。総高二・二三六センチ、印面一辺の平均は漢代の一寸に当たる二・三四七センチ。質量は一〇八・七二九グラムで比重一七・九四。平成の蛍光エックス線分析では、金の含有量は九五・一％とされている。

　一グラム九千円弱という昨今の金価格で換算すると、金そのものの価値は九十数万円といったところか。ちなみに発見者の甚兵衛さんは、藩からご褒美として「白銀五枚」をもらったという。

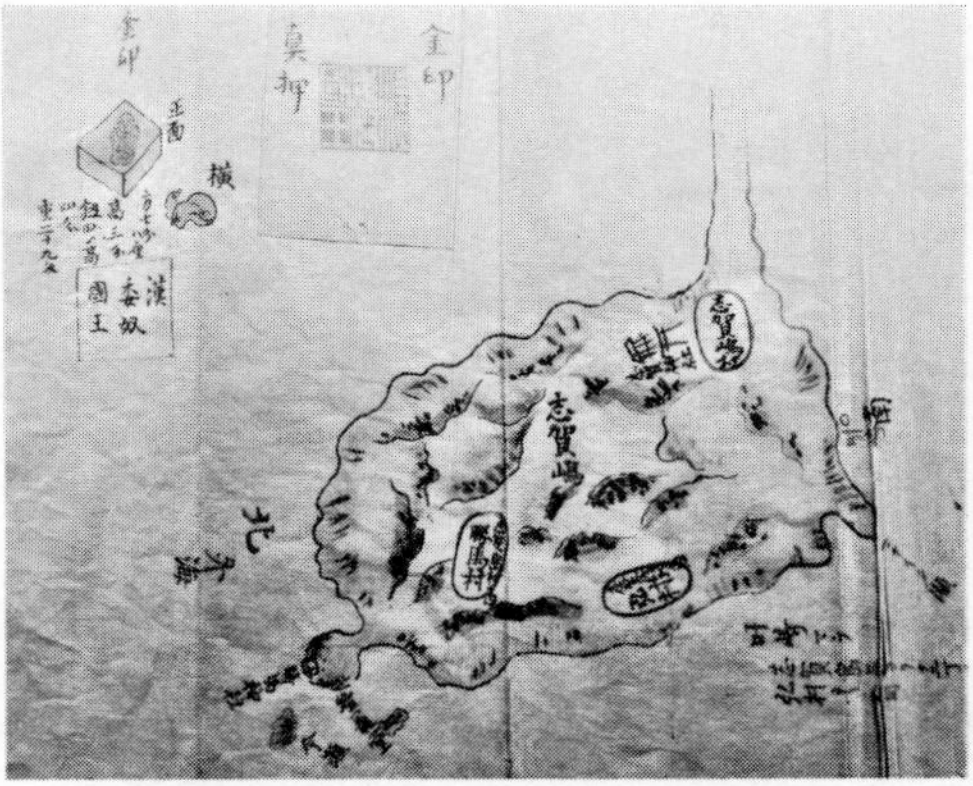

「金印辨」の絵図、右下あたりが金印出土地
（複製、福岡市博物館所蔵）

## 「口上書」に記録された
## 甚兵衛さんの金印発見譚

国宝「金印　漢委奴国王」の第一発見者とされるお百姓の甚兵衛さんは、庄屋を通じて那珂郡役所に届け出た。甚兵衛さんが語った金印発見のいきさつは、「天明四年志賀島村百姓甚兵衛金印掘出候付口上書」として記録が残っている（実物は失われており現存するのは筆写）。内容を現代語で要約すると、以下の通りである。

私の抱え田地（所有する田んぼ）がある叶《かな》の崎というところで、田の水はけが悪かったので溝の改修をしておりました。先月（天明四年二月）二十三日、溝の形を作り直そうと護岸を切り落としていたところ、小さな石が段々と出てきて、二人抱えほどの石にぶち当たりました。この石をかな手子（金梃子）で掘り除いたところ、石の間に光る物があったので取り上げて水ですすいでみたら、金の印判《いんばん》のようなものでした。私どもは見たこともない品なので、私の兄の喜兵衛が以前奉公していた福岡の町家に持参し、喜兵衛に見せたところ大切な品であるというのでそのまま直し（＝しまって）置きました。昨（三月）十五日、庄屋殿から右の品を早速御役所に差し出すように申し付けられましたので、差し出し申し上げました。

この口上書《こうじょうがき》の日付は天明四年三月十六日で、福岡藩の郡奉行《こおりぶぎょう》・津田源次郎宛。日付はいずれ

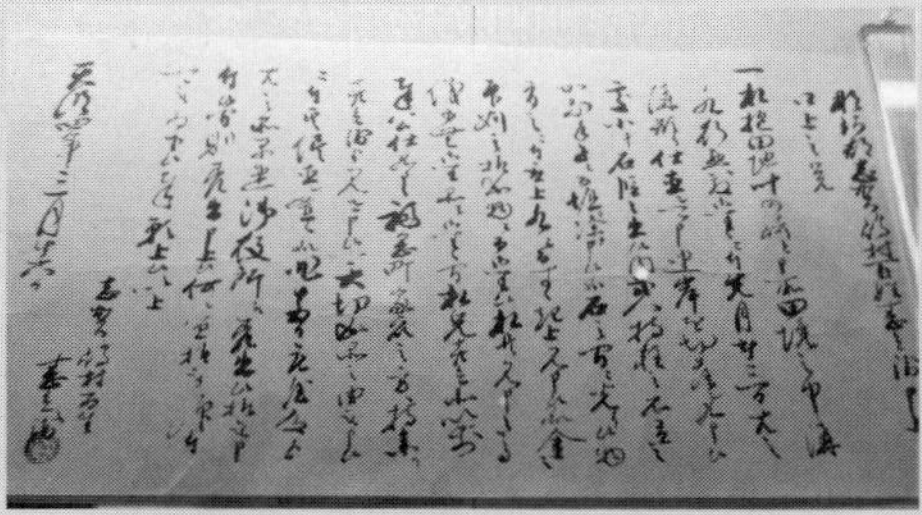

郡役所に提出された「百姓甚兵衛口上書」の写し（複製、福岡市博物館所蔵）

も旧暦で、口上書に書かれた発見日「天明四年二月二十三日」は、西暦では「一七八四年四月十三日」に当たるという。この口上書には、志賀島村の庄屋・武蔵と組頭の吉三、勘蔵連名の添え書きがあり、「甚兵衛が申し上げたことにはいささかも相違ございません」とした上で、「市中に風説」が立つまで提出が遅れたことを「不念千万（まったく不注意で思慮が足りませんでした）」とひたすら謝罪し、「恐れ入り奉り候」とひれ伏すようにして言上している。この「風説」が具体的に何を指しているのかは不明だが、発見から口上書提出まで一カ月足らずの間に、「志賀島で金印が出た」という噂や各種の情報が博多の街にかなり広がっていたことをうかがわせる。

　このように「百姓甚兵衛口上書」は、発見時の状況を物語る一次資料として極めて重要だが、甚兵衛は島内の寺の過去帳に名前がなく、存在そのものを疑う研究者もいる。しかも、昭和三十年代になって、本当の発見者は別人ではないかと疑われる資料が出てきて注目された。

　金印研究の泰斗として知られる大谷光男・二松学舎大名誉教授の『研究史　金印』（吉川弘文館）によると、それは日本最古の禅寺である聖福寺《しょうふくじ》＝福岡市博多区御供所町＝の住職、仙厓《せんがい》（＝一七五〇～一八三七年）が残した書幅である。大谷氏は、志賀島北端の勝馬《かつま》という集落で資料を蒐集していたとき、旧家でこれを見つけたという。書幅の右上には、金印の印影が捺され、「志賀島農民の秀治、喜平が叶崎で（金印を）掘り出した」という内容が書かれていた。秀治と喜平は、田の持ち主である甚兵衛の作男だったという説もあるが、真相は不明。

その後、大谷氏は、海神を祭る志賀海神社の阿曇《あずみ》家（歴代の宮司家）で「志賀島小路町の秀治が田を墾《たがや》し大石の下から金印を掘り出した」という内容が書かれた『万暦家内年鑑』という文書も見つけている。

「国宝・金印」は、日本外交史の原点に輝く超一級の歴史資料。だが、古代史最大の発見を成し遂げた人物は、今も謎に包まれたままである。

◇　◇

「百姓甚兵衛口上書」は、戦後、黒田藩史の研究者が黒田家から譲り受けて所蔵していたが、研究者の死後、行方不明になったという。最後に所在が確認されたのは、一九五五（昭和三十）年。福岡市が金印発見二百年を記念する「金印展」開催に合わせて調査したところ、所在不明がわかったという。これもまた、金印をめぐる謎の一つ？である。

## (83) 異説・珍説・奇説

国宝・金印「漢委奴国王」が、江戸時代の天明年間に発見されて既に二百四十年近いが、今なお真贋《しんがん》を問う論争が続いている。

二〇一八年一月には、金印を所蔵する福岡市博物館が主催して「真贋論争公開討論」が行われた。贋作説の論者は三浦佑之氏（千葉大名誉教授）と鈴木勉氏（工芸文化研究所理事長）、真印説は石川日出志氏（明治大教授）。『金印偽造事件』（幻冬舎新書）で話題を呼んだ三浦氏は、金印を最初に鑑定した儒学者・亀井南冥《なんめい》による偽造説を展開。金石文《きんせきぶん》学の鈴木氏は、文字の彫り方や鈕《ちゅう》（＝つまみ）の加工技術などを根拠に「後漢時代の印ではない」と主張。対する石川氏は、蛇鈕の中国古印や字形の比較検討などで後漢代の印と結論づけた。一九八一年、中国江蘇省で字体が日本の金印に酷似した広陵王璽《こうりょうおうじ》（＝西暦五八年製作の金印）が発見され、今は真印説が大勢だが、決着がついたというわけでもない。

金印発見当時、村では民家に置くのは「おそれ多い」として海神を祭る志賀海《しかうみ》神社に奉納を願い出た。神官はこれを受けるべきか御鬮《みくじ》で占ったが、三回とも「神慮にかなわぬ」とのご託宣。「神様が偽物と見破ったため」とする説が、今も地元にはある。

ほかにも、発見者や出土地、印面の解釈など、いまだに諸説紛々。例えば「漢委奴国王」の「委奴」の読み方である。定説化した明治時代の三宅米吉博士の「ワのナ」をはじめ、「イト」「イド」「ワヌ」「ワド」「ワタ」などさまざま。このうち「イト」説には、今も根強い支持がある。金印発見地とされる志賀島の金印公園に立つと、古代伊都《いと》国の領域である糸島半島は目と鼻の先。奴《な》国の中心とされる福岡市南郊の春日市よりもはるかに近い。

出土遺構の性格論争にも、長い歴史がある。発見時の「百姓甚兵衛口上書」によれば、田の溝を改修中、二人抱えの大石を金《かな》テコで取り除いたら金の印判《いんぱん》のようなものが出たという。これには、朝鮮半島由来の支石墓《しせきぼ》説や航海の神を祭った磐座《いわくら》説のほか、遺棄説、隠匿説などがある。大谷光男・二松学舎大名誉教授の『研究史　金印』（吉川弘文館）に詳しい。

金印発見の地とされる志賀島の金印公園（正面奥は糸島半島）

なぜ志賀島で見つかったかについては、亀井南冥のライバルで藩校・修猷館教授の竹田定良らによる極めつけの珍説がある。壇ノ浦（山口県下関市）の源平合戦で平家が破れ、安徳帝が入水した際、三種の神器とともに金印も海に没し、志賀島に流れ着いたとする漂着説。これはもはや学説というより、妄想？に近い。

## (84) 不思議の島のイソラ

「金印の島」として知られる福岡市東区の志賀島は、一九三一（昭和六）年に橋でつながった陸繋島《りくけいとう》である。玄界灘の荒波で砂が堆積した「海の中道《なかみち》」という砂嘴《さし》の先端にある。志賀島は遣唐使の時代、渡海の安全を守る海神の島とされ、二十三首もの万葉歌に詠まれた。鎌倉時代には元寇の古戦場となり、島の西岸には首を切られた兵士らの蒙古軍供養塔（蒙古塚）がある。

島の入り口にある鳥居をくぐって参道を行くと、正面の高台にあるのが志賀海《しかうみ》神社。祭神は、伊邪那岐命《いざなぎのみこと》が禊《みそぎ》をして生まれた海神「綿津見《わたつみ》三神」で、古事記には「阿曇《あずみ》の連《むらじ》等が祖神《おやがみ》」とある。記紀が伝える神功《じんぐう》皇后の三韓出兵で、水先案内の舵《かじ》取りを務めたのが阿曇磯良《あずみのいそら》。磯良は当初、永く海底に住んで貝殻や藻が付いた醜い顔になったとして皇后の呼び出しに応じなかったが、舞に誘われて登場。竜宮から借りた、潮の干満を操る玉で航海の安全を守ったという。志賀海神社縁起絵（鎌倉～南北朝時代）には、顔を覆面で隠して鞨鼓《かっこ》をかかえ、亀に乗って現れる磯良が描かれている。

志賀島は東西約二キロ、南北三・五キロ、周囲十二キロほど。明治のころの志賀島村は四百数十戸だったが、志賀海神社の最盛期には付属する摂社《せっしゃ》・末社《まっしゃ》が島内に三百七十五（現在は二十三）もあったという。この神社では、今も三日に一度ぐらいの頻度で祭事が続く。中でも重要なのが、春と秋の山誉祭《やまほめさい》。漁労の民の海人《あま》の末裔《まつえい》たちが「アーラ良い山、繁った山」と山ほめの口上を述べ、狩りや漁の所作をする豊穣の儀式。同神社権禰宜《ごんねぎ》の平澤憲子さんは「古代の人々は、海の豊漁には山から流れ込む豊富な栄養分が不可欠という自然の循環を知っていたのでしょう」と語る。

平澤さんは旧姓阿曇で、急逝した先代宮司の妹。いずれ、息子に代々の宮司職を託すという。阿曇の名は今も、安曇、渥美などと姿を変えて全国各地に痕跡が残る。

志賀海神社縁起絵に描かれた阿曇磯良（写真下）＝志賀海神社所蔵

## 金印だけではない海人の島
## 古文書が語る志賀島

「金印の島」として知られる志賀島（福岡市東区）は、古代の海上交通を担った海人族の島であり、記紀や万葉集、風土記などにたびたび登場する。中世には元寇の主戦場となり、島の西部には斬首された元軍兵士の供養塔（蒙古首切り塚）がある。ここでは、日本列島黎明期の志賀島に関するエピソードを、日本書紀などから拾ってみた。

◆『日本書紀』巻一神代上

伊弉諾尊《いざなぎのみこと》は、変わり果てた姿の伊邪那美尊《いざなみのみこと》に追われて黄泉国《よみのくに》から逃げ帰り、筑紫《つくし》の日向《ひむか》の小《お》戸《ど》の橘《たちばな》の檍原《あわきはら》で禊《みそぎ》をした。中瀬《なかつせ》で身の汚れをすすぐと、住吉三神など九柱の神が生まれた。このうち底津《そこつ》少童命《わたつみのみこと》、中津《なかつ》少童命、表津《うわつ》少童命は、阿曇連《あずみのむらじ》らが祭る神である。

（注1）底津少童命（底津綿津見神）、中津少童命（仲津綿津見神）、表津少童命（表津綿津見神）は、「海神の総本社」を掲げる志賀海神社の祭神。海神「ワタツミ」の「ワタ」は、朝鮮語の「パタ（海）」から来ているともいう。阿曇連は、玄界灘沿岸の志賀島や糟屋郡《かすやのこおり》阿曇郷（現在の福岡県糟屋郡新宮町周辺という）を本拠としていた海人族。志賀海神社の歴代宮司も阿曇姓である。

◆『釈日本紀』巻六

筑前国《ちくぜんのくに》の風土記によると、糟屋郡に資珂嶋《しかのしま》がある。

昔、気長足姫尊《おきながたらしひめのみこと》（＝神功皇后）が新羅《しらぎ》に巡幸されるとき、御船が夜、この嶋に停泊した。従者に大濱《おおはま》、小濱《こはま》という者があり、小濱に命じて嶋に火種をもらいに行かせた。小濱が火種を得て帰ったので、大濱が「近くに家があったのか」と尋ねると、小濱は「この嶋と打昇《うちあげ》の濱が近く、地続きになっており、ほとんど同じ土地であるといってよい」と答えた。

よって近嶋《ちかしま》といい、今ではこれがなまって資珂嶋という。

（注２）志賀島は、かつては独立した島だったが、現在は海の中道《なかみち》という陸繋砂嘴《りくけいさし》の先にある志賀島橋で陸地とつながっている。島と砂嘴の間は、古くは「道切《みちきれ》」と呼ばれ、干潮時には一部が地続きになって渡ることもできたようだ。文中に出てくる「打昇の濱」のくだりは、この情景を表現しているといわれる。

この海の中道の志賀島寄りに大嶽《おおたけ》（＝大岳）、小嶽《こたけ》（＝小岳）という低山があり、志賀海神社の摂社である大嶽神社と末社の小嶽神社がある。祭神は、それぞれ大濱宿禰《おおはまのすくね》と小濱宿禰《こはまのすくね》など。大嶽の周辺には、大岳古墳群（古墳時代後期）があり、歴代の阿曇族の墓であるという。

◆『日本書紀』神功皇后摂政前紀

神功皇后は朝鮮半島の新羅《しらぎ》征討を前に、諸国に命じて船を集め、兵を訓練させた。兵の集まりが悪かったため、皇后は「これは神の御心によるのだろう」として大三輪社《おおみわのやしろ》を建て、大刀や矛《ほこ》を奉納した。すると、兵士は自から集まってきた。

皇后は、吾瓮《あへ》の海人・烏摩呂《おまろ》に西の海に出て国があるかどうかを見させた。烏摩呂は帰ってきて「国は見えません」と申し上げた。また、磯鹿《しか》（=現在の志賀島）の海人・名草《なぐさ》を派遣したところ、数日で帰ってきて「西北の方に山があり、雲が横にたなびいています。おそらく国があるでしょう」と申し上げた。

（注3）大三輪社は、『延喜式』神名帳にある「筑前国夜須《やす》郡於保奈牟智《おおなむち》神社」で、福岡県筑前町の大己貴《おおなむち》神社とする説がある。

◆『日本書紀』応神天皇三年

十一月、各地の海人《あま》がざわめき騒いで皇命に服従しなかった。そこで、阿曇連《あずみのむらじ》の祖、大濱宿禰を遣わし、騒動を鎮めさせた。これによって、大濱宿禰を海人の宰《みこともち》（=統率者）とした。

◇　◇

志賀海神社は「龍の都」ともいわれ、島には龍宮伝説もあって、とかく謎めいた伝承が多い。先年、同神社を訪ねたとき、摂社である大嶽神社本殿の改修寄付を呼び掛ける看板を見てギョッとした。看板には「大嶽、小嶽は古墳ともいわれ、銀印や耳飾りが発見されましたが、残念ながら盗掘された状態です」と書かれていたからだ。一瞬、魏志倭人伝に書かれた、卑弥呼の使者（難升米ら）が魏の皇帝から下賜された銀印のことが、頭をよぎった。

さっそく神社の関係者に尋ねてみると「確かに（銀印の）話を聞いたことがあるが、その昔、陸軍の関係者が出土品をすべて持ち去ったらしい」という。

志賀島北部の勝馬にある歴史資料館には、大岳（嶽）古墳群出土の副葬品の写真パネルが展示されている。それによると、戦時中、防空壕掘削の際に数基の古墳（古墳時代後期）が偶然見つかったが、放置されていた。戦後の昭和三十四年、清掃して調査したところ、金環や銀環、鉄剣などが見つかった。このパネルには、それらの写真も掲載されているが、説明書きには「発見された当時は銅鏡や首飾りなどがあったというが、持ち去られて所在不明」とある。果たして、問題の「銀印」はあったのかどうか。今となっては知るよしもないが、「金印の島」のお隣の話だけに、聞き流しにはできないエピソードである。

上空から見た志賀島（© Google Earth）

## (85) 大正の大発掘

憲政擁護運動と大正政変で世情が騒然としていた一九一三(大正二)年の七月。九州の北端、福岡県糟屋《かすや》郡志賀島村(現・福岡市東区)は、時ならぬ「発掘景気」に沸いていた。

福岡日日新聞(西日本新聞の前身)が主催する史蹟現地講演会と発掘調査を見ようと、県内外から大挙して見物客が押し寄せたためだ。当時はまだ志賀島橋はなく、観衆は小型蒸気船で次々と島に上陸。パラソルのご婦人連もいて祭りのごときにぎわいだったと、当時の福日紙は伝えている。

初日の七月二十六日は、元寇の合戦で戦死した元軍兵士の墓ともいわれてきた島南部の「唐人墓」を発掘。地元の在郷軍人会など六十余人が協力し、人骨や古銭、板碑、陶器類などを見つけた。翌日付の同紙には、笠をかぶり手に手にスコップや鍬《くわ》を持って掘り返す数十人の群衆の写真が掲載されている。

二日目の二十七日は、金印出土地とされてきた島南西部の調査。前日から泊りがけの見物客も多く、島は「七夕祭以上のにぎわい」(同紙)だったが、調査の方は須恵器《すえき》(＝古墳時代以降の陶質土器)片などを見つけた程度で事実上の「空ぶり」だった。

この両日、病理学者でありながら九州考古学界の草分けとなった九州帝国大学(現九州大)医学部の中山平次郎博士も講演会の講師として島を訪れていた。中山博士は、島内でただ一人、

「漢委奴國王金印發光之處」の石碑（金印公園）

金印出土地を伝え聞いていたという古老に会い、翌年「漢委奴国王印の出所は奴国王の墳墓に非《あ》らざるべし」という論文（考古学雑誌所収）を書いた。志賀海《しかうみ》神社に残る古文書なども参考に、中山博士が推定した出土地は「カナノサキ」と呼ばれる傾斜地の道路下の田んぼの中で、目前に海が迫る狭小地。博士は「奴国王墳墓の地と推測することは許されない」と、当時注目されていた石棺墓や支石墓説を一蹴。金印は小さな石室のような場所に単独で納められたとする「隠匿説」を主張した。

そして、中山博士の推定地に一九二二（大正十一）年、「漢委奴國王金印發光之處」という記念碑が建立された。現在、福岡市の金印公園がある場所。ただ、ここが本当の出土地かどうかについては、今も論争が続いている。

## (86) 志賀島の考古学

終戦直後の一九四七（昭和二十二）年。福岡県糟屋《かすや》郡志賀島村（現・福岡市東区）北部の勝《かつ》

馬《ま》で、民家裏庭の井戸掘り中、土器片とともに奇妙な石片が出てきた。その後、家主は石片を水神様の祠《ほこら》に十年間入れていたが、たまたま公民館主催の古物展示会に出したところ、弥生時代の細型銅剣の鋳型とわかった。当時は、国内で初の発見。細型銅剣は朝鮮半島からの舶載《はくさい》（＝輸入）品とされていたが、鋳型の発見で国内でも製造した可能性が浮上。しかも、場所が「金印の島」だけに大騒ぎになった。

志賀島北端の沖津宮（沖津島）

これをきっかけに勝馬地区に注目が集まり、五八～五九年には森貞次郎、乙益重隆氏ら著名な考古学者による発掘調査が行われた。森氏らは島内十一カ所で弥生時代の集落跡を確認し、勝馬の古代の入り江が漁労や海洋航海の拠点だったと推定した。

七三年には、金印出土推定地に金印公園を整備するため、九州大などの金印遺跡調査団が発掘調査をしたが、遺構らしきものは確認できずに終了。金印は墳墓から出土した可能性がほとんどなく、何らかの理由で「埋納されたもの」との見方が強まった。

さらに九四年の福岡市教委による調査は、全島踏査に始まり、金印公園周辺や勝馬地区の発掘調査、金印公園沖の海底探査も含む大がかりなものだった。この調査では、金印公園の北西にある「叶《かな》ノ浜」で試掘が行われた。森貞次郎氏が、金印公園の場所より可能性が高いとした「もう一つの出土推定地」である。しかし新たな収穫もなく、出土地の謎はさらに深まった。

これに対し、勝馬地区では志賀海《しかうみ》神社の摂社《せっしゃ》・仲津宮《なかつぐう》がある丘陵で、島内初の本格的古墳（積石塚の中津宮古墳）を発見。七世紀前半の築造で、勝馬を拠点とした海人集団の首長墓と推定された。勝馬には弥五郎遺跡など箱式石棺墓もあり、島内で最も遺跡が集中。仲津宮の先の海中には沖津宮《おきつぐう》（＝沖津島）があり、地元の「ふるみや」伝承地にはかつて底津宮《そこつぐう》もあったという。九五年発刊の調査報告書は巻末で、断定は避けながらも「金印出土地は、むしろ勝馬地区がふさわしいように思われる」と意味ありげに示唆している。

## (87) 八乙女と八人の射手

毎年一月十五日に近い日曜日は、志賀海《しかうみ》神社（福岡市東区志賀島）で最も大事な歩射祭《ほしゃさい》（＝福岡県指定無形民俗文化財）の日である。景行《けいこう》天皇の九州巡幸時、志賀島で村人に危害を加えていた土蜘蛛《つちぐも》（＝土豪）を阿曇連百足《あずみのむらじももたり》ら八人の射手《いてし》（＝射手衆）が成敗したという故事に由来する、無病息災・豊穣《ほうじょう》・豊漁祈願の神事。阿曇百足は、『肥前国風土記《ひぜんのくにふどき》』が長崎県五島列島でも土蜘蛛退治をしたと伝える勇猛な阿曇族である。

現在の祭りは、大宮司《だいぐうじ》、禰宜《ねぎ》、別当《べっとう》など八座のもとに、阿曇百足役の大宮司「イトウベンサシ」（名前の由来は不明）と八人の地頭《じとう》（＝世話役）、八人の射手、八人の矢取り、八乙女《やおとめ》らによって行われる。射手は高大生らの青年、矢取りは小学生。八乙女は、今は四人しかいないが、いずれも高齢の婦人である。

毎年十一月になると射手や矢取りが選ばれ、舞や弓、奏楽などの稽古が始まる。かつては年明けとともに連日、禊《みそぎ》や泊まり込みが続いた。今はかなり簡素化されたが、射手が巻きワラの的《まと》を担いで練り歩く「胴結舞《どいまい》」や、島北部の仲津宮・沖津宮で海に潜ってとった「ガラ藻《も》」や舞を奉納する儀式、矢取りの子どもたちが海水を浴びて禊をする「御汐《しお》井掻《いか》き」などは昔のままだ。

神楽を奉納する八乙女

的を土蜘蛛に見立てて追う「的廻り」

祭り当日は、神事のあと射手が扇舞《おおぎまい》を奉納。境内の庭で、射手が土蜘蛛に見立てた的を追い回す「的廻《まともう》り」が行われる。このとき八乙女は、本殿で射手を鼓舞する神楽《かぐら》を奉納。続いてイトウベンサシが、境内入り口の育民橋《いくみん》で「天地和合して東西南北悪魔を払え」と唱えて矢を射る所作をする。このあと参道で、射手八人が矢を射る射的が行われ、祭りは最高潮。終了後は参拝者が「的破り」をし、的板を持ち帰って神棚に備える習わしだ。

この祭りに、八という数字が深くかかわっているのは偶然ではない。島には神功《じんぐう》皇后の三韓出兵の供をしたという旧家「中西八家《はちけ》」もある。ただ、その真意は今では誰にもわからないのだという。

## (88) 海人族の末裔《まつえい》

「金印の島」として知られる福岡市東区の志賀島《しかのしま》は、古文書に磯鹿、資珂、志加、思香などの表記で登場する。万葉の時代には滓屋《かすや》郡や糟屋《かすや》郡に所属。江戸期には那珂《なか》郡に属したが、明治以降は糟屋郡に復帰し、志賀島村になった。戦後の一九五三（昭和二十八）年に町制施行で志賀町《しかまち》が誕生。町は志賀島と大岳《おおたけ》、西戸崎《さいとざき》の三地区で構成されていた。

石炭積出港だった西戸崎には、終戦直後の四六年、旧博多航空隊跡に占領軍が進駐。七二年に米軍から返還されるまで、キャンプハカタ（ブレディ基地）として朝鮮半島など極東有事ににらみをきかせていた。五四年、女優マリリン・モンローがこの基地を慰問した話は今も語り草だ。

筆者は、この街で幼少期から学生時代までを過ごした。六〇年代の西戸崎には米国人専用バーや軍人家族のハウスが点在し、基地内には教会や学校、ボウリング場や劇場もあって「リトルアメリカ」の様相を呈した。

志賀島・潮見公園からの眺望

一方、大岳地区には三七年、西戸崎鉱業所が創設され、戦時中は海軍向けの良質炭を産出するヤマ（炭鉱）として栄えた。しかし、エネルギー革命で六四年に閉山し人口も激減。他方、志賀島は近海漁業の拠点として、博多湾のノリやワカメ養殖で隆盛を極めた。

小学生のとき、学芸会でお百姓の甚兵衛さんによる「金印発見物語」を大型紙芝居で上演したことがある。甚兵衛さんは、郷土の偉人だった。大人になって実在そのものが疑われていることを知り、かなり驚いた。滑稽な禅画で知られる博多・聖福寺《しょうふくじ》の仙厓《せんがい》和尚が、金印を掘り出したのは「志賀島農民の秀治と喜平」と書いた書幅が島で見つかっていたことを知り、これまたびっくりした。

旧志賀町には、中学校が一校だけ。三地区の子どもが中学で初めて「遭遇」し、互いにカルチャーショックを受けた。今振り返ると、志賀町は「島とヤマと基地」が混在した全国有数の不思議な町だったと思う。その町も七一年、福岡市に合併された。最後の町長は阿曇磯興《あずみいそおき》氏。海人・阿曇族の末裔《まつえい》で志賀海神社の元宮司である。

先年、初めて同神社の山誉祭《やまほめさい》を見に行った。神功《じんぐう》皇后伝承にもある海人たちの伝統の祭り。「アーラ良い山、繁った山」と口上を述べていた社人《しゃにん》は、漁師になった中学時代の同級生だった。

## (89) 荒雄をしのぶ歌

国営海の中道《なかみち》海浜公園（福岡市東区西戸崎）は、供用面積約三百五十ヘクタール、東西六キロに及ぶ巨大公園である。返還された旧米軍基地跡に建設された。

玄界灘に面した公園内の砂浜では一九七九年以降、数次にわたる海の中道遺跡発掘調査が行われた。九〇年の調査で出土したのは、竪穴住居跡や製塩土器、漁具のほか、中国の越州窯青磁、銅のかんざしや帯金具、皇朝十二銭など。奈良・平安時代に大宰府の迎賓館であった鴻臚館《こうろかん》の厨房「津厨《つのみくりや》」跡ではないかと注目を浴びた（葦書房刊・朝日新聞福岡本部編『福岡の古代を掘る』）。

この一帯では、古代に製塩が行われたことも明らかになった。「金印の島」として有名な志賀島は、万葉集に二十三首も歌われた「万葉の島」でもある。このうち六首は塩づくりの歌。

当時の製塩法は、海草に何度も海水をかけて塩分を濃くし、焼いて塩灰をつくったあと煮詰めて塩を取り出す「藻《も》塩焼き」である。

志賀の海人《あま》は　海布《め》刈り塩焼き　暇《いとま》なみ　くしげの小櫛　取りも見なくに（志賀の海人は、藻を刈り塩を焼いて暇がなく、櫛も手に取って見ない）

荒雄をしのぶ万葉歌碑（志賀島北端の勝馬）

万葉集には、志賀の海人（白水郎）の歌も十首ある。中でも有名なのが荒雄《あらお》をしのぶ歌。

神亀年間（七二四〜二九年）、玄界灘沿岸にある宗像《むなかた》郡の宗形部津麻呂《むなかたべのつまろ》は、役所の命で対馬に食糧を運ぶことになった。だが、もはや老齢で役目を果たせないとして、志賀島の荒雄に代役を頼んだ。荒雄は「わしらは、郡は違うが、同じように舟での航海は久しい。志は兄弟より篤《あつ》く、たとえ殉死するとしても断ったりしようか」と引き受け、肥前国松浦県《ひぜんのくにまつらのあがた》から船出した。だが、途中で暴風雨に遭い海中に没したという。

志賀の山　いたくな伐《き》りそ　荒雄らが　よすかの山と　見つつ偲《しの》はむ（志賀の山の木を切らないでほしい。荒雄の思い出の山だと、見てしのぼう）

筑前国守の山上憶良《やまのうえのおくら》が荒雄の妻子を哀れんで詠んだともいう歌碑が、玄界灘を望む島北端の勝馬《かつま》に立っている。

# 第8章　交流する海人

## (90) 南北に市糴《してき》す

魏志倭人伝は、朝鮮半島中央部にあった魏の出先の帯方《たいほう》郡から、「一万二千余里」の場所にある「女王国」までの道程を伝えている。

まず、半島を海岸沿いに船で南下し、七千余里で狗邪《くや》韓国（現在の韓国・金海市や釜山市付近）に到着。ここから渡海し、千余里で「対馬《つしま》国」に達する。さらに瀚海《かんかい》（＝広大な海の意）を渡り、千余里で「一大国（一支国《いきこく》）」に到達。また「一海」を渡り、千余里で九州北端の「末盧《まつろ》（＝「まつら」とも読む）国」（佐賀県唐津市付近）に着く。

ただし、狗邪韓国の出発地や対馬・一支・末盧国の上陸地は不明。一里の長さも諸説があり、邪馬台国論争の焦点のひとつである。

倭人伝は、魏使の最初の訪問地である対馬国について、「絶島（孤島）にして方四百余里ばかり。土地は山険しく、深林多く、道路は禽鹿《きんろく》の径《みち》のごとし」と書く。国を治めるのは、卑狗《ひく》

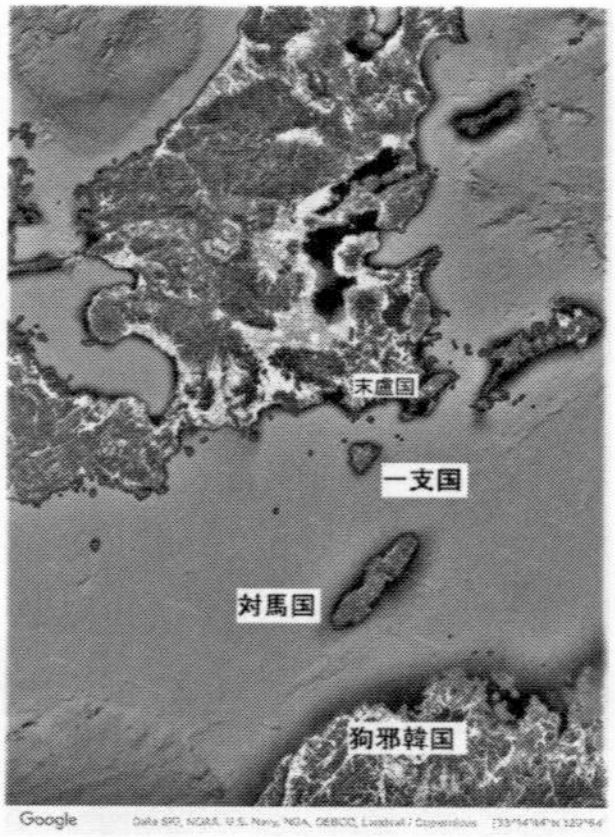

狗邪韓国から末盧国へ（南北を反転した地図©Google Earth）

という大官と卑奴母離《ひなもり》という副官である。

　さらに、対馬には千余戸あるが良田がなく、「海（産）物」を食し「南北に市糴《してき》す」と続く。「南北市糴」は「米を求めて南北に航海し、交易する」という解釈が一般的。対馬は南北約八十二キロの島だが、九割近くが山林で耕地は極めて少ない。

　前章で紹介した志賀島（福岡市東区）の海人《あま》・荒雄《あらお》の遭難は、神亀年間（西暦七二四～二九年）、米不足の対馬に役人や防人《さきもり》の兵粮《ひょうろう》米を運ぶ航海で発生した。『日本三代実録』によれば、九世紀ごろにも九州から毎年二千石の米を対馬に送り、これに従事した船乗りは百六十五人。「全員安着することはまれで、漂流沈没、溺死するもの後を絶たず」という危険な渡海だった。

複雑な海岸線が続く対馬の浅茅《あそう》湾

　一方、倭人伝は邪馬台国時代の外洋航海について、倭人が中国に渡海するときの特異な習俗を伝えている。それは、船に同乗する持衰《じさい》という人物。持衰は垢《あか》に汚れ、頭をくしけずらず、肉を食わず、婦人を近づけず、まるで喪に服する人のようだった。航海がうまく行けば奴隷や財物をもらったが、病気や暴風雨に遭えば「持衰が謹まなかったため」として殺される運命だったという。
　荒雄の遭難は、それから五百年近くもあとのこと。いつの時代にも、海人たちの前には命がけの瀚海が広がっていた。

## 読み方だけでも諸説紛々
## 魏志倭人伝の国と官名

魏志倭人伝によると、倭人の国はかつて百余国に分かれていたが、「今では使者や通訳が往来するのは三十国」であるという。

倭人伝に登場する国は、魏使の一行が初めて外洋に漕ぎ出した朝鮮半島南部の狗邪韓国を起点に、対馬海峡に浮かぶ離島の対馬国と一大国（通説では一支国の誤記とされる）、九州北岸の上陸地・末盧国から玄界灘沿岸の伊都国、奴国へと続く。研究者の間で、これらの国の比定地がほぼ一致しているのはここまで。このあと不弥国、投馬国を経て、女王卑弥呼が都を置く邪馬台国に到達する。およそ二千字の倭人伝全文の中で、「邪馬台国」という国名が登場するのはこの一カ所だけ。この国名は、現存する最古の倭人伝の版本（十二世紀の南宋期）では「邪馬壹（壱）国」と記載されているが、「邪馬臺（台）国」の誤記とみる説が大勢である。

これらの国には、統治者として（大）官や副官がいた。官名は国によって違い、読み方も諸説あるが、「卑狗《ひく》（ひこ）」は対馬、一支国に共通。副官の「卑奴母離《ひなもり》」は、対馬国、一支国、奴国、不弥国に共通で、のちの時代に辺境の防備に当たった「夷守《ひなもり》」を想起させる。

さらに、女王国の「境界」内にある国として、二十一の国が列挙される。斯馬国、已百支国、伊邪国、都支国、弥奴国、好古都国、不呼国、姐奴国、対蘇国、蘇奴国、呼邑国、華奴蘇奴国、鬼国、為吾国、鬼奴国、邪馬国、躬臣国、巴利国、支惟国、烏奴国、奴国（玄界灘沿岸の奴国とは別の国か?）。ここが「女王国の境界の尽きる所」で、「其の南」には敵対関係で互いに攻撃し合う狗奴国がある。また、女王国から遠く　侏儒国、裸国、黒歯国などである。
東に海を渡ったところにも倭種の国があるという。

〈魏志倭人伝に記載された主要な国と官職名〉

| 国名（主な読み方の例） | 方位・里程の記載 | 住戸の数 | 王名・官職名（主な読み方の例） |
|---|---|---|---|
| 狗邪韓（くやかん・こやかん）国 | （帯方郡から）水行七千余里 | 記載なし | 記載なし |
| 対馬（つしま・とま・つま）国 | （狗邪韓国から）一海を渡り千余里 | 千余戸 | 大官＝卑狗（ひく・ひこ）副＝卑奴母離（ひなもり・ひなむら） |
| 一大（一支＝いき・ゆつき・いつし）国 | （対馬国から）南に一海を渡り千余里 | 三千許（ばか）りの家 | 官＝卑狗　副＝卑奴母離 |
| 末盧（まつろ・まつら）国 | （一支国から）一海を渡り千余里 | 四千余戸 | 記載なし |
| 伊都（いと・うた）国 | （末盧国から）東南に陸行五百里 | 千余戸（一万余戸？） | 官＝爾支（にき・ぬき・ぬし・にし）副＝泄謨觚（せまこ・せもこ・しまこ・えいもこ・さつまか）柄渠觚（へくこ・へいきょこ・へきょこ・へきこ・ひここ・はがか） |
| 奴（な・ぬ）国 | （伊都国から）東南に百里 | 二万余戸 | 官＝兕馬觚（しまこ・じまこ・ずまか）副＝卑奴母離 |

| | | | |
|---|---|---|---|
| 不彌（不弥＝ふみ・ほむ）国 | （奴国から）東へ百里 | 千余家 | 官＝多模（たも・たぼ・たま）副＝卑奴母離 |
| 投馬（とうま・つま・とま・どま）国 | 南へ、水行二十日 | 五万余戸 | 官＝彌彌（みみ・むむ）副＝彌彌那利（みみなり・むむなる） |
| 邪馬臺（邪馬台＝やまたい・やまと・やまど）国<br>邪馬壹（邪馬壱＝やまい・やまいち）国 | 南へ、水行十日、陸行一月<br>（帯方）郡より女王国に至る<br>万二千余里 | 七万余戸 | 女王＝卑弥呼（ひみこ・ひめこ・ひみか・ひむか）<br>官＝伊支馬（いきま・いくめ・いしま・うきま）<br>次＝彌馬升（みましょう・みまし・むまそぐ）<br>次＝彌馬獲支（みまかくし・みまかくき・みまかし・むまがき）<br>次＝奴佳鞮（なかて・なかてい・なかち・なかと・ぬかてい） |
| 狗奴（くな・くぬ・こな・こぬ）国 | （女王国の境界の）南に狗奴国有り | 記載なし | 男王＝卑弥弓呼（ひみくこ・ひみきゅうこ・ひみここ・ひむこか）<br>官＝狗古智卑狗（くこちひく・くこちひこ・こかちひこ・くちひこ） |

（注）国名・官名等の読み方については、『評釈 魏志倭人伝』（水野祐著・雄山閣）『新稿 邪馬台国の言語―弥生語復元』（長田夏樹著・学生社）などを参考にした。
伊都国の住戸の数について、魏志倭人伝には「千余戸」と記載されているが、「魏略」逸文などには「戸万余」とあり、一万余戸の誤りという見方が多い。

## (91)「津の島」は銅矛の島

津島《つしま》恵子さんという往年の名女優がいた。黒澤明監督の「七人の侍」などで映画ファンにはおなじみ。津島は芸名で、出身地の長崎県対馬《つしま》にちなんだものという。

この島が初めて古文書に登場するのは『古事記』の国生み神話。伊岐（壱岐）島の次に津島（対馬）が生まれた。リアス式海岸が続く島の沿岸には、無数の入り江と小さな港（津）がある。その名のとおり、対馬は「津の島」である。

島の津々浦々には、さまざまな神を祭った神社がある。島内には平安時代の『延喜式《えんぎしき》神名帳《じんみょうちょう》』に載る式内社だけで二十九座もあり、海神を祭る神社が多い。海中に立つ鳥居で有名な和多都美《わたつみ》神社（対馬市豊玉町仁位）もその一つ。古来「渡海《わたつみ》の宮」とも呼ばれ、浅茅《あそう》湾の深い入り江にある。ほかにも海神《かいじん》神社や海路の守護神である住吉神社の起源とされる神社もある。

銅矛が副葬された石棺墓
（塔の首遺跡）

これらの神社で、御神体や神宝とされてきたのが弥生時代の銅矛《どうほこ》。中でも、武器から祭器に変わった最終段階の広形《ひろがた》銅矛が大半で、十本以上を所蔵する神社もある。岡崎敬・元九州大教

増田山遺跡出土の広形銅矛（いずれも対馬市教育委員会提供）

授は戦後間もなく、東亜考古学会の対馬調査団で島内の遺跡や神社仏閣の所蔵資料を詳細に調査。「神社所蔵の青銅矛が十五社に三十七本あった」と記録している。さらに、遺跡からの出土品や島外に流出したものも含めると、当時の推定総数は「百四十二本以上」。その多くが、玄界灘沿岸の奴国《なこく》の領域で作られたもので、主に朝鮮半島に面する対馬西岸の岬や村はずれの丘、湾口の小島などに埋納された。平成以降にも、対馬南部の増田山遺跡で一括埋納された七本分の銅矛が見つかっている。

民俗学の「旅する巨人」、宮本常一《つねいち》は、戦前戦後の対馬島内をくまなく訪ね歩き、数多くの貴重な記録を残した。論文「対馬の神々」（『宮本常一とあるいた昭和の日本（2）九州1』所収・農山漁村文化協会刊）の中で、「国境の島」に埋納された祭器としての「銅鉾《ほこ》（＝矛）」にも言及している。

「隣国との境をまつる意味をもっていたのではないかと考える。そして海の彼方から来る敵を防ぐために神へ供えたものではなかったであろうか」

## (92)「ハブの港」の異邦人

長崎県壱岐市は、南北約十七キロ、東西約十五キロの玄界灘に浮かぶ島。魏志倭人伝が伝える二番目の倭の地「一支国《いき》」である。その国邑《こくゆう》（＝クニの中心をなす拠点集落）と認定され、国の特別史跡になったのが原《はる》の辻遺跡（壱岐市芦辺町・石田町）。一九九三年以降の本格調査で、三重の環濠を持つ大規模集落（弥生時代前期〜古墳時代初頭、約二十四ヘクタール）が姿を現した。

倭人伝は一支国について「田を耕しても食うに足らず」、対馬国と同じく「南北に市糴《してき》（＝交易）す」と書く。その交易を物語る遺構が環濠集落の外で見つかった。弥生時代中期前葉、国内最古の船着き場跡である。二つの突堤を持ち、基礎の部分に木の枝や樹皮、礫《れき》などを敷き詰めた「敷粗朶《しきそだ》」という大陸伝来の工法で、渡来人の関与が指摘されている。

福岡大の古澤義久准教授は、朝鮮半島から対馬海峡を渡って島東南部の内海《うちめ》湾に入った大型船が、小舟に荷を積み替え、幡鉾《はたほこ》川を遡上して原の辻に来たと推測する。「当時の漢には、二階建ての大型船もあった。波穏やかな内海湾周辺には弥生人の集落跡もあり、水先案内をした人たちがいただろう」という。

古澤さんは元長崎県埋蔵文化財センターの職員で、十年余り原の辻遺跡を発掘した。原の辻に来たころ、未整理の遺物ケースが約六千箱あり、来る日も来る日も土器整理を続けた。その結果、大陸や朝鮮半島系の土器が新たに五百六十六点見つかり、千二百三十四点になっ

原の辻遺跡の船着き場（復元模型）

原の辻遺跡出土の舟形木製品（壱岐市教育委員会提供）

た。これほど大量の外来系土器は国内に例がない。朝鮮半島北部の楽浪《らくろう》系や南部の三韓《さんかん》系のほか、中国東北部の遼東《りょうとう》系土器も見つかった。遼東地域は、倭国の使節が中国の都に行くときに必ず通る場所。ここからも渡来人が一支国に来た証拠という。

古澤さんによると、これらの土器は、遺跡の中で集中して出る場所がそれぞれ違う。

「楽浪や三韓の渡来人たちは、交易や外交などの目的や階層、最終目的地も異なる。対馬から一支国を経由し、それぞれが目指す玄界灘沿岸のクニグニに向かったのだろう」。原の辻は海上交通の結節点にある「ハブ（中核）の港だった」と、古澤さんはいう。

## (93) 一支国《いきこく》人の「叫び」

ノルウェーの画家、エドバルト・ムンクの『叫び』は、世界的名画。橋の上で耳をふさぎ、何かを叫ぶ人の姿は、めくるめく色彩とともに強烈な印象を与える。

この人物の「そっくりさん」と話題を呼んだのが原《はる》の辻遺跡（長崎県壱岐市）出土の「人面石《じんめんせき》」。手のひらぐらいの凝灰岩に目、鼻、口などを彫った弥生時代後期の遺物（国指定重要文化財）で、祭祀に使ったとみられている。これをモデルに、ゆるキャラ「人面石くん」が誕生し、一支国博物館（壱岐市芦辺町）では関連グッズも売っている。

人面石を見つめていると、何かを語りかけてくるようだが、当時の倭人がどんな言葉をしゃべったかは謎。長田夏樹氏の『邪馬台国の言語─弥生語復元』（学生社）など、言語学者による本格的な研究もある。

魏志倭人伝には「邪馬台国」や「卑弥呼」など、倭人がしゃべった音声を漢字であてたと思われるクニや人名などが出てくるが、読み方には諸説ある。その中で、倭人が直接発した言葉として注目されるのが「噫」。

倭人伝によると、倭人社会には大人《たいじん》と下戸《げこ》という身分階層があり、道で大人に会った下戸は後ずさりして草むらに入った。大人から話を聞くときは両手をついてひざまずき、承諾の意を示すには「噫」と言った。倭人伝の解釈本や漢和辞典によれば、「噫」の読み方も「アイ」「ア

椰子笛（いずれも壱岐市教育委員会提供）

人面石

ア」「イ」「オオ」など諸説ある。

もう一つ、一支国人が発した音に関する遺物が、原の辻遺跡出土の椰子《やし》笛。京都府の丹後半島から北部九州まで、日本海沿岸の海浜遺跡からは中国に起源がある陶塤《とうけん》という卵形の土笛が出土する。祭祀用の笛とされ、上端に吹き口、胴部に数個の指穴がある。原の辻の椰子笛は、浜に流れ着いた椰子ガラで陶塤をまねて作ったらしい。

気になるその音だが、重要文化財を吹くのは無理。そこで、九州歴史資料館（福岡県小郡市）で土笛づくり教室を体験した。完成した土笛の音は、かなり甲高い「ピィーッ」。海人たちが航海のときに合図を交わす、ホイッスルのようなものだったかもしれない。

## 土器に描かれた鯨と龍
### 長崎県壱岐市・原の辻遺跡

クジラ（鯨）は地球上最大の哺乳類だが、万葉集には鯨魚、勇魚、伊佐魚、不知魚（いずれも読み方はイサナ）などの名前で登場し、巨大魚と認識されていたようだ。「いさなとり」という表現で文献に登場する近海捕鯨は、奈良時代から。しかし、弥生時代には既に鯨を捕獲していたようで、魏志倭人伝が伝える一支《いき》国の王都、原《はる》の辻遺跡（長崎県壱岐市芦辺町・石田町）からは銛《もり》が刺さった鯨と舟の絵が描かれた甕棺が出土した。舟と鯨という組み合わせから、捕鯨の様子を描いたと推定されている。弥生時代の捕鯨の線刻画は国内に二例しかなく、原の辻の例が最古（弥生中期後半）である。

壱岐島には、古くから鯨にちなんだ地名もある。『和名類聚抄《わみょうるいじゅうしょう》』（平安時代中期の辞書『和名抄』）には、「壱岐郡鯨伏郷《いきのこおりいさふし》」という地名が載っている（現在の壱岐市勝本町鯨伏）。『壱岐国《いきのくに》風土記（逸文）』（万葉集註釈）には、この郷名の由来に関する記述がある。

> 鯨伏の郷は（壱岐の）郡《こおり》の西の方角にある。昔、巨大な鰐《わに》が鯨を追い、鯨は逃げて来て湾に隠れ伏していた。それで鯨伏という。
> 鰐と鯨はともに石と化した。石になった鰐と鯨は、一里ほど離れている。地元の人は、鯨を伊佐《いさ》と呼んでいる。

クジラは肉のほか、油や皮、骨など捨てると

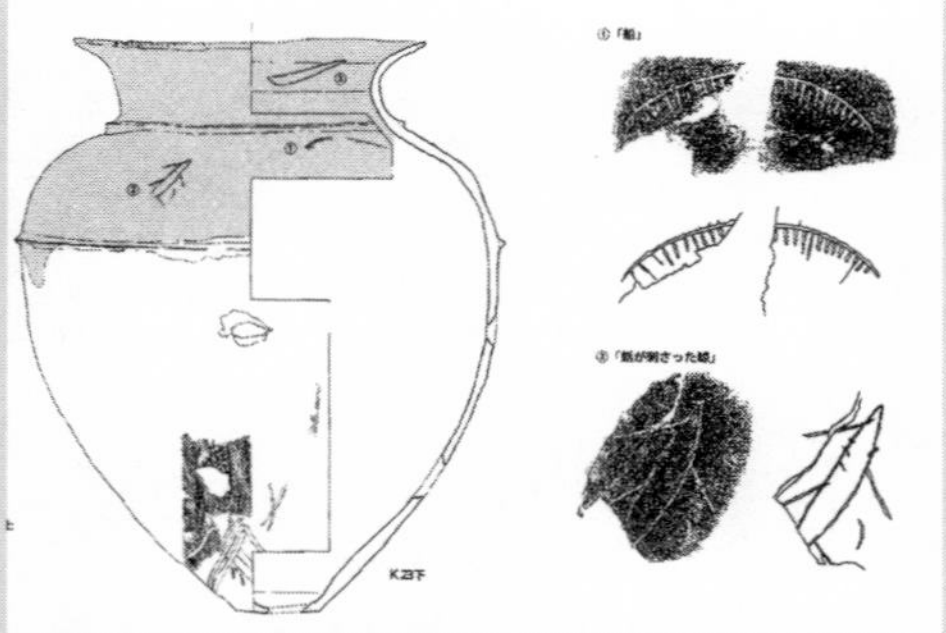


銛が刺さった鯨（右下に拡大図）と舟（同右上）が描かれた甕棺の実測図（長崎県教育委員会発行の原の辻遺跡発掘調査報告書から）

ころがない貴重な資源。一支国でも、漁民たちは肉を食用にするほか、骨で各種の漁労具や祭器などを作っていた。壱岐市立一支国博物館には、原の辻遺跡出土の鯨骨製のアワビオコシ（岩からアワビをはがし取るための道具）や銛、骨剣、紡錘車（糸を紡ぐ道具）などが展示されている。

◇　◇

一方、原の辻遺跡からは、想像上の動物である龍を描いたとみられる線刻画土器が二点出土している。一つは高さ八・七センチの鼓形をした小型の器台で、笠が開いたキノコのような文様が描かれており、簡略化された龍の絵と推定された。もう一つは、環濠から見つかった高さ一〇・七センチの壺形土器。二匹の龍とみられる螺旋状の文様と梯子のような横長の卍形文様が描かれている。

龍は水神であり、中国では皇帝の権威の象徴とされる。中国・後漢代の漢字字典『説文解字《せつもんかいじ》』には「龍は春分に天に昇り、秋分に淵に沈む」とあり、土器の左側の絵は天に昇る龍、右側はとぐろを巻いて淵に沈む龍とみられている。二匹の間にある梯子状の文様は、ラーメンどんぶりなどでおなじみの渦巻形をした雷《らい》文《もん》という見立てだ。

元長崎県埋蔵文化財センター職員で、原の辻遺跡の発掘も担当した古澤義久福岡大准教授は、「この絵が描かれたのが朝鮮半島や大陸系の土器ではなく、弥生式土器に倭人が描いたという点が重要だ」と強調する。「龍は架空の動物なのに、この絵を描いた人物はどんな生き物

龍の絵が線刻された壺形土器（一支国博物館所蔵）

かという情報を知っていた。漢語のわかる人間がいないとその情報は伝わらないわけで、渡来人から説明を受けたのではないか」と推測する。

この龍文土器については、『原の辻遺跡発掘調査報告書総集編Ⅰ』（二〇〇五年・長崎県教育委員会）にこんな解説がある。

> 日本では中国から舶載された方格規矩四神鏡の青龍の文様を真似て弥生後期になって（龍を）描くようになる。
> （中略）
> 梯子状の文様は稲妻であり、水に潜み、とぐろを巻いていた龍（蟠龍）が、春の雷雨とともにとぐろをほどいて天に昇る様子が想像され、神仙思想や中国精神文化の日本への定着がうかがわれる。

## (94) 鉄が来た道

長崎県壱岐市の西側丘陵地帯にあるカラカミ遺跡(壱岐市勝本町立石東触《ふれ》)は、一支国《いきこく》の国邑《こくゆう》(=クニの中心集落)である原《はる》の辻遺跡に次ぐ交易拠点。漁労を中心とする環濠集落で、近くを流れる川は西側の片苗湾《かたなえ》に注ぐ。

丘陵上には香良加美《からかみ》神社という祠《ほこら》があるが、本来は唐神という地名が起源らしい。その昔、沈没した唐船の犠牲者を祭ったのが由来ともいう。カラカミ遺跡はかつて、原の辻遺跡に従属する衛星集落の一つと考えられていた。しかし近年、九州大学や壱岐市教育委員会の調査で、鉄器に特化した弥生時代中―後期の加工・交易の拠点集落であることがわかってきた。

この遺跡で特筆されるのが、国内で初めて見つかった三基の地上式周堤《しゅうてい》付炉跡である。地面の上に炉壁構造を持ち、鉄を加工するための高熱作業を可能にする外来のハイテク技術。朝鮮半島南部の勒道《ヌクト》遺跡で同じタイプの炉跡が見つかっている。

カラカミ遺跡では、炉を高温に加熱するための鞴《ふいご》の羽口《はぐち》(=送風管)や鉄滓《てっさい》(=鉄くず)、鉄器を作るための素材、石製加工具などが出土しているが、鉄の武器や農耕具などの製品は意外に少ないという。壱岐市教委の松見裕二さんは「朝鮮半島から鉄素材を輸入し、鉄器を作りやすいように加工して各地に流通させたのがカラカミの鍛冶集団。鉄素材の不純物を取り除く脱炭も行い、ブランド力を高めたようだ」と解説する。

三国志の『魏志東夷伝弁辰条《べんしんのじょう》』には、「（朝鮮半島南部の弁辰の）国では鉄を産出し、韓・濊《わい》・倭の国がみなこれを取っている」「市場の売買には鉄を用い、中国で銭を用いるのと同じようである」という有名な記述がある。この鉄交易で流通したのが板状や棒状の鉄素材である。

カラカミ遺跡の出土品
（壱岐市教育委員会提供）

松見さんによれば、カラカミ遺跡は人里離れた小高い丘にあり、特定の工人だけが出入りする場所。「当時の鉄は、現代のお金と同じ貴重品。秘密保持や盗難除けのためでもあったろう」という。

## ㈨⑤ 周さんとネコ

朝鮮半島から輸入した鉄素材の「加工工場」とみられるカラカミ遺跡（長崎県壱岐市勝本町）では、大陸との交流を示す土器も見つかっている。その中で、二〇一七年に発見されて話題を呼んだのが「周」の文字が線刻された遼東《りょうとう》地方（中国東北部）の土器。中国・後漢時代の折腹盆《せっぷくぼん》という鉢の破片に、周の字の左半分の線刻があった。

元長崎県埋蔵文化財センター職員で福岡大准教授の古澤義久さんによると、この文字は一画目の大きな左払いに特徴がある隷書体《れいしょたい》で、土器を焼いた後に書かれたもの。古澤さんは「中国では食器に自分の名前を書く習慣があり、周さんという土器の所有者の名前だろう」という。カラカミ遺跡には漢字を使う渡来人がいて、交易にもかかわっていたらしい。

もう一つカラカミ遺跡を有名にしたのは、国内最古（弥生時代中期ごろ）のイエネコの骨発見である。この遺跡からは千点以上の動物の骨が出土し、奈良文化財研究所の鑑定でイエネコの骨が十六点見つかった。

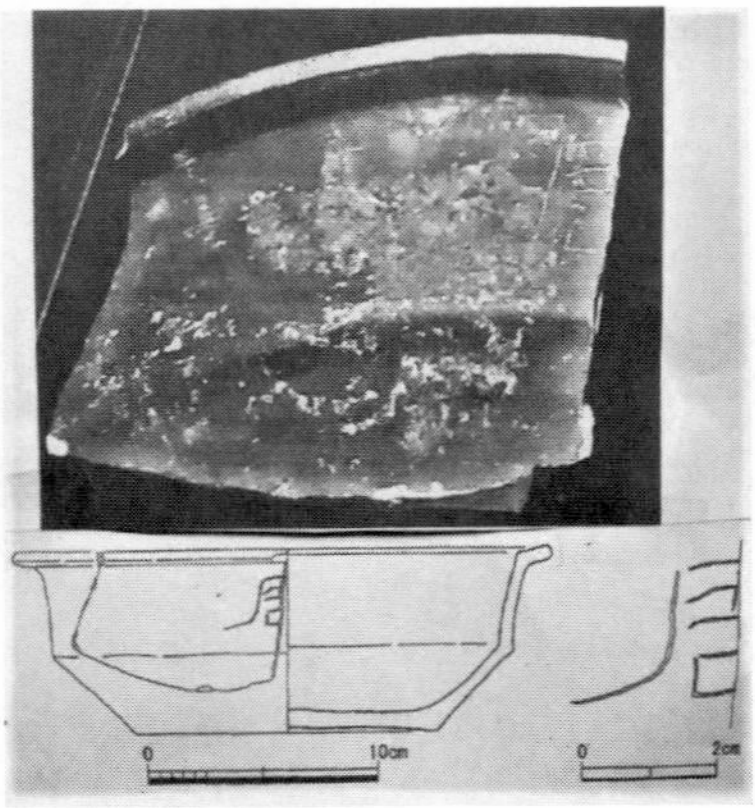


「周」の字の土器片と実測図（壱岐市教育委員会のカラカミ遺跡第６次調査報告書から）

イエネコの骨（写真はいずれも壱岐市教育委員会提供）

文献史料によると、イエネコの伝来は八世紀ごろ、経典をネズミにかじられぬよう遣唐使が持ち込んだのが最初という。飼育記録では、第五十九代宇多《うだ》天皇（八六七〜九三一年）が、父親の光孝天皇に献上された黒ネコを譲り受けてつづった日記（『寛平御記《かんぴょうぎょき》』）が有名。宇多天皇は、このネコを「黒い宝玉だ」「まるで雲の上を行く黒竜みたいだ」と溺愛し、毎朝、貴重な乳粥《ちちがゆ》を与えて育てたと日記に書いている。

考古学調査では、兵庫県姫路市の古墳で六―七世紀ごろの土器にネコの足跡が見つかっているが、カラカミ遺跡の「骨発見」は日本のネコ史を書き換える快挙。壱岐市教育委員会の松見裕二さんは、「カラカミ遺跡ではネズミの骨も出土している。害獣から米を守るため、朝鮮半島経由でネコを持ち込んだのだろう」と推理する。

その飼い主は「ひょっとして遼東人の周さん？」などと考えるのは、ネコ好きゆえの妄想か。

## (96) 王墓を守った絵図

魏志倭人伝は、一支国《いき》（長崎県壱岐市）から千余里にある九州北端の上陸地、末盧国について「四千余戸有り、山や海辺に沿って居住する」と書く。末盧は「まつろ」や「まつら」と読み、現在の佐賀県唐津市を中心とする一帯。当時の海岸線は現在の唐津平野の奥深くまで広がり、

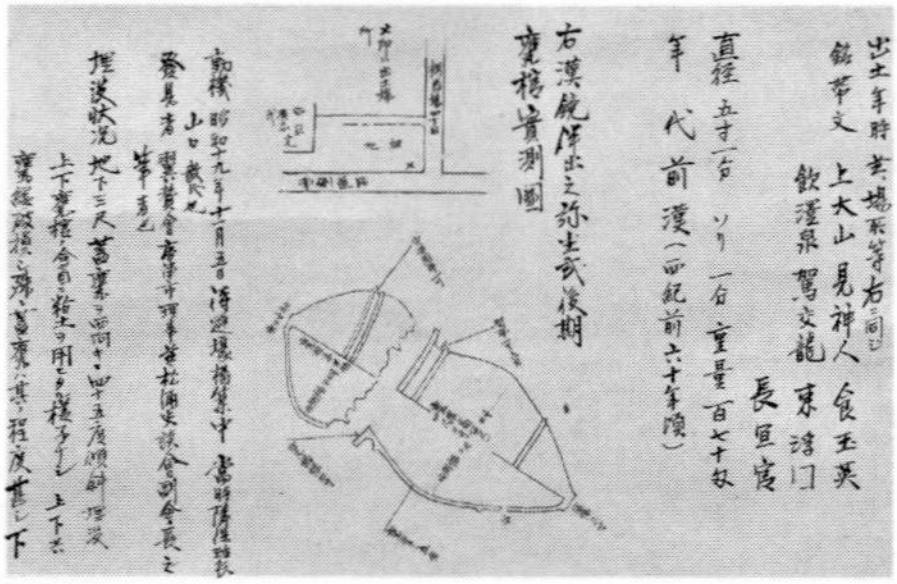

龍溪顕亮さんの実測図（部分）＝正圓寺、唐津市教育委員会提供

川沿いの砂丘や山裾にムラがあったらしい。倭人伝は「前を行く人が見えないほど草木が茂り、人々は潜水して魚やアワビを採る」と、漁労の民の暮らしぶりを書いている。

末盧国の「王墓」が最初に見つかったのは、米軍の本土空襲が本格化し始めた一九四四（昭和十九）年。唐津市桜馬場《さくらのばば》で防空壕の掘削中、遺跡らしきものにぶつかった。これを聞いた近所の正圓寺住職、龍溪顕亮《たつたにけんりょう》さんは、押っ取り刀で急行。発掘作業をしながら甕棺や銅鏡などの出土品と現場の様子を克明に記録し、拓本や絵図に残した。龍溪さんは、大正期から松浦地方の遺跡調査にかかわった在野の研究者。昭和初年に松浦史談会を結成し、のちに有名になる宇木汲田《うきくんでん》遺跡を調査した先覚者でもある。

しかし戦後、防空壕は埋められて民家の敷地になり、遺跡は行方不明になった。再び陽の目を見たのは二〇〇七年。駐車場になっていたこの場所で開発計画があり、唐津市教委が緊急調査した。このとき、手がかりになったのは龍溪さんが残した実測図。「出土場所」として×印が書かれたところに試掘溝を入れると防空壕跡にぶつかり、掘り残されていた甕棺が見つかった。過去に出土したものと合わせると甕棺墓は九基。副葬品は銅鏡三、巴形《ともえがた》銅器五、独特の突

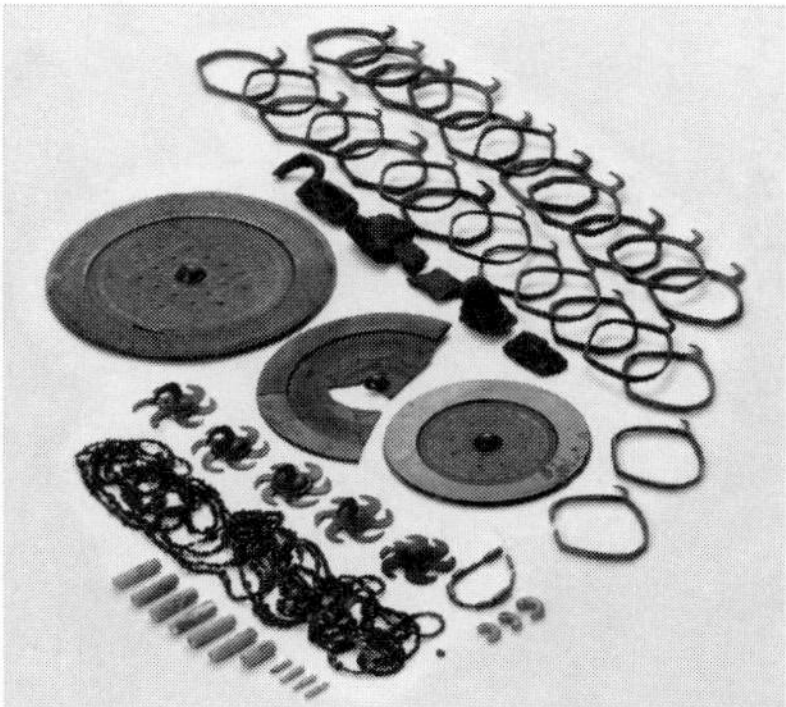
桜馬場遺跡の出土品群（佐賀県立博物館、唐津市教育委員会提供）

起がある有鉤銅釧《ゆうこうどうくしろ》（＝腕輪）二十六、ヒスイ勾玉やガラス小玉約二千四百点など。国内初出土の有鉤巴形銅器四点も含まれ、王墓にふさわしい副葬品群だった。

当時、発掘を担当した唐津市の仁田坂《にたさか》聡さんは「龍溪さんが遺跡近くに住んでいたのが奇跡的で幸運だった。戦時中、きちんと記録まで残されたのがすごい」と偉業をたたえる。

六十三年ぶりの「王墓再発見」の記者発表に、詰めかけた報道陣は約七十人もいたという。

## (97) 末盧人のヒスイ愛

魏志倭人伝が伝える末盧《まつろ》国（佐賀県唐津市周辺）は、国内で最初に水田稲作が始まった地域。「王墓」の桜馬場《さくらのばば》遺跡に近い菜畑《なばたけ》遺跡は、縄文時代晩期の水田遺構で知られる。

唐津市内には、宇木汲田《うきくんでん》遺跡や千々賀《ちぢか》遺跡などの拠点集落があるが、近年、注目されてき

中原遺跡出土の鍛冶関連遺物群＝（公財）唐津市文化事業団提供

たのが中原遺跡《なかばる》。西九州自動車道建設に伴う一九九九年から七年間の調査で全貌を現した。松浦川沿いの砂丘地帯で見つかったのは、弥生時代中期から古墳時代までの竪穴住居跡百十二、掘立柱建物跡二十二。墳墓群は甕棺墓二百八十一のほか、墳丘墓や周溝墓、木棺墓、石棺墓など。有力者層の墓からは、多数の青銅器や鉄器、玉類など豪華な副葬品が出土した。

集落が最盛期を迎える弥生時代後期以降には鍛冶工房群があり、鉄剣や鉄鏃《ぞく》（＝矢じり）などの製品のほか、製造過程で出た鉄片や鉄滓《てっさい》（鉄くず）、工具類などが出土。国内最大級の鉄塊も見つかった。鍛冶工房では朝鮮半島から輸入した鉄素材を製品に加工し、一手に西九州地域に流通させていたらしい。

そしてもう一つ、中原遺跡を特徴づけるのは碧玉やヒスイなど貴重な石を使った玉類。碧玉の原石は島根県の花仙山《かせんざん》、ヒスイは新潟県糸魚川《いといがわ》産で、日本海沿岸を経由して入手したらしい。中でもヒスイ製品が多いのが末盧国の特徴で、佐賀県文化財保護室の小松譲さんによると「唐津市内の弥生墳墓から出土したヒスイ製玉類は約五十点で、北部九州出土品の三分の一以上」。しかも「他地域でヒスイ製品が下火になっても作り続ける」こだわりぶりだ。

中原遺跡出土のヒスイ製鞆形勾玉（佐賀県文化財保護室提供）

中原遺跡では、多種類のヒスイ製勾玉が出土しているが、墳丘墓から出土した鞆《とも》形勾玉は全国に数例しかない希少品。弓を射るとき、手首に着けて衝撃を防ぐ鞆という武具に形が似ているのでこの名がついた。初代・出雲王墓とされる西谷《にしだに》3号墓（島根県出雲市）出土の青く澄んだガラス製鞆形勾玉（巻頭グラビア参照）が有名。これらの勾玉は、出雲と末盧の深い交流を物語るのか。それとも、単なる「他人の空似」なのか？

## (98) 海人のムラ

魏志倭人伝は、末盧《まつろ》国（佐賀県唐津市周辺）から魏使がたどった次の訪問地、伊都《いと》国（福岡県糸島市周辺）まで「東南に陸行五百里」と書く。

伊都国の国邑《こくゆう》（＝クニの中心をなす拠点集落）と考えられるのは、三雲《みくも》・井原《いわら》遺跡。瑞梅寺《ずいばいじ》

潤地頭給遺跡出土の準構造船の部材
（伊都国歴史博物館提供）

川と川原川に囲まれた扇状地にある総面積約六十㌶の巨大集落である。伊都国は、この王都を中心とした糸島半島全体を含むクニとするのが一般的だが、異説もある。古代の糸島半島は中央部が陸橋状につながった島で、倭人伝が伝える「斯《し》馬《ま》国」という説。律令時代に怡土《いと》、志摩（嶋）の二郡が置かれていたのも根拠の一つという。

伊都国は三雲・井原遺跡を中心として、シマ地域に一の町遺跡と元岡遺跡、イト地域には今宿五郎江《いまじゅくごろうえ》遺跡や曲《まが》り田遺跡、九州最大の玉つくり工房があった潤地頭給《うるうじとうきゅう》遺跡などの拠点集落が展開。シマ地域には引津《ひきつ》湾の奥にある御床《みとこ》松原遺跡、イト地域では深江《ふかえ》湾に面した深江伊牟田遺跡という二大港湾集落があった。

このうち御床松原遺跡では、大正時代、国内で初めて貨泉（中国・新代の貨幣）が見つかり、弥生時代の実年代を知る手がかりになった。朝鮮半島の楽浪《らくろう》土器も出土しており、春日市奴国の丘歴史資料館の武末純一名誉館長（福岡大名誉教授）は、この遺跡を典型的な「海村《かいそん》」と考えている。

武末さんは、集落の規模が御床松原遺跡とほぼ同じで農村色が濃い安永田《やすながた》遺跡（佐賀県鳥栖市）を例に挙げ、石包丁《いしぼうちょう》（＝稲の穂摘み具）の出土量を比較。その結果、御床松原の石包丁は安永田遺跡の約五分の一で、農業より漁労の比率が高く、交易で大陸系遺物を入手した「海村」と定義した。

御床松原遺跡からは合計六枚の中国貨幣が出土したが、三雲・井原遺跡はゼロ。「政治的には国邑が海村を支配したが、海村は独自の交易世界をつくった」と武末さんはいう。海人たちはクニの枠を超え、自由な海洋ネットワークを形成していたらしい。

## (99) 入れ墨男と人面犬

現存する魏志倭人伝の最古の版本（中国南宋期）には、伊都国（現在の福岡県糸島市周辺）の住戸は「千余戸」とある。しかし、魏志の編者が参考にしたといわれる『魏略』には「万余戸」とあり、倭人伝の版本の記述は誤写というのが通説。その伊都国内には、朝鮮半島に起源がある支石墓《しせきぼ》群や歴代の王墓、大陸との交易を担った海人のムラ、九州随一の玉つくり工房跡など、特色ある遺跡が点在する。糸島平野の中央部に位置する上鑵子《じょうかんす》遺跡もその一つである。

上鑵子遺跡は、一九九四年から九五年にかけて発掘調査が行われた弥生時代から奈良時代までの集落遺跡。谷間の低湿地にあるため木材の保存状態がよく、千二百点以上の木製品が原型をとどめたまま出土した。

人面犬（犬形木製品）

人物線刻板の復元図（いずれも伊都国歴史博物館提供）

　中でも弥生時代中期から後期の農具や食器、建築部材などは、伊都国人の暮らしぶりを伝える。琴板や運搬具の背負子《しょいこ》など珍しい製品も多いが、中でもユニークなのが鳥やシカなどの動物形木製品（木偶《もくぐう》）。うち一点は胴が長い犬のような四足獣で、鼻筋の通った人間の顔をしている。素材はカシの木で体長三十五㌢。呪術の道具か玩具とみられ、愛くるしい表情から「人面犬」のニックネームがついた。

　さらに遺物の整理中に見つかったのが、ハガキ大のクスノキの板に人の上半身を彫った「人物線刻板」。側頭部に鳥の羽根飾りがあり、目や口の周りには入れ墨と思われる線刻がある。貫頭衣のような服を着て、手には戈《か》と思われる武器を持つ戦士か司祭者《シャーマン》らしい。魏志倭人伝には「男子は大小となく皆黥面《げいめん》（＝顔の入れ墨）文身（＝身体の入れ墨）す」という倭人の記述があり、サメなどの大魚の害を防ぐ漁民の習俗ともいう。

　この線刻板は九六年、大量の遺物を洗浄、整理しているときにパート作業員の島影やよいさんが見つけた。島影さんは当時、新聞社のインタビューにこう語っている。「あまりにウルトラマンに似ていたので、最初は子どものいたずらかと思いましたよ」。以来、この線刻板の人物は「弥生のウルトラマン」とも呼ばれている。

## ⑽ 硯《すずり》を使う楽浪人

弥生時代の倭人は文字を使ったのかというテーマは、近年の考古学界で最もホットな論争の一つだ。その火付け役は、田和山《たわやま》遺跡（島根県松江市）で見つかった板石硯《いたいしすずり》と研石《けんせき》。中国・漢代の墨は小さな粒状で、板石硯の上で水を加え、方形の研石ですりつぶして墨汁をつくったという。

田和山遺跡は、宍道湖《しんじ》を見下ろす丘陵上にある三重の環濠集落。一九九七年から三年間の調査で、環濠の内側から弥生時代中期の高床式倉庫や物見やぐらの跡が見つかったが、住居跡は環濠の外にある謎の遺跡である。発掘当時「特殊遺物の石板状石製品」が出土し、その後の調査で硯と鑑定された。ただ、当時は弥生時代の文字使用に懐疑的な意見も根強く、注目度は低かったという。

状況が一変したのは二〇一六年、伊都国の「王都」である三雲《みくも》・井原《いわら》遺跡（福岡県糸島市）

三雲・井原遺跡番上地区で出土した硯
（伊都国歴史博物館所蔵）

で全国二例目の硯が発見されて以降。糸島市教育委員会の平尾和久さんが「硯らしい石がある」と福岡大学の武末純一名誉教授に通報し、板石硯と鑑定された。二人は大学の師弟コンビである。

この発見に学界が注目したのは、出土地が三雲・井原遺跡の番上《ばんじょう》地区だったため。「ここは朝鮮半島の楽浪《らくろう》土器が集中して出る場所で、しかも壺や鉢などいろんな器形がある。限られた一角に、たぶん楽浪人が住んでいた」と武末さんは推測する。韓国南部の茶戸里《タホリ》遺跡では同時代の筆も出土しており、伊都国に文字を使う楽浪人がいた可能性が一気に高まった。

そこで思い浮かぶのが、伊都国に一大率《いちだいそつ》という官職があったという魏志倭人伝の記述。一大率は諸国を検察して恐れられ、外交手続きも担当した要職。倭人伝には、倭国と中国・魏との外交交渉で皇帝への上表文のやりとりを伝える記述があり、文字を使う楽浪人が補佐していた可能性も指摘されている。

番上地区での発見以降、西日本各地の埋もれていた資料から「硯発見」が相次ぎ、既に「二百例以上」とする研究者もいる。文字が書かれた木簡などの「決定打」が見つかる日も、そう遠くないかも知れない。

## 諸国に畏怖される監察官
### 伊都国常駐の一大率

魏志倭人伝によると、伊都国には「一大率《いちだいそつ》」という他の国には見られない官職が置かれていたという。原文の抜粋は以下の通りである。

> 自女王國以北、特置一大率、検察諸國、諸國畏憚之、常治伊都國、於國中有如刺史、王遣使詣京都、帯方郡、諸韓國、及郡使倭國、皆望津捜露、傳送文書賜遺之物詣女王、不得差錯

この文の読み下しと現代語訳には諸説あるが、一例を挙げると「女王国より以北には、特に一大率を置いて諸国を検察させている。諸国はこれを畏《おそ》れ、憚《はばか》っている。常に伊都国に居て治めている」という内容になる。

さらに、「（一大率は）中国で言えば、刺史《しし》（＝皇帝が州ごとに置いた地方監察官）のようなものである。各国の王が魏の都や朝鮮半島の帯方郡、韓の諸国などに使者を派遣し、また帯方郡が倭に使者を送るときには、すべて港に入って来るところで伝送する文書や貢納品などを開けて点検する。女王のもとに送られる文書や賜物に間違いがないようにして献上する」という意味の記述が続く。

この前段の記述にいう「女王国」の解釈にも多様な見解があるが、卑弥呼が都を置く内陸の邪馬台国とする説がある。この説によれば「女王国より以北」の諸国とは、海をはさんで朝鮮半島と対面し、独自の交易を行う海洋国家群（対

伊都国の港津があった引津湾
（伊都国歴史博物館提供）

馬国、一支国、末盧国、伊都国、奴国など）を指すという。つまり、倭の女王・卑弥呼は、大陸や朝鮮半島との外交・交易を掌握するため、「一大率」という監察官を伊都国に常駐させて統治していたという解釈である。

その様子を具体的に説明したのが、「中国で言えば、刺史のようなもの…」以下の内容である。女王の命を受けた一大率は、古くから倭の外交にとって重要な港津がある伊都国に駐在。諸国や帯方郡からの使者や物品の往来、女王に伝送する文書や皇帝からの下賜品の点検などに目を光らせていた様子が浮かび上がってくる。文書の伝送にかかわっていた一大率は、おそらく文字を理解し、あるいは自ら使う人物であったかも知れない。

この「一大率」の実体については古くから論争が続いており、今も確定した説は見当たらない。例えば、一大率を伊都国に常設したのは誰かという基本的な問題についても、「ヤマトの邪馬台国」や「北部九州の邪馬台国」をはじめ、女王卑弥呼が送った派遣官説や松本清張氏が主張した「帯方郡が派遣した軍政官説」などもある。また、その職責・権能についても多様な解釈があるが、外洋に臨み、最大の外交拠点であった伊都国に置かれていたという点が、邪馬台国の真相に迫る最も重要なポイントといえよう。

## ⑽「鏡の国」のツートップ

魏志倭人伝は、伊都国について「世（々）王有り。皆、女王国に統属す」と書き、歴代の王がいて、女王卑弥呼の統制下にあったことを伝えている。

伊都国で見つかった王墓で、最も古いのは三雲南小路《みくもみなみしょうじ》遺跡。弥生時代中期後半の方形周溝を伴う墳丘墓で、二つの甕棺から一遺跡としては国内最多となる合計五十七面もの鏡が出土した。1号棺の副葬品は、前漢鏡三十五面のほか、ガラス製の璧《へき》（＝王の権威を示す円盤状の玉器）や玉類、青銅武器の銅矛《ほこ》、銅戈《か》など。特筆すべきは、国内唯一の金銅四葉座飾金具《こんどうしようざかざりかなぐ》（＝棺に付ける葬具）で、中国皇帝が王侯クラスに下賜した貴重品。2号棺からは、二十二面の鏡のほか、主に装身具類が出土しており、二つの甕棺の被葬者は王と王妃（または縁戚の女性王族）とみられている。

これに続くのは、江戸時代の天明年間に見つかった井原鑓溝《いわらやりみぞ》遺跡（弥生時代後期）。福岡藩の国学者、青柳種信《あおやぎたねのぶ》が書いた出土品の古記録や拓本が残るだけで、今も所在地不明の「幻の王墓」である。さらに、卑弥呼の時代に重なる弥生時代終末期の王墓が平原《ひらばる》遺跡。「巫女王《ふじょおう》の墓」ともいわれる平原1号墓（周溝がある方形墳丘墓）からは、超大型鏡（直径四六・五チセン）五面を含む四十面もの鏡が出土した。

この三代の墓のうち三雲南小路と同じころの奴国王《なこく》の墓が、須玖《すぐ》岡本遺跡D地点（福岡県春

三雲南小路遺跡出土の金銅四葉座飾金具とガラス璧（九州歴史資料館所蔵、伊都国歴史博物館提供）

奴国王の甕棺墓の上にあった大石

日市）の甕棺墓。一八九九（明治三十二）年、家を建てるために動かした大石の下から見つかり、三十面近い鏡などが出土した。だが、副葬品の大半は散逸し、大石は春日市奴国の丘歴史資料館の敷地に移されている。

この二つの王墓が築かれた弥生時代中期後半は、西日本各地でクニが生まれ、有力首長が台頭し始めた時期。北部九州では、伊都国と奴国の王が交易と生産力で他を圧倒した。その権威の象徴が、大陸から入手した大量の鏡。玄界灘沿岸で「鏡の国」のツートップが覇を競ったのは、女王卑弥呼誕生のおよそ二百年前である。

# 第9章　ツクシとヤマト

## ⑽ 奴国のメインストリート

福岡市博物館総館長の有馬学さんは、福岡市のことを「上書き都市」だという。市中心部の福博《ふくはく》（＝城下町の福岡と商人の町の博多）は中世以降、度重なる戦乱に遭い、焦土の上に次々と新しい街ができた。戦後の高度成長期以降は商都の開発が進み、今も「日本一の元気都市」と呼ばれて「上書き」は加速する。その福博の基層に眠るのが、魏志倭人伝が伝える奴国《なこく》である。

ＪＲ竹下駅の東側、南北二・四キロ、東西八百メートルにわたって広がる比恵《ひえ》・那珂《なか》遺跡群は、弥生時代中期後半から古墳時代前期前半にかけて最盛期を迎えた巨大集落。青銅器やガラス製造などで奴国の「テクノポリス」と呼ばれる須玖《すぐ》遺跡群（福岡県春日市）の北約五キロにあり、この二つの遺跡群が奴国の拠点集落である。だが、両遺跡群とも現在はビルや住宅が密集し、往時の姿をイメージするのは難しい。

比恵と那珂という二つの遺跡からなる比恵・那珂遺跡群では、それぞれ百数十次の発掘調査が続く。開発に伴う発掘を地道に積み重ね、調査結果をジグソーパズルのように組み合わせて、

那珂遺跡で見つかった道路遺構

那珂八幡古墳周辺の発掘調査（いずれも福岡市埋蔵文化財センター提供）

近年ようやく遺跡の全容がわかってきた。福岡市埋蔵文化財センターの久住《くすみ》猛雄さんによると、それは「日本最古の交易都市」の姿である。

久住さんによれば、比恵・那珂遺跡群が「都市」の様相を見せ始めるのは弥生時代後期。人口が集中して五百基以上ともいわれる井戸の掘削が進んだ。首長居館の存在をうかがわせる方形環溝や倉庫域があり、朝鮮半島や近畿、瀬戸内などの外来系土器が増加。弥生時代終末期には、久住さんが「メインストリート」と呼ぶ道路が登場した。道路の両側には側溝があり、発掘箇所をつなぎ合わせた総延長は一・五キロにも及ぶ。この道路を軸に高床倉庫や居住域、周溝墓などを計画的に配置。街区には市《いち》とみられる遺構が点在し、道路が交わる交差点や運河と推定される大溝も見つかった。

さらに古墳時代初頭には、この道路沿いに九州最古の前方後円墳である那珂八幡《なかはちまん》古墳が築造された。既に奴国の中心は須玖から比恵・那珂に移っており、ヤマト王権との関係を次第に強めて行ったという。

## 失われた奴国の「都市」
### 比恵・那珂遺跡群

魏志倭人伝が「二万余戸」の大国と伝える奴《な》国には、弥生時代中期の「王墓」を含む須玖《すぐ》遺跡群（福岡県春日市）のほかに、もう一つの大規模拠点集落である比恵《ひえ》・那珂《なか》遺跡群（福岡市博多区）がある。

福岡平野のほぼ中央、御笠《みかさ》川と那珂《なか》川に挟まれた丘陵の北側に展開し、旧石器時代から中世に至る複合遺跡。その北側半分が比恵遺跡、南半分が那珂遺跡と呼ばれているが、両者は一体の遺跡である。以下、『新修福岡市史　資料編考古2』（二〇二〇年）の記述をもとに、遺跡の全体像を概観してみよう。

◆弥生時代～古墳時代初頭＝大陸から稲作が伝わった弥生時代早期（または縄文時代晩期）から前期初頭、比恵と那珂の両遺跡で環濠が掘削された。このうち那珂遺跡の環濠は断面V字形の二重環濠で、内径は推定百二十五㍍、外径が同百五十㍍という大型のもの。出土土器の特徴から、稲作開始期の環濠集落として名高い板付遺跡（福岡市博多区）より古い、国内最古級の環濠とされた。

弥生時代中期から後期になると、丘陵地帯の開発が進み、南北二㌔、東西〇・七㌔、総面積一三〇㌶という弥生時代では国内最大規模の集落に発展した。方形の環溝に囲まれた首長の居館域（弥生時代後半から古墳時代前期の1～3号環溝）も登場する。

比恵・那珂遺跡群の各所で大溝が検出されて

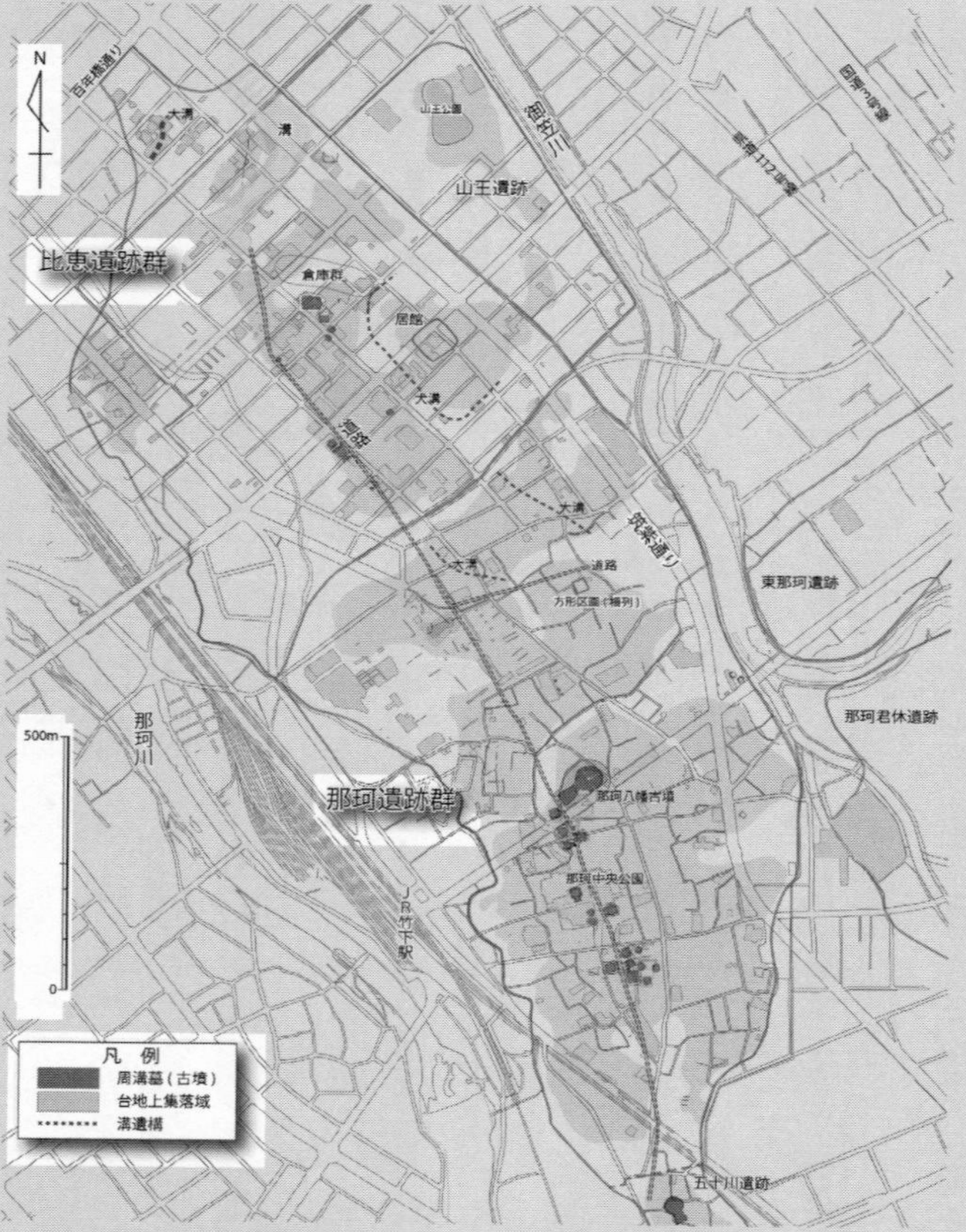


図２　弥生時代終末～古墳時代前期の比恵・那珂遺跡群（S＝1/12,000）

復元された比恵・那珂遺跡群（弥生時代終末～古墳時代前期）
＝福岡市史編集委員会編『新修福岡市史　資料編考古２』

おり、那珂遺跡中央部では東西に約三百メートル。また比恵遺跡の大溝は、推定全長約九百メートルでクランク状に伸び、水が流れた跡や護岸の杭跡などがあったため、運河と考えられた。周囲には、小舟を引き込んで繋ぐ施設や掘立柱の高床倉庫群があり、集落の物流拠点だったという。

　さらに、弥生時代中期から後期にかけて道路がつくられ始め、弥生時代終末〜古墳時代初頭には遺跡群を南北に縦断する幹線道路（推定総延長一・五キロ以上）が完成した。道路は幅七メートル前後で両側に排水のための側溝をもち、東西方向の道路と交わる「交差点」もあった。

　また、弥生中期から古墳時代前期の井戸が五百基以上も見つかっており、中期後半から急増しているのも大きな特色。『新修福岡市史』は、「生活飲料水を得るための井戸の集中は、中世貿易都市の博多遺跡群にも通じる現象であり、都市的な特徴とも評価できる」と解説している。また遺跡群からは、朝鮮半島北部の楽浪系や半島南部の土器、近畿や瀬戸内などの外来土器が多数出土しており、「列島各地からの人とモノが行き交う場」であったという。

　ほかにも、比恵遺跡群北東部で出土した国内最大級の大規模井堰《いぜき》（＝灌漑施設）、十三地点以上に広がる墓域の中から見つかった最古級の木槨墓（弥生中期前半）など、特筆すべき遺構が目白押し。稀少な「特殊遺物」も、山陰の青谷上寺地遺跡（鳥取市）などの「ブランド品」である朱漆塗りの花弁高杯《かべんたかつき》や、秤《はかり》の重りとして使われた石製の権《けん》、国内唯一の完形鋳造鉄斧、銀製指輪など枚挙にいとまがない。

　弥生中期後半からは那珂遺跡中央部を中心に

青銅器の生産も始まり、銅戈《か》や銅矛《ほこ》の鋳型、鋳造に使われた坩堝《るつぼ》などの容器が出土。銅戈の鋳型には、裏面に巴形《ともえがた》銅器の鋳型を彫ったものがあった。この鋳型は、江戸時代に井原鑓溝《いわらやりみぞ》遺跡（福岡県糸島市）で出土し、青柳種信（福岡藩の国学者）による拓本だけが残る伊都国王墓の副葬品と同型式として注目されている。

◆古墳時代以降＝古墳時代前期には、首長の居館跡とみられる方形環溝が発展し、2号環溝は一辺約七十㍍の最大規模となる。南北の幹線道路の沿線に、九州最古の前方後円墳である那珂八幡古墳（墳長約八十㍍、この時代の九州では最大規模）が造営され、その南側でも道路沿線に前方後方形や方形、円形の周溝墓などが造られた。古墳時代初頭の井戸からは庄内式や布留式系の甕が増え、モモを使った井戸祭祀が行われるなど、ヤマトの纒向遺跡との関連も指摘されている。

古墳時代中期の五世紀には一時的に集落が衰退するが、六世紀中半、那珂遺跡北側で東光寺《とうこうじ》剣塚《けんづか》古墳（墳長七十五㍍の前方後円墳）が造営されたころから集落の再開発が活発化。古墳時代後期の六世紀前半から七世紀にかけて、比恵遺跡北側で三列の柵状遺構に囲まれた大型倉庫群が出現した。このうち第8・72次調査で見つかった柵状遺構は東西五十㍍以上、南北五十五～五十八㍍で、十棟の倉庫（床面積一六・六～二七・八平方㍍）が整然と並んでいた。また、隣接地の第109・125次調査でも主軸が異なる柵状遺構と六棟の倉庫群が見つかっている。これらは、日本書紀が記す「那津官家《なのつのみやけ》」と推定された。

『日本書紀』宣化《せんか》天皇元年（西暦五三六年）の条には、交通の要衝である那津（現在の博多周辺）に遠方から穀物を集めて非常時に備えるため、天皇が「官家を那津の口《ほとり》につくり建てよ」と命じたことが記されている。

◇　◇

比恵・那珂遺跡群が最初に注目されたのは、大正年間、九州考古学界の祖ともいわれる中山平次郎博士（九州帝国大学医学部教授）が、現在の那珂・竹下地区で甕棺墓や竪穴などを調査したのが発端。中山博士は遺物の分布や遺跡の広大さから、早くも「古《いにしえ》の都市」であるとの見解を示したという。

本格的な発掘は、昭和初期の土地区画整理事業に伴うもので、一九三八年、九州大学の鏡山猛教授らが環溝に囲まれた住居跡や甕棺墓を発見した。これが第１次調査で、戦後は福岡市が主体となり、比恵、那珂の両遺跡群合計で３３０次を上回るロングランの調査が続いてきた。

ＪＲ竹下駅の東側に広がる比恵、那珂地区は

団地の中に保存されている比恵環溝住居遺跡

ビル群や住宅が密集し、開発があるたびに小規模の緊急発掘を繰り返してきた。これらの小さな発掘を繰り返して、遺跡の全体像を復元する作業は並大抵ではなかっただろうと想像される。困難な発掘の末に遺跡の全容が明らかになってきたが、それらはすべて埋め戻され、大半はビルや住宅の地下に眠る。都心部の遺跡の宿命ともいえよう。

わずかに、一九五二年に調査され福岡県の史跡に指定された「比恵環溝住居遺跡」が住宅団地に囲まれて保存されている。また、柵状遺構と倉庫群が出土した第8・72次調査地点は、二〇〇二年に国の史跡に指定され、調査地が保存された。将来、往時の官家の姿が復元される日が来るかもしれない。

## (103) わが家は「かまど付き」

二〇一六年十一月八日未明、福岡市のJR博多駅前の道路が突然、直径約三十《メートル》も陥没した。海外でも報道された有名な「博多陥没」。遠まきに巨大な穴をのぞいた市民たちは、ビル群の地下が深い砂の層だったことに驚いた。

博多駅から北の博多湾に向かう大博《たいはく》通り周辺は、中世以降の貿易都市・博多の界隈。ビルの建て替えや地下鉄工事に伴う二百次以上の発掘調査で、ヒョウタン形の砂丘に形成された博多遺跡群が姿を現した。弥生時代から近代まで、「二千年の博多」が堆積した複合遺跡。古墳時代初頭には国内屈指の鍛冶工房群があり、鉄の不純物を取り除く精錬も行っていたという。

その新技術に使われたのが、朝鮮半島伝来で高熱処理を可能にする、かまぼこ形をした鞴《ふいご》の羽口《はぐち》（＝送風管の口）。福岡市埋蔵文化財センターの久住《くすみ》猛雄さんは「奴国の鍛冶工房があった須玖遺跡群（福岡県春日市）の工人たちが、新技術到来とともに博多に新たな拠点をつくったのではないか」とみる。

西新町遺跡出土の大型板状鉄斧と博多遺跡群出土の鞴羽口（福岡市埋蔵文化財センター所蔵）

大博通り界隈（正面奥は博多湾と志賀島）

この特異な羽口は、ヤマト王権発祥の地とされる纒向《まきむく》遺跡（奈良県桜井市）でも出土し、博多とヤマトの深い関係をうかがわせる。

博多遺跡群で生産した板状鉄斧《てっぷ》などの鉄素材や鉄器は、湾岸を西へ約五キロ離れた砂丘に広がる西新町《にしじんまち》遺跡で交易された。県立修猷館高校周辺に眠る同遺跡では、弥生時代終末から古墳時代前期の竪穴住居が五百基以上見つかった。その二割以上に、かまど（竈）があるのが特色。中には、煙道を長く伸ばした朝鮮式オンドル（暖房装置）のようなタイプもあった。日本列島でかまどが普及するのは五世紀だが、はるか昔に渡来人が持ち込んでいたという。

この遺跡からは、朝鮮半島南部の三韓土器や山陰を中心とする外来系の土器が多数出土。板石硯《すずり》とみられるものもあり、交易の記録に文字を使ったようだ。国内外の人々が行き交う「国際貿易港」だったと久住さんはいう。このころ、大陸との交易拠点は伊都《いと》国の領域から博多湾岸に移り、ヤマト王権との関係を強めたらしい。久住さんは、それを「博多湾貿易」と呼んでいる。

## ⑽ 不弥国はどっち？

魏志倭人伝は、奴国《なこく》について「二万余戸有り」と書く。その国邑《こくゆう》（＝中心集落）は、福岡平野の須玖《すぐ》遺跡群（福岡県春日市）や比恵《ひえ》・那珂《なか》遺跡群（福岡市博多区）とみられているが、奴国の範囲については諸説ある。

福岡市埋蔵文化財センターの久住《くすみ》猛雄さんは、遺跡の分布や土器形式の違いなどで綿密に奴国の領域を推定した。大まかにいえば、北は博多湾に浮かぶ志賀島、南は二日市《ふつかいち》地峡帯まで。

東は福岡平野東端の月隈《つきぐま》丘陵、西は伊都《いと》国との境界になる早良《さわら》平野の端までである。

そこで問題になるのは、倭人伝で奴国の次に記されている不弥国《ふみこく》の所在地。倭人伝は奴国から不弥国へ「東行百里」「千余家有り」と書くが、倭人伝の方位里程は信用できないとする研究者も多い。このため諸説あるが、その後の邪馬台国への行程を決定づける重要な分岐点。主なものは、次の三つの説である。

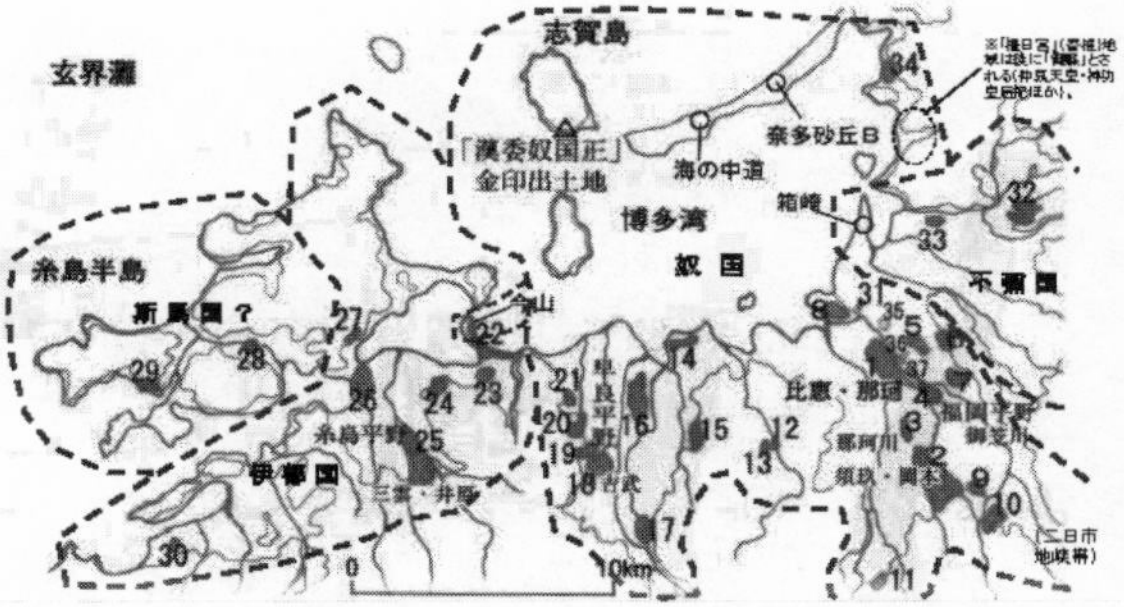


奴国と周辺国の推定範囲（久住猛雄氏作成・提供）

　一つは、前漢鏡十面を持つ甕棺墓などが出土した飯塚《いいづか》市の立岩《たていわ》遺跡を中心とする遠賀《おんが》川流域の嘉穂地方説。律令時代の嘉麻《かま》、穂波《ほなみ》郡にあたる。弥生時代中期後半の立岩遺跡は、稲の穂摘み具である石包丁《いしぼうちょう》を一手に生産し、北部九州一円に流通させた交易と交通の拠点だった。地元出身で、学生時代に同遺跡を発掘した高島忠平・佐賀女子短大名誉教授らが唱える説である。

　もう一つは福岡平野の東側、糟屋《かすや》郡宇美《うみ》町を中心とする糟屋説。日本書紀は、神功《じんぐう》皇后が新羅《しらぎ》征討の帰途「筑紫《つくし》の宇瀰《うみ》」で皇子（のちの応神天皇）を産んだと記し、ウミと不弥国のフミの類似から有力候補とされてきた。

宇美町の光正寺古墳

『魏志倭人伝の考古学―邪馬台国への道』（学生社）の著者で、海の道むなかた館館長の西谷正さん（九州大名誉教授）も糟屋説の一人。初期の稲作遺跡（糟屋郡粕屋町の江辻遺跡）から弥生時代終末期の墳丘墓（同郡志免町の亀山墳丘墓）、初期の前方後円墳（宇美町の光正寺古墳）へと各時代の遺跡が点在し、考古学的にも可能性が高いという。西谷さんは、糟屋から九州北岸に出て「船で瀬戸内海沿いに次の訪問地の投馬《とうま》国である吉備《きび》（＝岡山県）に到達。さらに水行と陸行で畿内の邪馬台国に向かった」というコースを描く。

そして三つ目は、七世紀に内政・外交拠点の大宰府《だざいふ》が置かれた太宰府市周辺説。明治期に東大の白鳥庫吉教授が唱えた説だが、近年、重要遺跡の発掘で再び注目されているという。

## ⑽ 筑紫のネットワーク

ツクシという地名は、古事記や日本書紀に筑紫のほか、竺紫、竹斯、都久斯などの表記で頻繁に登場する。古くは九州の総称だが、現在の福岡県の一部（律令時代の筑前・筑後国）を指すこともある。さらにもう一つのツクシは、暴れ川として知られる筑後川流域の佐賀平野と筑後平野を合わせた九州最大の筑紫平野（面積約千二百平方キロメートル）一帯をいう。

「奴国の領域」とされる福岡平野周辺の地図（©Google Earth）

前回紹介した魏志倭人伝が伝える不弥国《ふみこく》の候補地のうち、明治時代に東大教授の白鳥庫吉《しらとりくらきち》が提唱した「太宰府周辺」説は、福岡平野の奴国《なこく》から邪馬台国を目指して南に向かうルートを念頭に置いている。小郡市埋蔵文化財調査センター所長の片岡宏二さんによれば、近年、太宰府市に隣接する筑紫野市で、常松遺跡や立明寺《りゅうみょうじ》遺跡など弥生時代後期の大集落が見つかり、白鳥説が現実味を帯びてきたという。その場所は、両側から山が迫る二《ふっ》日市地峡《かいちきょう》帯で、筑紫平野への入り口。片岡さんは「魏志倭人伝によると不弥国は『千余家』の小さなクニだが、わざわざここを経由するルートを書いている。邪馬台国に向かう戦略的要衝だったからだ」と推測する。

片岡さんは、近著『邪馬台国論争の新視点』（全三巻、雄山閣）の中で、筑紫平野には環濠集落の大規模なネットワークがあり、小さなクニグニが集まって「邪馬台国連合」を形成したという独自の説を展開した。倭人伝は邪馬台国について「七万余戸」と書くが、集落の面積に換算すれば三百数十㌶にもなると推定され、一つの遺跡では到底あり得ない規模。しかし、クニグニの集合体なら十分可能というわけだ。

　片岡さんは、筑紫平野で見つかった主な環濠集落を結んでネットワーク図を描いた。それによると拠点集落は三―十㌔の間隔で並び、付かず離れずの緊張を保つ距離。さらに筑紫平野を見下ろす山や丘陵上には、

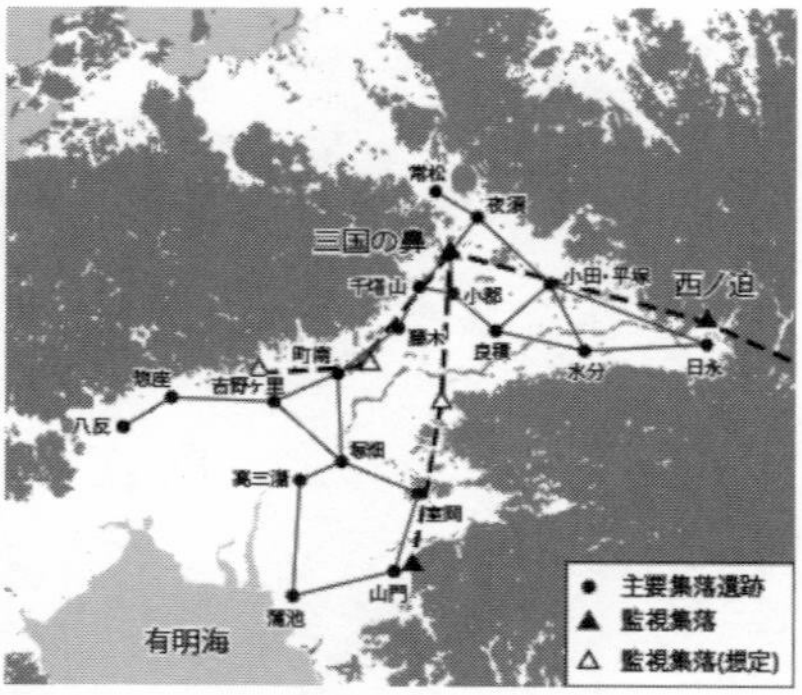


筑紫平野の集落ネットワーク
（片岡宏二氏作成）

三国の鼻遺跡（小郡市）や西ノ迫《さこ》遺跡（朝倉市）など敵の通行を監視する高地性集落があった。西ノ迫遺跡は、山裾を通る九州横断道建設に伴う調査で見つかった遺跡。環濠内には三軒の住居跡しかなく、緊急時に「光通信」を行うのろし（烽火）台だったとみられる。

　時は「卑弥呼共立」前夜の「倭国乱《わこくのらん》」（二世紀後半）のころ。筑紫平野には、吉野ケ里遺跡（佐賀県神埼市・吉野ケ里町）のように柵や逆茂木《さかもぎ》で防備したクニグニが割拠し、周囲の山々には監視集落のネットワークが張り巡らされていたと、片岡さんは考えている。

## 峠のわが家は烽火《のろし》台

### 福岡県朝倉市・西ノ迫遺跡

道路や工業団地などの大型開発は遺跡破壊の元凶だが、開発に伴う緊急発掘で予期せぬ重要遺跡の発見につながることもある。九州横断自動車道の建設に伴って発掘された西ノ迫《にしのさこ》遺跡（福岡県朝倉市杷木《はき》町）もその一つ。佐賀県鳥栖市から大分方面へ向かうこの高速道は、大半が山間部を抜けて行くため、標高百三十メートル前後の尾根上にある同遺跡が見つかった。考古学では、「高地性集落」と呼ばれる遺構である。

　遺跡があるのは、同自動車道の杷木インターチェンジから約二百メートル、大分県日田《ひた》市側に寄った場所。調査は一九八七年の四～五月に行われたが、当初は破壊された小規模古墳一基の調査が想定されていた。ところが、弥生時代後期の「環濠を持った高地性集落」であることが明らかになり、俄然、考古学関係者の注目度が高まった。

　逆台形の環濠は全長約四十六メートルが発掘され、半径約二十メートルの円弧を描いて集落を鉢巻状に囲んでいた。環濠には陸橋状になった出入口（土橋）があり、両側に門柱とみられる柱の跡が見つかった。柱穴の大きさから、直径三十センチ以上もの太い柱が立っていたことが推測され、横木を渡した鳥居状の頑丈な門で、門扉もあったのではないかと考えられた。

　しかし、環濠の中で見つかった竪穴住居跡はわずかに三軒。出土遺物は甕、壺、器台、砥石、鉄鏃《ぞく》（＝矢じり）などで、農具などの生産用具は全く出なかった。

以上の調査結果から、福岡県教育委員会の発掘担当者が、報告書（九州横断自動車道関係埋蔵文化財調査報告25）に記載した「西ノ迫遺跡の特徴」は、次のようなものである。

**◆どこから登ったらいいかわからない**＝すぐに場所はわかるが、いざ登りかけてみると、小さな谷が入り組んで現地はまったく見えない。谷の奥まったどんづまりの尾根である。この迷い込みそうな地形は侵入者を防ぐ選地の基本であっただろう。

**◆登るのにふーふー言う**＝この遺跡は見晴らしが良いのはいいが、なんせ急斜面で、やっとよじ登るといった具合である。環濠直下のあたりは一番緩やかな所でも30度強という急傾斜である。外敵に対して絶好の防御地であった。「天然の要害」として最適の立地である。

**◆深い溝をめぐらす**＝遺跡周囲の急峻なことに加えて、当時としては大工事であったろう環濠（空堀）の掘削を行っている。たった数軒の家屋を守るにしては、あまりにも大がかりである。死守しなければならない「とりで」としての性格を強く示している。

**◆生活臭がない**＝出土品が少ない。駐在に必要最小限の必需品しか持ち込まなかったせいだろう。鉄製武器を磨いた砥石だけは、しっかりとセットで持ち込んでいる。手入れに余念のない有様が目に浮かぶ。

**◆「集落」ではない**＝家屋数軒と環濠・門柱だけの、すぐれて単純な組み合わせの施設である。生産・埋葬・定住生活を欠いた、目的遂行のためだけの「特別施設」である。

以上のような特色から導きだされた遺跡の性格は、「烽火《のろし》跡」の可能性である。環濠や住居跡と同時期の烽火跡は見つかっていないが、周辺には奈良・平安時代の烽火跡と考えられる焼土壙があった。また、住居跡近くに削平された場所があり、ここに烽火跡があった可能性も推測された。

◇　◇

以上が、発掘担当者が描く西ノ迫遺跡の姿だが、前述の「遺跡の特徴」の表現を見てもお分かりのように、この報告書はかなり異色である。その極めつけが、ここに掲げた一コマ漫画のような「西ノ迫遺跡のイメージ」図。環濠内の住居の主が「おーい、帰ってきたぞー。」と声をかけ、弓矢を持った子どもが手を振って出迎えている。その時、山の向こうに烽火が上が

西ノ迫遺跡
第99図　西ノ迫遺跡のイメージ
「おーい、帰ってきたぞー。」「おや？高山にのろしが…」

図解された「西ノ迫遺跡のイメージ」（1993年・福岡県教育委員会『九州横断自動車道関係埋蔵文化財調査報告25』所収）

り、西ノ迫からも中継する烽火を上げたという想像上のシーン。こんなユニークな発掘報告書には、ちょっとお目にかかれない。

西ノ迫遺跡で行われた烽火実験の着火風景（九州歴史資料館提供）

一方、この発掘調査には後日談もあった。現地説明会の反響があまりに大きかったため、その年八月には著名な考古学者による講演会や現地での烽火実験などが特別に企画された。烽火実験では、杷木神籠石《こうごいし》（＝山城跡とみられる遺構）―西ノ迫遺跡―旧杷木町役場裏庭―日永《ひなが》遺跡（福岡県うきは市の青銅器埋納遺跡）などを結んで次々に着火。通信の速さや煙の見え具合が分かり、往時の烽火通信の有効性を確認できたという。

◇　　◇

かつて、高地性集落は瀬戸内や近畿が本場で、「九州には弥生後期の高地性集落など存在しない」と主張する研究者もいたという。しかし、西ノ迫遺跡の発見後、この時期の遺跡・遺構の見直しや新たな発見が続き、北部九州沿岸域を含む高地性集落の分布が徐々に明らかになってきた。

小郡市埋蔵文化財調査センター所長の片岡宏二さんは、著書『邪馬台国論争の新視点』（雄山閣）の中で、西ノ迫遺跡と三国《みくに》の鼻遺跡（福岡県小郡市）、千塔山《せんどやま》遺跡（佐賀県基山町）などを結ぶ「監視集落のネットワーク」に言及している。片岡さんによると、これら筑紫平野縁辺部の高地性集落に共通するのは、環濠内部の住居（居住者）数に対して、環濠掘削に要する労働量が極めて大きいこと。これは眼下の人の動きを監視するだけでなく、烽火網の連携で平野全体を守るため、広域の集落群（クニ？）が共同で作り上げた「筑紫平野防御体制」であるという。

実際に西ノ迫遺跡に近い高台に登ってみると、朝倉市・うきは市など筑後川流域の市街地を広範囲に一望できる。福岡平野の南側から、山に挟まれた二日市《ふつかいち》地峡帯を越えて大分県日田市方面へ抜ける人の動きは一目瞭然。逆に豊《ぶん》後《ご》・大分方面から筑紫平野へ入るルートでも、西ノ迫遺跡は東からの侵入を監視する重要なポイントである。

弥生時代後期〜終末期は、魏志倭人伝が伝える「倭国乱《わこくのらん》」の時代。奴国の領域である福岡平野と筑紫平野（ツクシ）、トヨ（現在の豊前や豊後地方）とツクシの間には、それぞれ監視をおろそかにできないクニとクニとの緊張関係があったようだ。

## (106)「吉野ケ里」は残った

人と同じく、遺跡にも運・不運というものがあるようだ。工業団地の下に埋没する宿命にありながら、全体が保存されて国営歴史公園になった吉野ケ里遺跡（佐賀県神埼市・吉野ケ里町）は、幸運な遺跡の代表格。一方、国内屈指の多重環濠集落である平塚川添《ひらつかかわぞえ》遺跡（福岡県朝倉市）は「悲運」の遺跡ともいえる。この遺跡があるのは、福田台地を囲む小田・平塚遺跡群の周縁部。台地上には中核となる遺跡が眠っており、全体では吉野ケ里をしのぐ規模ともいうが、早くから工場が立地して調査の見通しは立たない。

しかし、「奇跡の吉野ケ里」も保存整備実現までには、多くの人々の献身と苦労があった。その先駆者の一人が、遺跡の地元に住んでいた元高校教諭の七田《しちだ》忠志さん。大学で考古学を学んだ七田さんは、吉野ケ里を独自に調査して昭和初年から論文を発表し、学界に発信し続けた。その息子の忠昭さん（佐賀城本丸歴史館館長）は、父の跡を継いで考古学の道に進み、佐賀県の技師として二十二年間、吉野ケ里を掘った。二人は、遺跡とともに生きた「父子鷹《おやこだか》」である。

そして、忠昭さんと組んでこの遺跡を「全国区」に押し上げたのが「ミスター吉野ケ里」こと高島忠平さん（佐賀女子短大名誉教授）。奈良文化財研究所から佐賀県職員に転出した高島さんは、工業団地造成を前に、吉野ケ里の約三十㌶を三年間で調査するという難題に直面した。そこで考えたのは、まず徹底的に遺構の分布調査をし、効率的に掘っていく方法。これが奏功し、早い段階で巨大環壕（注・吉野ケ里は空堀のため壕の字を使う）集落の全体像をつかみながら調査は進んだ。その後、何度も画期が訪れたが、忘れられないのは北墳丘墓の発見。当時の香月熊雄佐賀県知事から、その学術的価値を問われた高島さんは「王の墓だと思います」と即答。これが遺跡の「全面保存」に転換する、知事の決断の決め手になった。

国営吉野ケ里歴史公園

一方、遺跡保存にメディアが果たした役割もある。環壕の中から物見やぐら跡などの発見が相次いでいた一九八九（平成元）年二月。弥生考古学の権威で奈良文化財研究所指導部長の佐原真さんが現地を視察。このときの佐原さんの解説が「邪馬台国時代のクニ発見」と大々的に報じられ、報道合戦に火がついた。過熱報道には問題もあるが、邪馬台国ブーム再燃で行政を動かした力は大きい。その年十一月には、当時の海部俊樹首相が現地を視察し、国営歴史公園建設への道筋をつけた。当時、首相官邸詰め記者として同行していた筆者は、想像を絶する遺跡の広大さに、圧倒されていた。

## (107) モデルは中国の城郭?

佐賀城本丸歴史館館長の七田《しちだ》忠昭さんは、佐賀県職員として二十二年間、吉野ケ里遺跡(佐賀県神埼市・吉野ケ里町)を掘った生き字引。自宅は遺跡のそばで、毎朝歩いて現場に通った。

発掘作業でいろんな「発見」をしたが、衝撃的だったのは、のちに主祭殿として復元される大型掘立柱《ほったてばしら》建物を掘ったとき。ある日、柱列の中心に立つと、建物の中軸が北墳丘墓と同じ線上にあることに気づいた。その数年後、遺跡の北側から歩いて出勤中、正面に活火山の雲仙《うんぜん》岳《だけ》が見えた。墳丘墓の上に登って南を見ると、雲仙岳は復元された主祭殿の陰に隠れ、南北の軸線上に北墳丘墓—主祭殿—南祭壇—雲仙岳がほぼ一直線に配置されていたことを突き止めた。

もう一つの発見は、自宅で横山光輝の漫画『三国志』を読んでいたときだった。描かれていたのは、城壁の一部が外側に突き出た中国の城郭。以前から、吉野ケ里の環壕が物見やぐらの箇所で外側に突き出ているのが気になっていた七田さんは「これだ!」とひらめいた。その視点で見ると、南内郭と呼ぶ内壕の出入り口は門の左右に物見やぐらがあり、古代中国の双闕《そうけつ》という城門にそっくり。ほかにも方形や半円形に突き出た馬面《ばめん》や甕城《おうじょう》など、中国の城郭防御施設に似た構造が随所にあった。七田さんは「中国との外交で、実際に都城を見た人たちの情報をもとに環壕集落が造られたのではないか」と推論する。

さらに、『後漢書倭伝』に登場する二世紀初めの倭国王帥升《すいしょう》こそ「吉野ケ里の王」というのが七田さんの持論。中国の歴史書に「倭面土国王」などと書かれた人物である（59ページ参照）。面土《めと》は、遺跡周辺の米多《めた》、目達原《めたばる》に通じる地名。帥升の後裔が、古墳時代の豪族で初代の筑志（筑紫）米多国造《めたのくにのみやつこ》となる都紀女加王《つきめかのみこ》（＝応神天皇の曽孫）だという。

お墓が隣の上峰町《かみみね》にあるというので見に行った。「ミネ」は律令時代の三根郡《みねのこおり》につながる地名で、魏志倭人伝に登場する「弥奴《みな》（みぬ）国」の領域であるとする説もある。

門の両側にある物見やぐら（南内郭）

環壕突出部に立つ物見やぐら（北内郭）

お墓は目達原古墳群の一つで、九州では珍しく宮内庁管理の陵墓に指定されている上《かみ》のびゅう塚古墳。五世紀ごろの築造で、前方部が小さい帆立貝型の前方後円墳である。何と、門の前にはラブホテルがあった。王は、安らかに眠れるのか――。いらぬ心配をした。

## 「邪馬台国時代のクニ」が見えた
### 佐賀県・吉野ケ里遺跡

佐賀県東部の神埼市と吉野ケ里町にまたがる吉野ケ里遺跡は、一九八六（昭和六十一）年に発掘調査がスタート。九一（平成三）年に国の特別史跡に指定され、国営吉野ケ里歴史公園（供用面積約一〇五㌶）として整備された。

発掘調査では、旧石器時代から奈良・平安時代までの遺構や遺物が出土。約七百年間とされる弥生時代には、全期間を通じて集落が営まれている。このうち歴史公園で復元整備の対象となったのは、後期後半（紀元三世紀ごろ）の集落の姿である。

弥生時代前期（紀元前五〜同二世紀ごろ）には、遺跡の南端の丘陵で環壕を伴った面積二・五㌶ほどの集落が出現。中期（紀元前二世紀〜紀元一世紀ごろ）には、南部の丘陵をぐるりと囲む約二十㌶の環壕集落に成長した。さらに、後期（紀元一〜三世紀ごろ）になると最盛期を迎え、丘陵北側に拡大して国内最大級の環壕集落に発展。外壕で囲まれた範囲は南北一㌔以上、東西は最大〇・五㌔で総面積は約四十㌶に及んだ。しかし、三世紀後半ごろになると遺跡を囲んでいた環壕が埋没し、終焉を迎えたと考えられている。

（注）弥生時代の区分と実年代は研究者によって諸説ある。

**◆蘇る「宮室・楼観・邸閣」**

歴史公園内で復元された環壕内の主な遺構は、北側から北墳丘墓、甕棺墓列、北内郭、南内郭、倉と市《いち》、南祭壇など。魏志倭人伝が卑弥呼の居所の様子として伝えた「宮室（宮殿や祭殿）、楼観《ろうかん》（＝物見やぐら）、城柵《じょうさく》」などを思わせる建物や構造物が復元された。また、倭人伝がいう「租賦（租税）を収める邸閣（倉庫）」や市に相当する遺構もあり、邪馬台国時代のクニの全体像をイメージさせる。

**北墳丘墓**＝南北約四十メートル、東西二十七メートル以上の長方形に近い墳丘墓で、築造当時の推定高さは四・五メートル以上。正面には直径約五十センチ、高さ七メートル程度のシンボル的な柱（立柱）が立っていた。ここは弥生時代中期の歴代首長層の墓で、十四基の甕棺が出土。把頭飾付有柄細形《はとうしょくつきゆうへいほそがた》銅剣やガラス管玉を持つ「王墓」級の甕棺もあった。

**甕棺墓列**＝吉野ケ里遺跡では、三千基以上もの甕棺が見つかっているが、未調査のものも含めると推定一万五千基以上ともいわれる。このうち、北墳丘墓の近くには、道（墓道？）の両側に甕棺を埋葬した「甕棺墓列」と呼ばれる区域があり、長さ六百メートルにわたって二千基以上が並んでいる。ここは一般民衆の墓地と考えられているが、中には頭部がない人骨や刀傷のあるもの、腹部に十本の矢を打ち込まれたものなどもあった。

**北内郭**＝集落の中心となるマツリゴトの場所で、平面形は英字のAに似ている。二重の環壕と柵、物見やぐらで囲まれ、入り口は侵入者を警戒して鍵形に折れ曲がっている。三層二階建ての高床建物として復元された「主祭殿」は国内最大級。内部には、王族や支配層の会合や巫《み》女《こ》による祭祀の様子が復元された。

**南内郭**＝環壕に囲まれた、王や支配層の居住域と考えられている。環壕が張り出した箇所には四棟の物見やぐらがあり、「王の館」や兵士の住居などが復元された。

**倉と市**＝中枢の建物である「市楼」を中心に、「クニの大倉」や穀物倉庫など大小の高床倉庫が建ち並ぶ。魏志倭人伝は「国々に市が有り、大倭に監督させている」と書く。「大倭」が何を意味するかは判然としないが、倉と市は厳重な管理下に置かれていたようだ。

**南祭壇**＝墳丘墓のように人工的に作られた小丘だが墳墓は見つからず、祭祀用の土器などが出土したことから祭壇と考えられている。北墳丘墓は首長層の祖霊を祭り、南祭壇は農耕祭祀などで天と地の精霊を祭る場という見方もある。

日吉神社跡地で、十年ぶりに再開された発掘調査

## ◆十年ぶりの発掘再開に期待

国営歴史公園として整備され、年間約七十万人が訪れる吉野ケ里遺跡だが、今も発掘調査が続いている。二〇二二（令和四）年には、五月の試掘調査を経て同九月から十年ぶりに本格調査が再開された。

今回の調査エリアは、遺跡の中央部付近に位置する旧日吉神社の跡地約四千平方メートル。

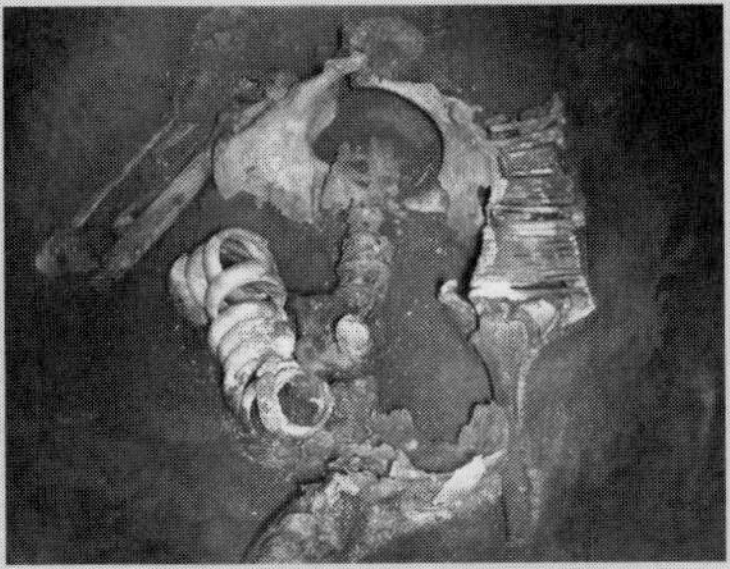

三十六個の貝輪を着けた女性人骨
（佐賀県文化財保護室提供）

一九八九年、十四基の甕棺墓から銅剣八本やガラス製管玉七十九個などが見つかり、弥生時代中期前半から中ごろの歴代首長の墓とされた北墳丘墓の西側約百メートルの地点にある。中世には、少弐氏の支城である「日吉城」があったとされる場所だ。

調査地は、弥生時代中期を主体とした約六百メートルに及ぶ「甕棺墓列」の延長線上にあるが、日吉神社（創建時期は不明）境内にあったため、手つかずのまま「謎のエリア」とされてきた。二〇二一年に神社との移転交渉がまとまり、佐賀県が土地を購入。二二年五月から六月にかけて予備調査が行われ、既に紀元前二世紀ごろの甕棺墓五基が見つかっている。

今回調査地点の北側隣接地では、両腕に三十六個の貝製腕輪を着けた女性（シャーマン）の人骨や前漢鏡が出土した甕棺墓一基が見つかっており、極めて注目度が高い場所。本格調査は二三年度まで続く予定で、吉野ケ里ではまだ見つかっていない弥生時代後期の首長墓発見にも期待が高まっている。

## ⑩⑧ 吉野ケ里人と大友人

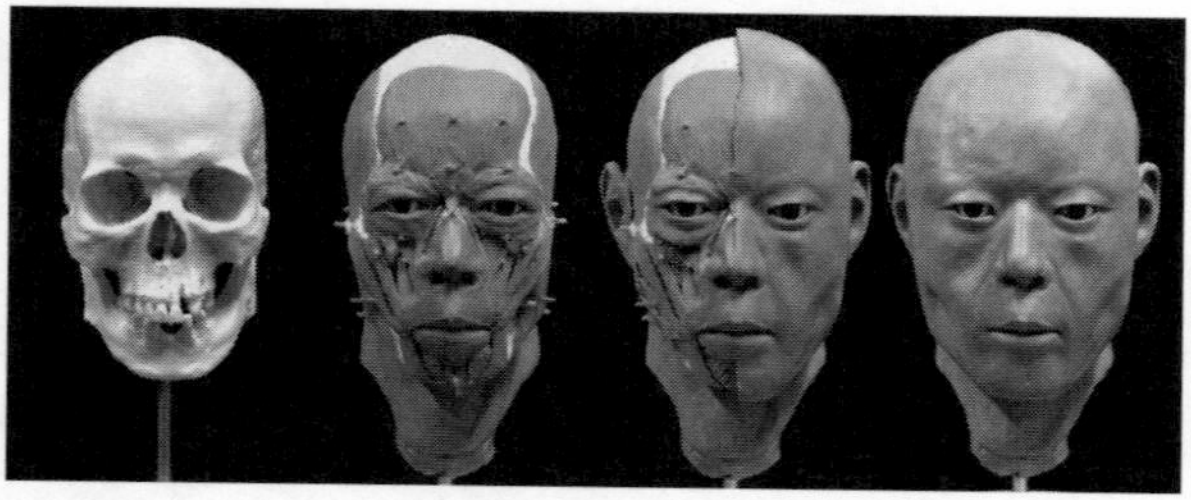

「吉野ケ里人」の復顔過程

平成の初め、邪馬台国ブームを再燃させた吉野ケ里遺跡（特別史跡、佐賀県神埼市・吉野ケ里町）は、四十《ヘクタール》以上に及ぶ国内最大規模の多重環壕集落。魏志倭人伝が伝える「宮室《きゅうしつ》（＝首長の居館や祭殿）・楼観《ろうかん》（＝物見やぐら）・城柵《じょうさく》」や「邸閣（＝租税の倉庫）と市」に相当する遺構が次々に出土。戦乱や身分階層を示す遺物の発見で、弥生社会のイメージを塗り替えた遺跡としても特筆される。

墳墓も、弥生時代の甕棺《かめかん》墓から、古墳時代初頭の周溝墓や前方後方墳まで多種多様な墓がある。三千四十五基を数える甕棺墓は、墳丘と青銅器・玉類などの副葬品を持つ首長の墓のほか、約六百《メートル》に及ぶ甕棺墓列に埋葬された人々など、身分の序列が明確。頭部がない人骨を納めた「戦士の墓」や両腕に南海産の貝輪を三十六個も着けた女性シャーマン（司祭者）の墓もあった。

これらの墓に眠る吉野ケ里人は、一体どんな顔をしていたのか。佐賀大学医学部の川久保善智助教（解剖学・人類学）は、遺跡から出土した頭蓋骨に粘土や樹脂で肉付けして生前の顔を蘇らせることに挑戦した。身元不明遺体の捜査などで使われる復顔という技法だ。四百体近い吉野ケ里の人骨の中から保存状態の良いものを選択。比較のために、海浜にある大友《おおとも》遺跡（同県唐津市呼子町）の人骨も復顔した。玄界灘を望む大友遺跡は、吉野ケ里から脊振《せふり》山地を越え、直線距離で約六十キロ離れた漁労中心の集落。魏志倭人伝に登場する末盧《まつろ》国の領域にある。

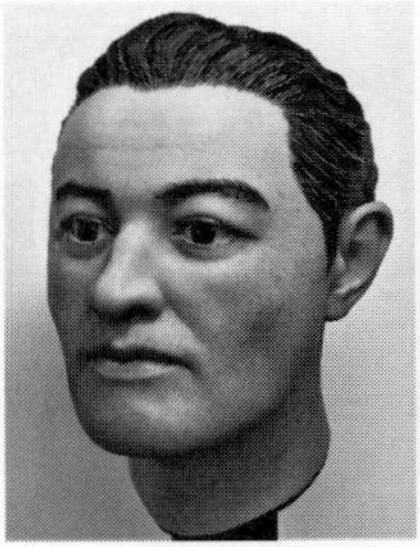

大友人

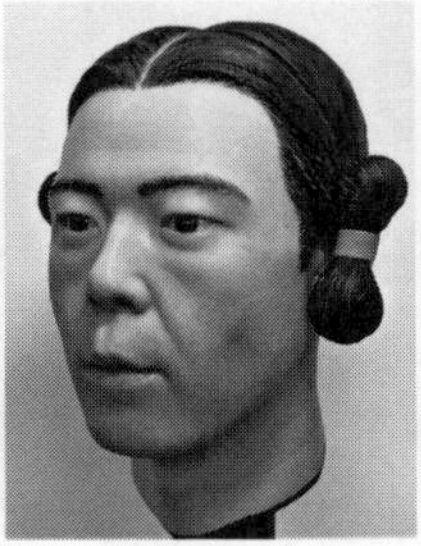

吉野ケ里人

（いずれも川久保善智氏提供）

完成した吉野ケ里人の顔は、面長で眼窩《がんか》（＝目のくぼみ）が丸く、一重まぶたの渡来人系。「現代の日本人に近い、ありふれた顔と感じてもらえれば復顔は成功」と川久保さんは笑う。これに対し大友人は顔が短く、彫りが深い在来系で「西北九州や南九州に多い、縄文人の形質を受け継いだ顔」という。この二人は現代なら同じ「佐賀県人」だが、ほぼ二千年前には海浜部と内陸部で大きな違いがあったようだ。

吉野ケ里遺跡では、弥生時代中期の甕棺から全国初の毛髪も見つかった。先端部がカールしており、古墳時代と同じく、頭の両側で結う「みずら」という髪型だったと考えられている。

## (109) 帝王のムラサキ

魏志倭人伝によると、倭の女王卑弥呼は少なくとも二回、後継者の台与《とよ》は一回、魏の都に使者を送っている。その時、皇帝に献上したのは男女の生口《せいこう》（＝奴隷）などのほか、班布《はんぷ》、倭《わ》錦《きん》、絳青縑《こうせいけん》（＝赤や青の糸で堅く織った絹織物）、緜衣《めんい》、帛布《はくふ》、異文雑錦《いもんざつきん》などの織物。これに対し、皇帝からは「親魏倭王」の金印や銅鏡百枚のほか、絳地交龍錦《こうちこうりゅうきん》（＝赤地に龍の文様の絹織物）や毛織物など、豪華な多種類の織物を下賜されている。どんな織物だったかは諸説あるが、注目されるのは女王の献上品に絹織物が含まれていたこと。倭人伝には、「倭人は蚕を育てて絹織物をつくる」という内容の記述があり、邪馬台国探索の重要な手掛かりとされてきた。

弥生時代の絹製品は、北部九州の遺跡で集中的に出土する。国内最大規模の環壕集落である吉野ケ里遺跡（佐賀県神埼市・吉野ケ里町）でも、甕棺墓の人骨や剣などに付着して三十点以上の絹や麻の布片が見つかった。

古代の繊維研究の第一人者だった京都工芸繊維大の布目順郎名誉教授の鑑定によると、吉野ケ里の絹は朝鮮半島・楽浪系の三眠蚕《さんみんさん》という蚕の糸を使用。縫い目のある絹片や中国・華中地域に多い透目《すきめ》絹という繊細な薄絹もあり、日本茜《あかね》（＝赤の染料になる植物）や貝紫で染色されていた（布目順郎著『倭人の絹―弥生時代の織物文化』小学館）。弥生人の服装といえば粗末な貫頭衣《かんとうい》が思い浮かぶが、支配階層は色鮮やかな絹織物を着ていたようだ。

貝紫は、巻貝から採取する染料。千個の貝から数グラムしかとれないという貴重品で、西洋では「ロイヤル・パープル（帝王の紫）」の異名がある。吉野ケ里歴史公園で、貝紫の染色体験会（不定期）があったので参加してみた。

材料は、有明海沿岸でとれるアカニシというアッキガイ科の貝。まず貝を割って鰓下《さいか》腺という内臓を取り出し、すりつぶして黄緑色の液体を抽出。強烈な悪臭に耐えながら、水で薄めて染色液をつくる。これに白布を漬けてもみ込み、天日に干せば出来上がり。王の衣にふさわしい、上品で気高い薄紫色である。

絹の衣服で着飾った「王の間」の人々
（国営吉野ケ里歴史公園の展示）

アカニシ（手前）を使った
貝紫の染色体験

## ⑽ 吉備津彦の「鬼退治」

瀬戸内海に面する古代の吉備国《きびのくに》（＝現在の岡山県を中心とする地域）は、魏志倭人伝にある投馬《とうま》国の候補地のひとつ。桃太郎伝説の古里でもあり、そのモデルは吉備津神社（岡山市）縁起などが伝える吉備津彦の物語である。

第十一代垂仁天皇のころ、百済《くだら》から飛来した温羅《うら》という王子が、山城の鬼ノ城《きのじょう》を占拠。鬼と恐れられた温羅は都に上る船を襲い、略奪を続けた。これに対しヤマトから第七代孝霊天皇の皇子・五十狭芹彦《いさせりひこ》（＝吉備津彦）が派遣され、討伐したという。

鬼ノ城遠景

この戦いで、吉備津彦が防御の石楯を築いたとされるのが、現在、旧楯築《たてつき》神社の祠《ほこら》がある倉敷市の西山丘陵。近くには、コイに化けて逃げる温羅を鵜《う》に変身した吉備津彦が捕らえた鯉喰《こいくい》神社もある。これらの場所は弥生時代の墳丘墓で、楯築墳丘墓（弥生時代後期、推定全長八十三メートル）は国内最大級。円丘の両端に方形突出部がある双方中円形で、前方後円墳の祖型ともいう。円丘上には「石楯」伝説を生んだ巨石が石祠を囲むように立ち並び、墳丘の斜面にも列石がある。

一九七六年から十四年間に及ぶ岡山大学などの調査で、三十二キロ以上もの水銀朱をまいた木棺と木槨、鉄剣、玉類などが出土。特殊器台と呼ばれる祭祀土器もあった。墳丘上の祭りで供え物を置く土器で、埴輪《はにわ》の原型とされる。さらに、複雑な弧文と帯状の線刻がある石片が数百点出土。接合すると楯築神社ご神体の石と同じもので、弧帯文石《こたいもんせき》と名付けられた。これと似た弧文の円板が纒向《まきむく》石塚古墳（奈良県桜井市）で見つかっており、吉備とヤマトの深い関係をうかがわせた。

日本書紀は、第十代崇神天皇が服従しない地方を平定するため四人の将軍を派遣したと伝える。吉備津彦は、西道（山陽道）に赴いた「四道《しどう》将軍」の一人。温羅退治伝説は、その故事を反映したものともいう。しかし、瀬戸内の海上交通を支配する吉備の王は、その後もヤマト王権に迫る力を持ち続けたらしい。全国で四番目に大きい造山《つくりやま》古墳（全長三百五十メートル）や作山《つくりやま》古墳（同二百八十二メートル）など、大王陵級の巨大前方後円墳がそれを物語る。

復元された鬼ノ城西門

造山古墳（いずれも岡山県古代吉備文化財センター提供）

## 謎に満ちた吉備の王墓
### 岡山県倉敷市・楯築墳丘墓

一九七六年から八九年まで、七次にわたる発掘調査で全容を現した岡山県倉敷市の楯築《たてつき》墳丘墓（弥生時代後期後半）は、過去に類例がない遺構や遺物が続出し、考古学界を驚かせた。いびつな円丘の両側に方形突出部がある「双方中円」形の墳丘墓で、弥生時代では国内最大級（推定全長八十三メートル、円丘部の直径約四十九メートル）。吉《き》備《び》地方の「王墓」とみられるこの墓は、首長の葬送祭祀や継承儀礼、前方後円墳の成立過程など、今も多くの課題と謎を研究者に突きつける。

**◆古代吉備の中心域に**

楯築墳丘墓があるのは、倉敷市と岡山市の境界を流れる足守《あしもり》川西岸の西山丘陵（倉敷市矢部向山・日畑西山）。遺跡は「王墓の丘史跡公園」として保存整備されている。

遺跡の現在地は、近世以降の干拓で瀬戸内海沿岸からかなりの距離があるが、弥生時代の海岸線は遺跡の南約二・五キロの位置。当時の足守川河口近くにあった上東《じょうとう》遺跡（倉敷市上東）からは、九千六百個以上もの桃核や波止場状遺構が見つかっている。流域には、国内第四位の規模を誇る造山《つくりやま》古墳や同九位の作山《つくりやま》古墳をはじめ、古墳や墳丘墓、集落遺跡などが集中しており、古代吉備の中心域である。

楯築墳丘墓がある場所は、かつて楯築神社の境内だったが、明治期に近くの鯉喰《こいくい》神社（境内は弥生時代の墳丘墓）に合祀されたという。その後、「龍神石」や「亀石」などと呼ばれてき

楯築墳丘墓の推定復元図（岡山市教育委員会の安川満氏作成）

た御神体の石だけが、墳丘上の石の祠《ほこら》に戻り、現在は収蔵庫に収められている。

この石は、重さが四百キロぐらいもあり、長さと幅が九十センチ前後の丸みを帯びた方形。高さ三十六センチ余りで、正面に丸い人の顔の浮き彫りがある。帯のような線刻が渦巻き状に何重にも石を取り囲み、渦の中心にある円文の中は断面が三角形状に彫り込まれている。考古学者によって、のちに「弧帯文石《こたいもんせき》」と名付けられ、国の重要文化財（指定名称は旋帯文石）になった。

### ◆破壊された突出部

この遺跡を「悲劇」が襲ったのは、一九七〇年代の初め。住宅団地の造成で、円丘北東側と南西側にあった突出部のほとんどが破壊された。現在、南西側突出部の跡には、団地の給水塔が建っている。

ご神域にあるため緊急調査もままならず、岡山大学考古学研究室の近藤義郎教授らの奔走で、本格調査が実現したのは七六年の夏。以来、岡山大を中心に十四年間に及ぶ調査が続いた。

その成果は、調査を主導した近藤氏の著書『楯築弥生墳丘墓の研究』（一九九二年・楯築刊行会）に詳しい。そして、近藤氏の遺志を継いだ岡山大の研究者らの手で二〇二一年、「決定版」ともいえる報告書『楯築墳丘墓』（岡山大学文明動態学研究所・同大学考古学研究室編）が刊行された。この報告書の中で、執筆者は「楯築墳丘墓を語るうえで最も大きなできごとは、一九七二年末ないし七三年初めに起きた宅地造成とそれに付随する工事による両突出部の破壊である。このことによって、突出部とは何かという問題を解く手がかりの多くが失われた」と慨嘆している。

この報告書は非売品だが、インターネットで全文を読むことができる。

**◆驚愕の遺構と遺物**

報告書などをもとに、遺構や遺物の特色を列挙すると、以下の通りである。

**▽墳丘上の立石《りっせき》**＝墳丘上には、石の祠（石祠の背石も立石の一つ）を囲むように五つの巨大な立石がある。この平たい大石は、石の楯のようにも見え、温羅《うら》伝説の「石楯」や楯築の名前の由来に

楯築墳丘墓の立石

なった。また、墳丘の斜面には二重の列石があり、古墳の葺石《ふきいし》を思わせる丸い石を敷き詰めた円礫敷《えんれきじき》も墳丘の各所に見られる。

**▽墓からも「御神体」**＝このお墓からは二つの中心主体（埋葬施設）が見つかっている。そのうち第一主体は、円礫が一メートル近くも堆《たい》積《せき》した層（円礫堆）の下に眠っていた木《もっ》槨《かく》。円礫堆の中からは、祭祀用の土器である特殊器台や特殊壺、人形《ひとがた》の土製品、鉄器などが見つかった。

御神体の弧帯文石

そして調査員たちを驚かせたのは、楯築神社の御神体石とそっくり同じ文様を持つ石片がばらばらに砕かれた状態で見つかったことである。この石の発見で、神社に伝わった御神体石（弧帯文石）が墳丘墓と一体のものであることが明らかになった。

さらに九〇年代の終わりには、楯築墳丘墓の北西約七百メートルにある鯉喰神社の弥生墳丘墓でも弧帯文石の破片が発見されている。

**▽排水溝を持つ木槨**＝第一埋葬主体の木槨は円礫堆と土砂に押しつぶされ、木材は朽ち果てていた。わずかに残った痕跡や土層断面の観察から、木棺の外側を木の板で囲んだ「木棺木槨」の構造が推定復元された。二重底の底板の周囲

に側板と小口板を配し、底板の上に木棺を置いて蓋板で覆うという類例のない形である。さらに墓壙の底部には、石組の暗渠のような排水溝が巡らされていることがわかった。これも弥生時代の墳丘墓には例がない。

　木棺が置かれていた床面には、分厚く水銀朱が敷かれていた。推定総量は、約三十二キログラム以上。朱の層の中から碧玉やガラス製の玉類、鉄剣、歯の小片などが見つかった。

**▽大柱と墓上の祭祀**＝第一埋葬主体の墓壙の周辺からは、三基の木柱の跡が見つかった。このうち墓壙の縁に立っていたのは、直径二十九センチ程度の大柱《おおばしら》と考えられている。大柱遺構は、伊都国王墓である福岡県糸島市の平原遺跡（平原1・5号墳丘墓）や佐賀県の巨大環壕集落である吉野ケ里遺跡（北墳丘墓）など、北部九州を中心に見つかっており、神を招く依り代のようなものともいう。

　一方、埋葬主体部の円礫堆や墳丘の斜面、突出部からは、特殊壺や特殊器台と呼ばれる祭祀土器が多数出土している。これらは葬送儀礼のために特別に作られたもので、吉備地方が発祥の地。特殊器台の上に特殊壺を乗せ、供物などを祖霊に捧げる供献土器である。墳丘墓の上では、大柱や立石に囲まれて、首長の霊を祭る「共飲共食」の儀礼が行われたと考えられている。

## ⑾ いずみの高殿

史跡公園として整備された弥生時代の環濠集落で、近畿地方の代表格は池上《いけがみ》曽根《そね》遺跡（大阪府和泉市・泉大津市）と唐古《からこ》・鍵《かぎ》遺跡（奈良県磯城郡田原本町）。両遺跡には、「遺跡のシンボル」となる二つの大型建物が復元されている。

池上曽根遺跡では一九九五年、ほぼ東西の軸線上に長さ約二十メートル、幅七メートルの二列の柱穴群が出土。隣からクスノキの巨木をくりぬいた国内最大の井戸（直径約二メートル）も見つかった。建物は、東西の妻側両端に独立棟持柱《むねもちばしら》を持つ独特の構造で「伊勢神宮などのルーツとなる弥生神殿か」と騒がれた。築造年代は、邪馬台国の時代より二百年ほど古い弥生時代中期末ごろ。その二年前、吉野ケ里遺跡（佐賀県）で祭殿とみられる大型建物跡が見つかり、邪馬台国九州説が勢いづいただけに、畿内説論者たちは「近畿の先進性が示された」と反転攻勢に期待をかけた。

池上曽根遺跡の「いずみの高殿」（右は大井戸）

唐古・鍵遺跡の楼閣風建物

楼閣の絵画土器

褐鉄鉱容器と勾玉
（いずれも田原本町教育委員会提供）

その後、考古学や建築史などの英知を集め、四年がかりで大型建物が往時の姿に復元された。完成した建物は、二十六本の柱で支える高床式で、高さ十一メートル、床面積は約百三十五平方メートルにも及び、「いずみの高殿」という愛称がついた。

学界では、この建物発見をきっかけに「弥生都市」論争が沸騰。建物跡のヒノキの柱根が、年輪年代法で「紀元前五十二年の伐採」と鑑定され、弥生時代中期の推定年代を百年近くさかのぼらせたことでも有名になった。

一方、唐古・鍵遺跡の建物は、土器の線刻画をもとに推定復元された、いわば「シンボルタワー」。この遺跡からは、全国一多い約三百五十点もの絵画土器が出土。その中に三階建ての建物を描いた土器片があり、これをモデルにした。くるりとカールした軒飾りが特色で、見た目はまるで巨大なゼンマイである。

さらに同遺跡からは、ヒスイ勾玉二個を入れた「褐鉄鉱容器」が出土した。これは、中国で褐鉄鉱にたまった粘土を不老不死の仙薬とする「禹餘粮《うよりょう》」で、絵画土器の建物も中国風の楼閣とする説がある。ということは、中国大陸で実際に楼閣を見た倭人が描いたのか。それとも、渡来人の記憶の中の建物か──。

## (112)「王宮」の伝承地

邪馬台国ブーム再燃で、佐賀県の吉野ケ里遺跡に年間数十万人が詰め掛けた平成の初め。奈良盆地東南部の三輪山の麓でも、古墳時代の起源に迫る重要な発掘調査が続いていた。弥生から古墳時代への移行期に位置し、前方後円墳の「原型」とされる纒向《まきむく》石塚古墳（奈良県桜井市）。当時、大学一年生で発掘に加わった橋本輝彦さん（桜井市文化財課課長）は「纒向石塚は弥生墳丘墓か、それとも古墳かと論議を呼んだ。吉野ケ里フィーバーとの相乗効果で、報道陣が押しかけた」と当時を振り返る。

それから約二十年後、橋本さんは纒向遺跡の居館域と推定された辻地区で、三棟の大型掘立柱建物跡（B・C・D）を発掘。二〇〇九年に衝撃の記者発表が行われた。最大の建物Dは高床式で、推定床面積二百三十八平方㍍。邪馬台国の時代に重なる三世紀前半〜中ごろでは国内最大の建物で、「卑弥呼の宮殿か」と騒がれた。注目されたのは、建物群が東西の軸線上に並び、計画的に配置されていたこと。その後、B―Dに続く三世紀後半以降の建物Eの一部が見つかり、新たな居館域発見の可能性が出てきた。だが、JR桜井線で遺構が分断され、調査の見通しは立っていない。

纒向は、初期ヤマト王権の王宮があったという伝承の地。日本書紀が伝える第十代崇神天皇から十二代景行天皇のころである。桜井市が設立した纒向学研究センターの寺沢薫所長による

発見当時の大型建物跡

木製仮面（いずれも桜井市教育委員会提供）

と、纒向遺跡は「三世紀初めに突如出現し、四世紀初めには衰退した都市遺跡」。その最初の事業は運河の建設で、矢板で護岸された水路（纒向大溝）が見つかっている。農耕具の鍬《くわ》より、土木作業用の鋤《すき》が圧倒的に多いのも特徴。東海や瀬戸内など外来系土器の比率が高く、各地の人々がここに集まったことを示す。

さらに、大型祭祀土坑や鍬を再利用した木製仮面、大量の桃核《とうかく》（＝モモの種）など、祭りにかかわる遺物も多数出土。二百次にのぼる調査で列島最初期の「都市」の姿が鮮明になってきた。だが橋本さんによれば、調査できたのは全体の二パーセント程度。「工房域の所在など、集落の全体構造はまだ見えてこない」と、この遺跡の底知れぬ可能性を強調する。

## 邪馬台国畿内説の有力候補
## 奈良県桜井市・纒向遺跡

ヤマト王権発祥の地とされ、邪馬台国の最有力候補地ともいわれる纒向《まきむく》遺跡は、大物主神が住むという三輪山麓の扇状地に南北約一・五キロ、東西約二キロにわたって広がる。遺跡の範囲内では、纒向石塚古墳をはじめとする発生期の前方後円墳（一部は墳丘墓とする説もある）と完成形の前方後円墳である箸墓古墳が纒向古墳群を形成し、弥生時代の終末～古墳時代の初頭に位置する転換期の遺跡。いわば、纒向遺跡は日本の古墳文化発祥の地でもある。

考古学の土器形式でいえば、庄内０式期に突如出現し、庄内３式～布留０式期にピークを迎え、布留１式期に急速に衰退する。これらの土器形式の年代観は、研究者によって違いもあるが、纒向学研究センターの寺沢薫所長によれば、庄内０式＝三世紀初め、布留０式＝三世紀後葉、布留１式＝四世紀初めである。これに従えば、纒向遺跡は邪馬台国に都を置いた倭の女王卑弥呼と後継者の台与（あるいは壱与）が活躍した時代にぴったり重なることになる。

この遺跡の特色の一つは、出土遺物の中に農耕用の鍬《くわ》よりも土木工事用の鋤《すき》の方が圧倒的に多く、「非農耕的集落」の性格が強いこと。遺跡内に巻向川と結ぶ水運のための運河（纒向大溝）が構築され、大量の矢板を使った護岸工事が行われている。さらに、東海や吉備、山陰系など外来土器の比率が高く、遠隔地から多くの人々が流入していたらしい。その中で北部九州との交流を示すのが、三世紀後半ごろの鍛冶関連遺

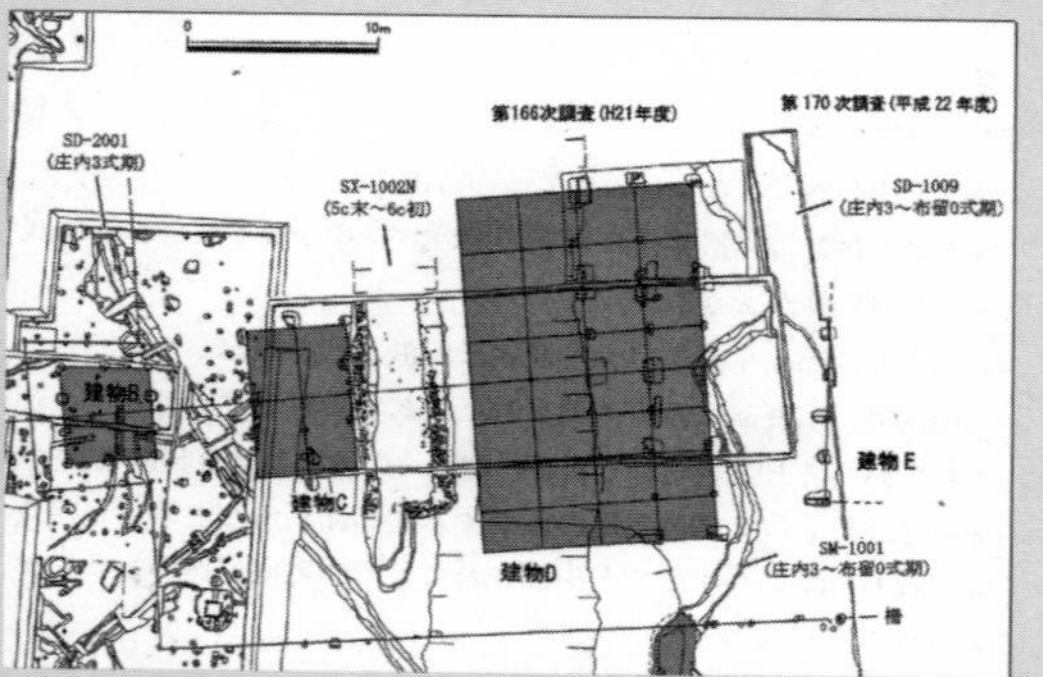


東西の軸線上に並ぶ大型建物の実測図
（左から建物Ｂ・Ｃ・ＤとＥの一部）

物。断面がカマボコ形をした鞴《ふいご》の羽口《はぐち》（鍛冶炉に空気を送り込む送風管の口）は、福岡市の博多遺跡群で見つかったものと同型で、鉄の加工技術が九州から伝わったことをうかがわせる。

この地は、日本書紀に「大市」、和名類聚抄に「大市郷」の名で登場し、古くから奈良盆地の経済的中心でもあったと考えられている。国内最古級の「都市」とされるのも、広域かつ活発な人々の交流の痕跡が見られるためである。

そして、この遺跡を一躍有名にしたのが、柵に囲まれて東西の軸線上に並ぶ居館状の大型建物群（辻地区）。中でも「建物Ｄ」と呼ばれる遺構は、床面積約二三八平方メートルで、この時代では国内最大である。また、遺跡内の祭祀土坑などから吉備地方にルーツがある祭祀用の特殊器台や特殊壺、大量の桃核（モモの種）や鍬を再利用した木製の仮面などが出土。纒向石塚古墳の周濠からは、同じく吉備地方との関係が指摘されている弧文円板も見つかった。これらの遺物や遺構から、辻地区の大型建物は「王権祭祀」に関係する祭殿ではないかという見方もある。

さらに、遺跡内からは国内最古のベニバナやバジルの花粉、巾着《きんちゃく》状の絹製品など「特殊稀少遺物」と呼ばれるものも出土し、この遺跡の特異な性格を物語る。ベニバナなどは大陸からもたらされた遺物である。さらに、学界で論議を呼んだのが箸墓古墳の周濠部から四世紀初めの

木製輪鐙の破片（いずれも桜井市教育委員会提供）

土師器《はじき》とともに出土した「輪鐙《わあぶみ》」とされる木片。完形であれば、電車の吊り革《かわ》のような形をしており、乗馬のときに足をかける馬具である。三世紀末に書かれた魏志倭人伝は「倭の地には牛、馬、虎、豹、羊、鵲《かささぎ》がいない」と記し、考古学や歴史学でも日本列島の騎馬の始まりは五世紀ごろとされてきた。問題の木製輪鐙が実際に使われたものとすれば、騎馬の歴史を塗り替える画期的な証拠品である。

中国の史書にまったく記載がなく、歴史上の「空白」とされる四世紀の倭国。その謎の時代に、ヤマトで騎馬軍団の先駆けのようなものが跋扈し始めていたとしたら…。まだ全体の二パーセント程度しか発掘されていないという纒向遺跡から、今後何が出てくるのか。当分は目が離せそうにない。

## ⑪３ 人麻呂さんの貢献

今でこそ「ヤマト王権発祥の地」と注目される纏向《まきむく》遺跡（奈良県桜井市）だが、半世紀前はほとんど無名。それを邪馬台国候補の大本命にした陰の功労者は、「歌聖」と呼ばれる万葉歌人、柿本人麻呂《かきのもとのひとまろ》だったという。

大阪万国博の余韻もさめやらぬ一九七一年。奈良県立橿原《かしはら》考古学研究所（橿考研）職員の石野博信さんは、桜井市の炭鉱離職者住宅予定地（現在の纏向遺跡辻地区）で発掘調査をしていた。二カ月で終わる予定だったが、県の遺跡地図からはずれた場所で飛鳥時代の二本の川跡を発見。「掘り続けたい」と思った石野さんは、万葉集の研究家を探し「この川跡のあたりを詠んだ歌がありませんか」と尋ねた。研究家いわく、「巻向《まきむく》川を詠んだ柿本人麻呂の歌があるが、現在の川の周辺とは情景が違い、長年疑問に思ってきた」。「これだ！」と思った石野さんは「万葉時代の巻向川発見」と新聞発表した。それが、あとに続く大発見のきっかけである。

団地予定地の調査続行で、三―四世紀ごろの祭りに使った土器が多数出土。「祭祀用具埋納土坑群」と名付けた。さらに、遺跡の中に矢板で護岸された二本の水路があり、現在の纏向小学校付近で合流することを突き止めた。大和川を結ぶ物資輸送の運河と推定され、のちに「纏向大溝」と呼ばれた遺構である。石野さんが担当した七次までの調査では、整理箱で千箱以上の土器が出土。瀬戸内や東海、山陰地方など外来系の土器が三割近くを占め、各地との交流を

矢板で護岸された「纒向大溝」（奈良県立橿原考古学研究所提供）

裏付けた。

これらの成果をもとに七六年、初の発掘調査報告書『纒向』が刊行された。このとき、土器の製図を一手に担当したのが橿考研の後輩、関川尚功《ひさよし》さん。二〇二〇年、関川さんは『考古学から見た邪馬台国大和説―畿内ではありえぬ邪馬台国』（梓書院）を出版した。かつて、石野さんと纒向を掘った関川さんが「大和説は成り立たない」ことを論証し、先輩の纒向＝邪馬台国説を全否定した衝撃の書。

これに対し昭和ひと桁世代の「纒向のレジェンド」は、後輩の壮挙をたたえつつ、「違いがあるからこそ面白い」と笑うのである。

## (114) 鳥装のシャーマン

ヤマト王権発祥の地といわれる纒向《まきむく》遺跡（奈良県桜井市）からは、多様な祭祀の遺構や遺物が見つかっている。

祭祀土坑から出土した木剣や弓などの木製武具をはじめ、鍬を再利用した木製仮面、大量の

清水風遺跡の「鳥装のシャーマン」を描いた土器（奈良県立橿原考古学研究所附属博物館提供）

復元された鳥装のシャーマン（田原本町教育委員会提供）

桃核《とうかく》（＝モモの種）など。モモは中国の神仙思想に由来する神聖な供物とされ、他の遺跡でも出土する。だが、纒向遺跡の居館域の土坑から出土した桃核は「推定四千個以上で特筆すべき量」と桜井市文化財課の橋本輝彦課長。仮面を着けた「神」の前で、木製武具を手にした男たちが戦いの場面を演じ、モモを供える祭りが行われていたらしい。

これらの祭りの中心にいた司祭者《シャーマン》は、どんな姿をしていたのか。それをうかがわせる遺物が、纒向遺跡の北西約五キロの初瀬川流域にある唐古《からこ》・鍵《かぎ》遺跡（奈良県磯城郡田原本町）と清水風《しみずかぜ》遺跡（田原本町・天理市）で出土している。

唐古・鍵遺跡は、弥生時代中期を最盛期とする奈良盆地最大の多重環濠集落。北側六百メートルには、衛星集落の清水風遺跡がある。両遺跡からは、総数で四百数十点もの絵画土器が出土し、点数は全国一、二位。中でも有名なのが「鳥装のシャーマン」と呼ばれる絵画の土器である。ゆったりとした袖のある衣服を着て、両手を上に広げ、頭に鳥の羽のようなものを着けた人物。両遺跡から同じポーズの人物絵画土器が出土し、女性器を描いたものもあるため、巫女《みこ》もいたと考えられている。

両遺跡からは、他にも「盾《たて》と戈《か》（＝武器の一種）を持つ鳥装の人物」や「両手を挙げる人物」の土器が出土しており、鳥装と「バンザイ」ポーズが特徴的。鳥は、五穀豊穣をもたらす穀霊として信仰されていたという。

絵画土器には、中国風の楼閣や舟、想像上の動物「竜」などの絵もあり、さながら「弥生の美術館」。唐古・鍵考古学ミュージアム（田原本町阪手）には弥生の絵師たちの「作品」が展示され、鳥装のシャーマンの復元像もある。頭に鳥の羽飾り、口にくちばしの装具を着けた人物像は、にわかには信じがたい、南洋風の異様な姿である。

## ⑾⑸ 再び「二つの倭」

邪馬台国をめぐる「よもやま話」も、いよいよフィナーレ。ここで再び巻頭のタイトル「二つの倭」に戻ろう。二―三世紀の邪馬台国の時代、九州と奈良・ヤマトに二つの有力な勢力が

大型建物の柱列が並ぶ纒向遺跡辻地区

並立していたという仮説である。

そのルーツともいえるのは江戸時代の国学者、本居宣長《もとおりのりなが》。宣長は著書『馭戎概言《ぎょじゅうがいげん》』で、「倭の女王」が魏に朝貢したという日本書紀・神功皇后紀の記述（魏志倭人伝の引用）に言及。これは「皇朝の使いではなく、筑紫（九州）の南のあたりで勢いを持つ熊襲《くまそ》のたぐい」とし、勝手に倭の女王（神功皇后）の名をかたったと喝破した。

一方、邪馬台国論争では、九州にあった「元祖・倭国」がヤマトに移って王権を確立したとする「東遷説」も根強い支持がある。纒向《まきむく》学研究センター所長の寺沢薫さんは、近著『弥生国家論』（敬文舎）で、列島史上最初の「政治的談合」による独自の「東遷説」を展開している。

寺沢さんは、前方後円墳の完成形である箸墓古墳に先行する「纒向型前方後円墳」の提唱者。前方部が短く未発達な「纒向型」が、神門《ごうど》古墳群（千葉県市原市）や秋葉山古墳群（神奈川県海老名市）など、関東地方から九州まで広がっていることに着目した。この前方後円墳の祖型が誕生した纒向遺跡（奈良県桜井市）こそ「ヤマト王権最初の大王都」だったという。

寺沢さんによれば、倭国の始まりは、北部九州の伊都国《いとこく》を盟主とする「イト倭国」。しかし、後漢末の中国の混乱と、史書が伝える日本列島の「倭国乱《わこくのらん》」で政治体制の再編を迫られ、瀬戸内の吉備《きび》や伊都など各地の有力なクニが「談合」して女王卑弥呼を共立。「『新生倭国』の大王都は、伊都から纒向へ東遷した」という。「新しい倭国体制の幕開けは、雄藩連合による明治維新のようなものだった」というのが寺沢さんの持論である。

だが、満足な通信手段もない時代、遠く離れたクニグニはどうやって談合したのか。そもそも、なぜ大陸との外交に不便なヤマトへ都を移す必要があったのか――。「邪馬台国のモヤモヤ」は容易には晴れないが、それがまた古代史ファンの探求心を刺激する。

纒向遺跡全景（桜井市教育委員会提供写真に遺跡名等を付加）

発掘当時の神門３号墳（市原市教育委員会提供）

# エピローグ

## 「邪馬台国ワールド」への旅

私は常々、邪馬台国探索の旅は、難攻不落の未踏峰を目指す登山のようだと考えてきました。この「謎に包まれたヤマ」は、七合目あたり（魏志倭人伝に登場する不弥国《ふみこく》周辺？）まではどうやら道筋が分かっているのですが、その先は分厚い雲や霧におおわれて、ピークがどこにあるのか、どんな姿形をしているのかさえわかりません。そこはまさに、まぼろしの「天空の都」とでも申せましょうか。歴史学と考古学の専門家や在野の研究者たちが色んなルートから登攀を試みてきたのですが、まだ誰も成功した者はいません。

宮崎県百塚原《ひゃくつかばる》古墳群（西都市）で行われた地中レーダー探査（宮崎県埋蔵文化財センター提供）

しかし近年、地中レーダー探査やレーザーによる解析、コンピューター技術を使った遺構・遺物の科学的分析をはじめ、放射性炭素や年輪年代測定法による遺物の実年代判定など、科学のメスで「女王国」の実像に迫る取り組みが続いています。一方、アマチュアの研究者も、独自の視点からの魏志倭人伝の読み解きをはじめ、自然科学や航海術、言語学、民俗学などそれぞれの得意分野を駆使して、この「不思議の国」へのアプローチを試みています。

プロとアマ、官と民の壁や領域を超え、色んな経歴や立場の違う人たちが、独自の蓄積と創意工夫で古代史最大の謎に斬り込んで行く――。それが、邪馬台国探求の最大の醍醐味とも言えるでしょう。

◇　◇

さて、この本のベースになったのは、二〇二〇年六月から二二年九月まで、東京新聞と中日新聞に掲載した「よもやま邪馬台国」(毎週1回掲載、全115回)という連載記事でした。タイトルのとおり、邪馬台国をめぐる「よもやま話」という感じの古代史読み物です。連載を書き終えて思うのは、既に「論点は出尽くした」とも言われる長い永い論争にもかかわらず、その真相は今も深い歴史の闇に包まれているという実感です。

連載の執筆中、東京新聞と中日新聞の読者の方から、メールや手紙でご質問や意見が寄せられ、中には自説を書いた著書を送ってくださった方もありました。その中に、卑弥呼が初めて魏に使者を送った年について「『景初三年(西暦二三九年)』を定説として扱っているのはいかがなものか」という岐阜県内の熱心な読者からのご指摘がありました。古代史ファンの方であれば、この「景初三年」がほぼ定説化した経緯については、ご存知であろうと思います。

現存する魏志倭人伝の版本（十二世紀の中国・南宋期）には、卑弥呼の最初の使者が、魏の出先である朝鮮半島の帯方郡に到達したのは「景初二年六月」と記載されています。これに対し、「景初三年六月」の誤記であるという説を最初に提起したのは江戸時代の儒学者・新井白石で、明治以降、これを補強したのが邪馬台国畿内説の代表的論者、京大の内藤虎次郎（湖南）博士でした。

内藤氏は『卑弥呼考』という論文で、「倭国、諸韓国が魏に通ぜしは全く遼東の公孫淵が司馬懿に滅せられし結果にして、（公孫）淵の滅びしは景初二年八月にあり、六月には魏未だ帯方郡に太守を置くに至らざりしなり。梁書にも三年に作れり」と持論を展開し、「景初二年六月は三年の誤りなり」と断定したのです（公孫氏については43ページの解説文参照）。

さらに、島根県雲南市の神原《かんばら》神社古墳や大阪府和泉市の和泉黄金塚《いずみこがねづか》古墳で、「景初三年」銘がある舶載鏡が見つかり、「三年」説が定説化して行きました。

しかし、その後も水野祐《みずのゆう》氏（早稲田大名誉教授）のように、「景初三年朝貢改訂説の誤謬」（水野祐著『評釈 魏志倭人伝』所収、雄山閣）を根強く主張する研究者がいたのです。そして近年にも、他の研究者から「景初二年」説の新たな論文が発表されています。例えば仁藤敦史《にとうあつし》氏（国立歴史民俗博物館教授）は、「卑弥呼は魏に朝貢する以前に公孫氏と交渉していた可能性が高い」とし、さまざまな論拠を挙げて「二年説」を唱えています（仁藤敦史著『卑弥呼と台与 倭国の女王たち』山川出版社）。

また、在野の研究者の中にも「景初二年に公孫氏との戦乱が続く中、苦難を乗り越えて朝貢してきたからこそ、魏は倭の使節を厚遇した」と主張する人たちがあり、岐阜県の読者もこの説をもとに「景初三年の定説」に異論を唱えてこられたのでした。

景初二年か、三年か。真相はどちらか分かりませんが、「まず定説を疑ってかかれ！」という邪馬台国探索の鉄則を、あらためて思い知らされたような気がしています。

振り返ってみれば、本居宣長や新井白石以来、三百年近くに及ぶ邪馬台国論争の中で、誰も異論をはさむ余地がない「絶対的な定説」というものは、ほとんど存在しないといっても過言ではないでしょう。

例えば、倭の女王・卑弥呼にしても、その読み方はヒミコかヒミカか、ヒメコか。また「卑弥呼」とは人の名前か、太陽神を祭る「日の巫女」のような職名を表すものなのか…。一般的には「ヒミコ」という女王の名前ということになってはいるものの、史書の記述だけでは情報不足で、「通説」ではあっても「定説」とするには問題があると言わざるを得ません。すなわち古代史ファンを惹きつけてやまない「邪馬台国ワールド」というものは、もともと色んな解釈や考え方が混在する「諸説アリ」の世界で、それゆえにアマチュア史家が参戦する余地も大いにあると申せましょう。

わたくしがライターを務める梓《あずさ》書院という出版社（福岡市博多区、二〇二二年に創業五十周年）は、一九七九（昭和五十四）年七月、『季刊邪馬台国』という雑誌を創刊しました。この年一月、米中両国が国交を樹立し、六月には日本で初の主要先進国首脳会議（Ｇ７東京サミット）が開かれた年です。その創刊号の序文に、編集責任者で芥川賞作家の野呂邦暢氏（長崎県諫早市出身）はこう書いています。

戦後、皇国史観から解放された日本史の学問的成果は目覚ましい進歩がある。邪馬台国の所在をめぐる研究もその一つである。

謎に包まれた古代史に関して在野の研究者がおびただしい考察を発表している。しかし残念ながら専門家は在野のアマチュア史家の研究を評価しない傾向がある。

本誌はいわば専門家と在野のアマチュア研究家との間に横たわる深い溝の橋渡しをしようとするものである。

歴史は万人のものである。

創刊以来、既に四十余年。二〇二二年、通算１４２号を数えて、その編集スピリットはいささかも変わっていません。またこれこそが、万人が参加することができる邪馬台国探求の基本精神であろうと思っています。

◇　　◇

さて、ここまで読んでいただいたところで、読者のみなさんからは「では、お前は一体、邪馬台国をどこだと考えているのか?」という厳しい質問の矢が飛んできそうです。

もとより、私は研究者ではありませんので、独自の「〇〇説」のような持論があるわけではありません。ただ新聞連載をきっかけに、第一線の研究者の皆さんに直接取材し、各地の遺跡を訪ね歩き、貴重な遺構や遺物にじかに接して得た実感や印象のようなものはあります。それは、新聞連載の第1回と最終回（この本では第1章の冒頭と第9章の末尾）に掲載した「二つの倭」という考え方です。

伝統的な論争では、邪馬台国の所在地は「北部九州か、畿内ヤマトか」という二項対立的な図式でとらえられがちですが、果たしてそれが妥当と言えるでしょうか。卑弥呼が共立され、邪馬台国に都を置いた二世紀後半から三世紀に至る時代。ちょうど弥生時代から古墳時代に移行しようとしていたこの時期、列島各地で有力な首長が台頭し、地域に点在する集落を統合した国が相次いで生まれました。

騎馬武人像（宮崎県立西都原考古博物館所蔵）

その代表格は、魏志倭人伝に登場する対馬、一支、末盧、伊都、奴国といった九州北岸の国々であり、中国・山陰・北陸の吉備《きび》や出雲《いずも》、丹波《たには》、越《こし》（＝古志、高志）といった「地域の王」が統率する国でした。

船原古墳（福岡県古賀市）出土の馬冑《ばちゅう》（古賀市教育委員会提供）

これらの王は、丘の上や盛り土をした墳丘墓に、豪華な副葬品とともに埋葬されました。歴史学者の門脇禎二《かどわきていじ》氏の説に従えば、「地域王国」の時代とも言えるでしょう（門脇禎二著『邪馬台国と地域王国』吉川弘文館）。

その群雄割拠のような日本列島の中に、のちのヤマト王権に発展する畿内ヤマトの部族連合勢力と、稲作伝来に始まる大陸との直接交渉で先進的文物をいち早く吸収してきた「北部九州連合」ともいうべき二大勢力が並存していたのではないか──というのが「二つの倭」という考え方です。

私は、このうち「北部九州連合」に当たるのが、卑弥呼が統率する「女王国」で、その都があったところが邪馬台国だと考えています。残念ながら、邪馬台国がどこかというのは分かりませんが、おそらく福岡・佐賀両県にまたがる筑後川流域の筑紫平野か、福岡県の朝倉・浮羽《うきは》地方、大分県北の日田盆地周辺あたりではないかと思っています。

もちろん、この「女王国」が卑弥呼の死後、後継者の台与《とよ》（＝または壱与）の時代を経てどうなって行ったのかは謎ですが、ある時期、何かのきっかけでヤマト王権が台頭してくる「時代の画期」が訪れたのでしょう。

それは、ヤマトによる直接的な九州征討であったかも知れないし、ヤマトが独自ルートで大陸との交易権を掌握し、相対的に「女王国」の地位と統率力が低下して連合体が消滅したということなのかも知れません。あるいはその前段で、女王国とかねてから敵対する狗奴国《くなこく》（＝のちに熊襲《くまそ》と呼ばれた九州南部の肥後国球磨《くま》郡・大隅国曽於《そお》郡？）との本格戦争があり、女王国が敗北して凋落したというシナリオもあり得ます。

いずれにせよ、「時代の画期」を経て起こったヤマト王権成立の背景に、鉄や馬、先進の武器や武具といった重要な戦略物資の確保と軍事戦略の変革があり、そこにイノベーションの仕掛け人である渡来人が介在していた可能性も否定できないと思うのです。

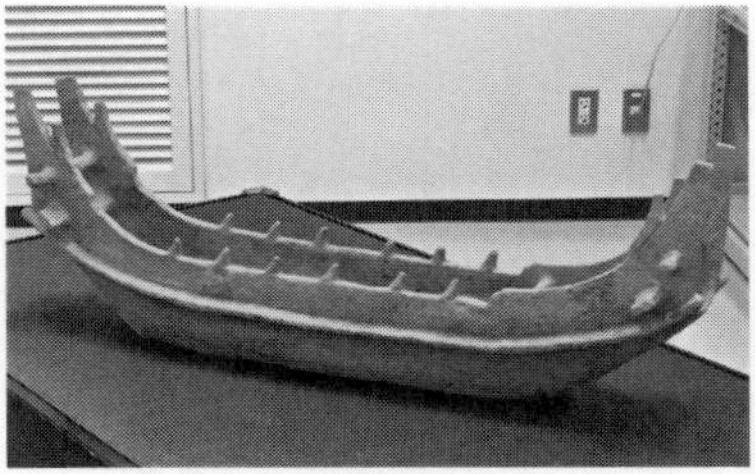

西都原古墳群（宮崎県西都市）出土の船形埴輪（複製・西都原考古博物館提供、実物は東京国立博物館所蔵）

玄界灘に浮かぶ沖ノ島

やがて、私たちが「古墳時代」と呼ぶ新しい時代が本格的に幕を開け、北部九州の沿岸地帯にも石塚山古墳（福岡県京都郡苅田町）や那珂八幡《なかはちまん》古墳（福岡市博多区那珂）のような大型前方後円墳が登場しました。これらの古墳の被葬者は、前方後円墳というヤマトの墓形とともに、三角縁神獣鏡というヤマト王権による「支配と従属のシンボル」を分与された地域の豪族たちです。

そして、玄界灘から朝鮮半島に向かう海洋ルートの「海北道中《うみのきたのみちのなか》(=『日本書紀』神代上第六段)」にある沖ノ島(現在の宗像大社沖津宮)で、渡海の安全を祈願する国家祭祀が本格化。ヤマトの支配者は、大陸との玄関口である九州を足場に、東アジア世界における倭国のステータスを拡大して行ったのではないかと考えるのです。

◇　◇

以上が取材を通してのわたくしの「所感」みたいな印象記ですが、もとより精緻な論証を経たものではなく、「説」と呼べるようなものでもありません。

この本を最後までお読みくださった読者のみなさんにも、読後の印象をもとに想像の翼を広げ、謎だらけの「邪馬台国ワールド」を存分に楽しんでいただけたらと願っております。

二〇二三年五月

著者敬白

【主な参考文献】

秋山浩三『河内・和泉の考古記録』清風堂書店、二〇二〇年
秋山浩三『弥生時代のモノとムラ』新泉社、二〇一七年
新井悟『古鏡のひみつ「鏡の裏の世界」をさぐる』河出書房新社、二〇一八年
石野博信『邪馬台国時代の王国群と纒向王宮』新泉社、二〇一九年
石野博信編『魏都・洛陽から倭都・邪馬台国へ「親魏倭王」印の旅』雄山閣、二〇一九年
石野博信・高島忠平・西谷正・吉村武彦編『研究最前線 邪馬台国 いま、何が、どこまで言えるのか』朝日新聞出版・朝日選書、二〇一一年
石野博信編『大和・纒向遺跡【第三版】』学生社、二〇一一年
石野博信『邪馬台国の候補地 纒向遺跡』新泉社・シリーズ「遺跡を学ぶ」、二〇〇八年
石野博信・水野正好・西川寿勝・岡本健一・野崎清孝『三角縁神獣鏡・邪馬台国・倭国』新泉社、二〇〇六年
大谷光男『金印再考 委奴（やまと）国・阿曇氏・志賀島』雄山閣、二〇一四年
大谷光男・編著『金印研究論文集成』新人物往来社、一九九四年
大谷光男『研究史 金印』吉川弘文館、一九七四年
大塚初重『邪馬台国をとらえなおす』講談社現代新書、二〇一二年
岡崎敬著・春成秀爾編『魏志倭人伝の考古学 対馬・壱岐編』第一書房、二〇〇三年

岡村秀典『鏡が語る古代史』岩波新書、二〇一七年
長田夏樹『新稿 邪馬台国の言語 弥生語復元』学生社、二〇一〇年
片岡宏二『邪馬台国論争の新視点 遺跡が示す九州説【増補版】』雄山閣、二〇一九年
片岡宏二『続・邪馬台国論争の新視点 倭人伝が語る九州説』雄山閣、二〇一九年
片岡宏二『続々・邪馬台国論争の新視点 東アジアからみた九州説』雄山閣、二〇二一年
門脇禎二『邪馬台国と地域王国』吉川弘文館・歴史文化ライブラリー、二〇〇八年
門脇禎二『古代出雲』講談社学術文庫、二〇〇三年
門脇禎二『吉備の古代史 王国の盛衰』日本放送出版協会・NHKブックス、一九九二年
京都大学文学部考古学研究室『椿井大塚山古墳と三角縁神獣鏡 京都大学文学部博物館図録』京都大学文学部、一九八九年
倉本一宏『内戦の日本古代史 邪馬台国から武士の誕生まで』講談社現代新書、二〇一八年
古代史シンポジウム「発見・検証日本の古代」編集委員会編『Ⅰ纒向発見と邪馬台国の全貌 卑弥呼と三角縁神獣鏡』KADOKAWA、二〇一六年
古代史シンポジウム「発見・検証日本の古代」編集委員会編『Ⅱ騎馬文化と古代のイノベーション』KADOKAWA、二〇一六年
古代史シンポジウム「発見・検証日本の古代」編集委員会編『Ⅲ前方後円墳の出現と日本国家の起源』KADOKAWA、二〇一六年

小林行雄『古墳文化論考』平凡社、一九七六年
小林行雄『古鏡』学生社、一九六五年
小林行雄『古墳時代の研究』青木書店、一九六一年
近藤義郎『前方後円墳と吉備・大和』吉備人出版、二〇〇一年
笹生衛『神と死者の考古学 古代のまつりと信仰』吉川弘文館・歴史文化ライブラリー、二〇一六年
坂靖『ヤマト王権の古代学』新泉社、二〇二〇年
佐原真編『季刊考古学・別冊7 加茂岩倉遺跡と古代出雲』雄山閣、一九九八年
設楽博己『顔の考古学』吉川弘文館・歴史文化ライブラリー、二〇二一年
七田忠昭『吉野ケ里遺跡 復元された弥生大集落』同成社、二〇〇五年
島根県古代文化センター編『荒神谷遺跡と青銅器 科学が解き明かす荒神谷の謎』同朋社出版、一九九五年
下垣仁志『日本列島出土鏡集成』同成社、二〇一六年
白石太一郎監修・玉名歴史研究会編『東アジアと江田船山古墳』雄山閣、二〇〇二年
鈴木勉『三角縁神獣鏡・同笵（型）鏡理論の向こうに』雄山閣、二〇一六年
鈴木勉『金印・誕生時空論 金石文学入門Ⅰ・金属印章篇』雄山閣、二〇一〇年
関川尚功『考古学から見た邪馬台国大和説　畿内ではありえぬ邪馬台国』梓書院、二〇二〇年
武末純一・森岡秀人・設楽博己『列島の考古学 弥生時代』河出書房新社、二〇一一年
武末純一『日本史リブレット 弥生の村』山川出版社、二〇〇二年

田中史生『渡来人と帰化人』KADOKAWA・角川選書、二〇一九年
辻田淳一郎『鏡の古代史』KADOKAWA・角川選書、二〇一九年
辻田淳一郎『同型鏡と倭の五王の時代』同成社、二〇一八年
寺沢薫『弥生国家論 国家はこうして生まれた』敬文社、二〇二一年
寺沢薫『日本の歴史02 王権誕生』講談社、二〇〇〇年
寺沢薫・武末純一『最新邪馬台国事情』白馬社、一九九八年
鳥越憲三郎『弥生の王国 北九州古代国家と奴国の王都』中公新書、一九九四年
鳥越憲三郎『古代朝鮮と倭族 神話解読と現地踏査』中公新書、一九九二年
永留久恵『古代史の鍵・対馬（新装版）』大和書房、一九九四年
西川寿勝・河野一隆編著『考古学と暦年代』ミネルヴァ書房、二〇〇三年
西嶋定生『倭国の出現 東アジア世界の中の日本』東京大学出版会、一九九九年
西谷正『九州考古学の現在（いま）』海鳥社、二〇二一年
西谷正『九州考古学論考』海鳥社、二〇二一年
西谷正『伊都国の研究』学生社、二〇一二年
西谷正『魏志倭人伝の考古学 邪馬台国への道』学生社、二〇〇九年
仁藤敦史『卑弥呼と台与 倭国の女王たち』山川出版社・日本史リブレット、二〇〇九年
橋口達也『弥生時代の戦い 戦いの実態と権力機構の生成』雄山閣、二〇〇七年

橋本輝彦・白石太一郎・坂井秀弥『奈良大ブックレット4 邪馬台国からヤマト王権へ』ナカニシヤ出版、二〇一四年
原田大六『実在した神話（解説付新装版）』学生社、一九九八年
原田大六『卑弥呼の鏡』六興出版、一九七九年
原田大六『日本国家の起源　上・下』三一書房、一九七六年
原田大六『邪馬台国論争』三一書房、一九六九年
樋口隆康『三角縁神獣鏡綜鑑』新潮社、一九九二年
藤尾慎一郎『日本の先史時代』中公新書、二〇二一年
藤尾慎一郎・松木武彦編『ここが変わる！日本の考古学　先史・古代史研究の最前線』吉川弘文館、二〇一九年
藤尾慎一郎・国立歴史民俗博物館研究叢書1『弥生時代って、どんな時代だったのか？』朝倉書店、二〇一七年
藤尾慎一郎『弥生時代の歴史』講談社現代新書、二〇一五年
藤尾慎一郎『〈新〉弥生時代　５００年早かった水田稲作』吉川弘文館・歴史文化ライブラリー、二〇一一年
藤田憲司『山陰弥生墳丘墓の研究』日本出版ネットワーク、二〇一〇年
藤田憲司『卑弥呼の鏡が解き明かす　邪馬台国とヤマト王権』えにし書房、二〇一六年

北條芳隆編『考古学講義』ちくま新書、二〇一九年
松木武彦『未盗掘古墳と天皇陵古墳』小学館、二〇一三年
丸山雍成『邪馬台国 魏使が歩いた道』吉川弘文館・歴史文化ライブラリー、二〇〇九年
三品彰英・編著『邪馬台国研究総覧』創元社、一九七〇年
水野祐『評釈 魏志倭人伝【新装版】』雄山閣、二〇〇四年
水野正好・白石太一郎・西川寿勝『増補版・邪馬台（ヤマト）国 唐古・鍵遺跡から箸墓古墳へ』雄山閣、二〇一〇年
向井一雄『よみがえる古代山城 国際戦争と防衛ライン』吉川弘文館・歴史文化ライブラリー、二〇一七年
村井康彦『出雲と大和 古代国家の原像をたずねて』岩波新書、二〇一三年
村上恭通『モノと技術の古代史 金属編』吉川弘文館、二〇一七年
村上恭通『倭人と鉄の考古学』青木書店、一九九八年
森浩一著作集第4集『倭人伝と考古学』新泉社、二〇一六年
森浩一著作集第5集『天皇陵への疑惑』新泉社、二〇一六年
森浩一『倭人伝を読みなおす』ちくま新書、二〇一〇年
森下章司『古墳の古代史 東アジアの中の日本』ちくま新書、二〇一六年
安本美典『データサイエンスが解く邪馬台国 北部九州説はゆるがない』朝日新聞出版・朝日新書、二〇二一年

柳田康雄・編著『弥生時代 政治社会構造論』雄山閣、二〇一三年
柳田康雄『伊都国を掘る 邪馬台国に至る弥生王墓の考古学』大和書房、二〇〇〇年
吉村武彦・川尻秋生・松木武彦『筑紫と南島』KADOKAWA・角川選書、二〇二二年
渡邉義浩『魏志倭人伝の謎を解く 三国志から見る邪馬台国』中公新書、二〇一二年
新編日本古典文学全集1『古事記』小学館、一九九七年
新編日本古典文学全集2〜4『日本書紀』小学館、一九九四〜一九九八年
新編日本古典文学全集5『風土記』小学館、一九九七年
石原道博編訳『新訂 魏志倭人伝・後漢書倭伝・宋書倭国伝・隋書倭国伝』岩波文庫、一九五一年
井上秀雄他訳注『東アジア民族史1 正史東夷伝』平凡社・東洋文庫、一九七四年
鳥越憲三郎『中国正史 倭人・倭国伝全釈』中央公論新社、二〇〇四年
藤堂明保・竹田晃・影山輝國全訳注『倭国伝 中国正史に書かれた日本』講談社学術文庫、二〇一〇年
松尾光『現代語訳　魏志倭人伝』KADOKAWA・新人物文庫、二〇一四年

【写真提供でご協力をいただいた施設・機関、個人の方々】

新聞連載「よもやま邪馬台国」の取材と書籍版の刊行に当たり、以下の個人や博物館・収蔵展示施設、教育委員会等の皆様に写真提供でご協力をいただきました。あらためて御礼を申し上げます。

▼福岡県＝九州国立博物館、九州歴史資料館、福岡市博物館・同市史編さん室、福岡市埋蔵文化財センター、糸島市立伊都国歴史博物館、春日市奴国の丘歴史資料館・同市教育委員会、古賀市教育委員会、太宰府天満宮文化研究所、筑前町教育委員会、福岡市東区・志賀海神社、小郡市埋蔵文化財調査センター・片岡宏二所長、國學院大學・柳田康雄客員教授、福岡教育大学・宮田洋平教授、福岡市東区・藤本昇氏

▼佐賀県＝佐賀県文化財保護室、佐賀県立博物館、国営吉野ケ里歴史公園、唐津市教育委員会、公益財団法人・唐津市文化事業団「唐津市末盧館」、唐津市・正圓寺、佐賀大学医学部助教・川久保善智氏

▼長崎県＝対馬市教育委員会、壱岐市教育委員会・同市立一支国博物館

▼大分県＝日田市・天領日田資料館、日田古代史研究会・佐々木祥治氏

▼宮崎県＝宮崎県立西都原考古博物館、宮崎県埋蔵文化財センター

▼関東地区＝文化庁文化資源活用課、千葉県市原市埋蔵文化財調査センター

▼関西地区＝大阪府立弥生文化博物館、奈良県桜井市教育委員会・同市埋蔵文化財センター、奈良県田原本町教育委員会、奈良県立橿原考古学研究所、同橿原考古学研究所附属博物館、京都大学総合博物館、京都府京丹後市教育委員会、同福知山市文化・スポーツ振興課、同与謝野町教育委員会

▼中国地区＝島根県立古代出雲歴史博物館、島根県出雲市立出雲弥生の森博物館、鳥取県とっとり弥生の王国推進課、岡山市埋蔵文化財センター・安川満氏、岡山県古代吉備文化財センター

〈著者略歴〉

豊田滋通（とよた　しげみち）
1953 年、福岡市生まれ。九州大学文学部卒業。
1975 年、九州のブロック紙・西日本新聞社（本社・福岡市）に入社。本社、東京支社などで主に行政・政治分野を担当。編集企画委員長、東京支社編集長、論説委員長、監査役などを歴任。
2018 年から雑誌「季刊邪馬台国」を発行する福岡市の出版社・㈱梓書院のエグゼクティブアドバイザー / ライター。
福岡市博物館協議会委員、日本メディア学会（旧・日本マス・コミュニケーション学会）会員。

よもやま邪馬台国
—邪馬台国からはじめる教養としての古代史入門

2023 年 6 月 20 日初版 1 刷発行

著　者　豊田滋通
発行者　田村志朗
発行所　㈱梓書院
福岡市博多区千代 3-2-1
TEL 092-643-7075　FAX 092-643-7095
印刷・製本 / モリモト印刷株式会社

ISBN978-4-87035-770- 9